18. KONFERENZ »TRIALOG DER KULTUREN«

Bildung für Vielfalt

Umgang mit Differenzen lernen – Potenziale nutzen

HERAUSGEGEBEN IM AUFTRAG
DER HERBERT QUANDT-STIFTUNG
VON BERNADETTE SCHWARZ-BOENNEKE
UNTER MITARBEIT VON STEPHANIE HOHN

GEFÖRDERT VOM
Bundesministerium
für Bildung
und Forschung

HERDER
FREIBURG · BASEL · WIEN

Inhalt

Einleitung

VON CHRISTOF EICHERT

Blicke ich auf das absehbare Ende meiner langen beruflichen Laufbahn, so erkenne ich mich heute als Wanderer zwischen den Welten von lokaler und überregionaler Politik ebenso wie von wichtigen gesellschaftspolitischen Akteuren. Die Freude darüber, dass ich in drei spannenden Kommunen, drei renommierten Stiftungen und drei Bundesländern mitarbeiten durfte, wird ergänzt durch die Erfahrungen aus ehrenamtlichen Aufgaben in drei Bundesverbänden, denen der Bibliotheken, der Städte und der Stiftungen.

Nahezu überall war das Thema Bildung eines meiner zentralen Handlungsfelder, war die Aufgabe eng gekoppelt mit den Entwicklungen in Politik und Gesellschaft bei ihren Einstellungen zu Bildungsfragen. Es lohnt sich ein kurzer Blick darauf, was sich in nahezu 35 Jahren verändert hat und was hinzugekommen ist im weiten Feld der Bildung.

Es gab und gibt unentwegt Debatten um die *schulischen Bildungs-Inhalte*, oft angestoßen durch internationale Vergleiche, die allerdings immer Gefahr laufen, das Thema auf einen engen Fächer-Blick zu reduzieren (PISA) und damit nicht etwa den ganzen jungen Menschen, sondern eher seine Einsetzbarkeit als Teil einer international vernetzten Wirtschaft zu sehen. Nimmt man gerade diese Erwartung wirklich ernst, dann wundert es einen nicht, dass zu den in der Schule vermittelten Kompetenzen in rascher Folge immer weitere genannt wurden: Bildung für nachhaltige Entwicklung, ökonomische, kulturelle sowie interkulturelle Bildung, Engagement-Bildung und so weiter. Wenn es darum geht, den jungen Menschen das Rüstzeug für eine eigenständige und selbstbestimmte Zukunft in einer globalen Welt zu vermitteln, dann haben sich in den vergangenen Jahrzehnten die Vorstellungen von einem dafür erforderlichen Bildungskanon deutlich erweitert und den dafür klassischen Rahmen der Schule weit hinter sich gelassen.

Die damit unausweichliche Erkenntnis, dass die für eine solche individuelle Kompetenzentwicklung erforderlichen *Bildungs-Orte* vielfältig sein müssen und dazu auch starke *Bildungs-Partner* gehören, war für manchen schulorientierten Bildungspolitiker nicht leicht. Es ist inzwischen Konsens, dass die Betrachtung von Bildung ausschließlich begrenzt auf die Schulzeit nicht mehr zeitgemäß ist. Folgt man dem Spruch, dass zur Bildung eines jungen Menschen ein ganzes Dorf erforderlich sei, dann kann es nicht nur auf den Ort Schule und nicht nur auf die dort durchgeregelten neun bis dreizehn Lernjahre ankommen. Die Ausweitung der Bildungsdebatte auf die wichtigen Beiträge der Kindertageseinrichtungen war deshalb eine überfällige und längst noch nicht abgeschlossene Veränderung der Bildungspolitik. Überhaupt ist die Betrachtung einer *individuellen Bildungs-Biografie* sehr hilfreich, um zu erkennen, dass Bildung früher beginnt und später (wenn denn je!) endet, als die engen Debatten zum Beispiel über Schule und Bildung in den achtziger Jahren vermitteln.

Ein Drittel der erforderlichen Bildung erhält ein Mensch in der Familie, ein weiteres in der Schule, das letzte Drittel auf der Straße, also dort, wo er lebt. Dass die Kommunen dabei angesichts ihrer Aufgaben und Angebote einen ebenso wichtigen inhaltlichen Beitrag leisten können wie die Länder, musste erst mühsam erkämpft werden. Meine zugespitzte Klage als Oberbürgermeister, eine Stadt sei nur für die Toiletten in den Schulen zuständig, das Land aber für die Talente, zielte auf die überkommene Aufteilung in äußere und innere Schulangelegenheiten. Nun gibt es in immer mehr Städten eine *kommunale Bildungslandschaft*, in der viele Partner die von den Bundesländern verantwortete Arbeit in den Schulen begleiten, unterstützen und den gemeinsamen Bildungsauftrag mit eigenen Beiträgen erfüllen. Das vom Bund seit einigen Jahren unterstützte Projekt »Lernen vor Ort« ist ein gutes Beispiel, wie wichtige neue Schwerpunkte in einer engen Kooperation von vielen Beteiligten gesetzt werden können. Ähnliches gilt für die Einbeziehung der öffentlichen Bibliotheken, die sich schon immer zu den wichtigen Bildungspartnern zählten, was aber bis in die neunziger Jahre des letzten Jahrhunderts keineswegs selbstverständlich war. Lieber sah man sie in der stillen Umgebung von Archiven und Museen. Doch selbst diese haben sich inzwischen als wichtige Bildungsorte entwickelt und sich in eine aktive Bildungspartnerschaft mit Menschen jeden Alters eingebracht.

Was bei all diesen bildungspolitischen Entwicklungen noch erkennbar fehlt, ist die aktive Wahrnehmung der längst manifesten Veränderung in der *Zusammensetzung der Schulklassen*. Man kann nur staunen, wie leise die öffentliche Debatte um die Zukunft des Bildungswesens angesichts der immer noch steigenden Zahl von jungen Menschen mit unterschiedlicher Herkunft, unterschiedlichem Bekenntnis oder unterschiedlicher Muttersprache ist. Wenn inzwischen an vielen Schulen 75 und mehr Prozent der jungen Menschen eine große Vielfalt aufweisen, muss man über den ausbleibenden Diskurs über die Folgen dieser Statistik für die nächsten Jahrzehnte erstaunt sein. Die Gruppe der jungen Menschen, die einen sogenannten Migrationshintergrund haben, die nicht deutscher Abstammung sind (wobei die Bezeichnung und Definition eine ganz eigenes Thema sein müsste), die als Flüchtlinge zu uns gekommen sind, die teilweise in einer massiv verletzenden Abgrenzung als »nicht bio-deutsch« bezeichnet werden: Diese Gruppe wird Jahr für Jahr älter und in der nahen Zukunft die Gesellschaft in Deutschland deutlich mitprägen. Wenn heute erst rund 25 Prozent der Einwohner Deutschlands einen Migrationshintergrund haben, dann werden es zukünftig sicher mehr.

Das *Bildungssystem* hat begonnen, darauf zu reagieren. Allerdings ist die Grundfrage noch unbeantwortet, ob unsere Gesellschaft bereits erkannt und verstanden hat, dass es eine homogene deutsche Gesellschaft im Grunde nicht mehr gibt. Dabei spiegelt sich die Idee und Hoffnung auf diese Homogenität nach wie vor in der Lehrerschaft, bei den Mitarbeitern der Rathäuser und Landesverwaltungen wider. Wenn 95 Prozent der Lehrer[1] deutscher Abstammung sind, aber 75 Prozent der Schülerinnen und Schüler nicht nur in sozialen Brennpunkten andere Abstammungen und kulturelle Prägungen haben, dann muss mit Sorge gefragt werden, von welchem gesellschaftlichen Normalzustand beide Seiten ausgehen. Wie funktioniert »Bildung für Vielfalt«? Was sind die Anforderungen an alle Bildungspartner? Wer sind eigentlich die Menschen, denen ein Leben lang *Bildungsangebote* unterbreitet werden sollen? Wer ist »wir«, wenn wir von unserer Gesellschaft sprechen und für deren Zukunft unser Bildungssystem entwickeln? Zu dieser Gesellschaft gehören auch die Stiftungen, die wichtige Ideenschmieden und Innovationsträger gerade im Bildungsbereich sind. Dabei sind sie nach ihrem Selbstverständnis, nach ihrer inneren Verfassung und vor allem nach ihrer Haltung stets nur Partner auf Zeit, die Entwicklungen im Bildungssystem begleiten und am besten gemeinsam mit den Hauptakteuren erproben. An vielen Beispielen lässt sich belegen, dass aus solchen gemeinschaftlichen Projekten klare Hinweise auf Veränderungsbedarfe im Bildungssystem entstanden sind. Eine Daueraufgabe zur Finanzierung solcher Veränderungen für die Stiftungen abzuleiten, wäre verfehlt und angesichts der Finanzen auch schlicht unmöglich. Das »Eigentum« an dieser Aufgabe liegt nicht bei den Ideenschmieden, sondern bei den Akteuren auf allen Ebenen des Bildungssystems.

Stiftungen sind stets nur Partner auf Zeit, die Entwicklungen im Bildungssystem begleiten und am besten gemeinsam mit den Hauptakteuren erproben.

---

[1] Aus Gründen der leichteren Lesbarkeit verzichtet die Herbert Quandt-Stiftung in ihren Publikationen auf die geschlechterspezifische Differenzierung. Entsprechende Begriffe gelten im Sinne der Gleichbehandlung für beide Geschlechter.

Wir mögen es bun
chule Roter Sand im Trialog de
Bremen

Die zentrale daraus abgeleitete Frage beschäftigt mich nicht erst heute: Ist unser Bildungssystem lernfähig? Nehmen Politik und Gesellschaft die permanente Veränderung zeitnah wahr, reagieren sie darauf zum richtigen Zeitpunkt, steuern sie aus den Erkenntnissen Dritter um und verändern sie angemessen? Der Blick zurück lässt Raum für manchen Zweifel. Hoffen wir, dass der Blick auf das bunte Ganze, auf die von Vielfalt geprägte Gesellschaft des 21. Jahrhunderts so klar ist, dass auch die dafür erforderlichen Veränderungen klar werden.

Mit ihrer Publikation »Ankommen in einer Gesellschaft der Vielfalt«, die 2014 im Herder Verlag erschienen ist, widmete sich die Herbert Quandt-Stiftung den Gelingensbedindungen für eine Gesellschaft der Vielfalt in der Bundesrepublik Deutschland. Der vorliegende Band greift das Thema auf und setzt den Fokus auf Schule als einen Lern- und Lebensraum unserer Gesellschaft.

Wenn danach gefragt wird, wie Schule auf die veränderte Zusammensetzung unserer Gesellschaft reagieren kann, werden Begrifflichkeiten wie »Integration«, »interkulturelle Öffnung« oder »Inklusion« verwendet. Was beinhalten diese Begriffe? Welche Zielvorstellung für ein gelingendes Zusammenleben in einer heterogenen Gesellschaft zeichnen sie? Diese Fragen stehen am Anfang des Buches. Das erste Kapitel analysiert aus wissenschaftlicher und journalistischer Perspektive die Ausgangslage. Fakt ist, dass sich die Diskussion immer noch sehr stark auf die Defizite konzentriert, anstatt die Potenziale in den Blick zu nehmen. Dabei geht es sowohl um die Potenziale der Kinder, die eine Migrationsgeschichte haben, als auch um die Potenziale, die ein vielfältiges System, wie eine Schule oder ein Klassenzimmer, birgt. In den bildungspolitischen Debatten fällt auf, dass der Integrations-, Interkultur- oder Inklusionsdiskurs massiv politisiert ist. So wird demjenigen, der weiterhin von »Integration« spricht, zum Beispiel die Haltung zugeschrieben, dass er von einer Mehrheitsgesellschaft ausgeht, in die sich eine Minderheit zu integrieren – und möglicherweise auch zu assimilieren habe. Der Inklusionsbegriff wird dem Integrationsbegriff gegenübergestellt. Er geht von einer in sich heterogenen Gesellschaft aus, in der jeder in seiner Einzigartigkeit einen Platz und einen Wert hat. Zugleich aber kommt er aus dem Diskurs um die Einbeziehung von Menschen mit Behinderung und deren Teilhabe am gesellschaftlichen Leben. Dieser Begriff leidet darunter, dass er sehr weit definiert wird und damit aber auch die Schwierigkeit birgt, unvergleichbare Situationen zu subsumieren.

Das zweite Kapitel stellt verschiedene erfolgreich durchgeführte Projekte und Maßnahmen vor. Der schulische Unterrichtsalltag kommt ebenso vor wie die Lehrerfortbildung oder Projekte aus der Stiftungsarbeit. Allein diese Beiträge machen sichtbar, welche Fülle an Ideen und gelungenen Beispielen es gibt. Es wäre dringend vonnöten, diese stärker in die Öffentlichkeit zu bringen und dafür zu sorgen, dass aus den Erfolgen und den Fehlern gelernt werden kann.

Das dritte Kapitel lässt die Partner der Bildungslandschaft zu Wort kommen und fragt nach Strategien für eine erfolgreiche Zusammenarbeit. Stiftungen, Ministerien und Wissenschaft kommen zu Wort. Alle teilen das Anliegen, individuelle Lösungen zu erarbeiten und die intendierten Wirkungen von Anfang an klar zu definieren.

Die Herbert Quandt-Stiftung hat sich im Themenfeld »Trialog der Kulturen« in den vergangenen zehn Jahren genau dieser adressaten- und bedarfsbezogenen sowie wirkungsorientierten Projektarbeit gewidmet. Der vorliegende Band rundet das Stiftungsengagement im Bildungsbereich ab.

Dies ist ein Anlass, Danke zu sagen: An das Ministerium für Bildung und Forschung für die langjährige Unterstützung und die erfolgreiche Kooperation auch bei diesem Buch. An alle politischen, religiösen und zivilgesellschaftlichen Partner in den Bundesländern Berlin, Bremen, Hamburg, Hessen, Rheinland-Pfalz und Saarland für die kontinuierlichen Gespräche und die Zusammenarbeit für eine Entwicklung der Bildungslandschaft vor Ort. An die Mitglieder der Jury im »Trialog der Kulturen-Schulenwettbewerb«. Viele von Ihnen haben den Wettbewerb von seinem ersten bis zu seinem letzten Tag begleitet. Haben Sie Dank für sachorientierte Diskussionen und für Ihre Begeisterung für die Arbeit der Schulen. Ein ganz besonderer Dank gilt den zweihundert Schulen in den genannten Bundesländern! Sie haben sich dem Thema des Trialogs verschrieben und den »Trialog der Kulturen« mit Leben gefüllt. So lebt der »Trialog der Kulturen« in den Schulen weiter – was kann man sich mehr wünschen?

I. Perspektivwechsel: Vom Defizit zum Entdecken der Potenziale
Bildungspolitische Entwicklungslinien der vergangenen Jahre

Vom Defizitblick zum Entdecken der Potenziale

Umgang mit migrationsbedingter Diversität im deutschen Bildungssystem

VON HAVVA ENGIN

Deutschlands Gesellschaft hat sich in den vergangenen Jahrzehnten sprachlich, kulturell und religiös ausdifferenziert. Da Zuwanderungsbewegungen nach Europa und Deutschland weiter anhalten, wird die Heterogenität weiter zunehmen. Bis heute besteht die bildungspolitische und pädagogische Reaktion auf die migrationsbedingte Ausdifferenzierung der Schülerschaft weitestgehend in der Entwicklung von spezifischen Angeboten, deren Hauptziel die gelingende Bildungsintegration der Zielgruppe darstellt. Ende 2013 veröffentlichte die Kultusministerkonferenz (KMK) eine Empfehlung mit dem Titel »Interkulturelle Bildung und Erziehung in der Schule«.[1] Diese ist bei näherem Hinsehen eine Überarbeitung der gleichnamigen Empfehlung der Kultusministerkonferenz von 1996. Mit der Neuauflage erhielt das Thema »Interkulturelle Bildung und Erziehung« erneut viel Aufmerksamkeit und steht im Fokus aktueller gesellschaftlicher Debatten. Es muss berechtigterweise danach gefragt werden, warum die KMK nach 17 Jahren es erneut für wichtig ansieht, das Thema der »Interkulturellen Öffnung von Schule« auf die Agenda der Bildungspolitik und der Pädagogik zu setzen.

Der vorliegende Beitrag versucht nachzuzeichnen, inwieweit das Thema tatsächlich nach einer erneuten bildungspolitischen Fokussierung verlangt. Er analysiert zudem, ob es mittlerweile nicht zielführender ist, den Blick von der »Interkulturellen Schule« hin zu dem Modell der »Inklusiven Schule« zu wenden und damit das Thema der migrationsbedingten Diversität im Inklusionskonzept zu verorten. Dieser Schritt lässt sich mit Blick auf den Anteil von Jugendlichen mit Migrationshin-

---

[1] Ständige Konferenz der Kultusminister der Länder in der Bundesrepublik Deutschland: Interkulturelle Bildung und Erziehung in der Schule. Beschluss der Kultusministerkonferenz vom 25.10.1996 i.d.F. vom 05.12.2013. URL: http://www.kmk.org/fileadmin/veroeffentlichungen_beschluesse/1996/1996_10_25-Interkulturelle-Bildung.pdf.

tergrund in vielen Großstädten begründen: Dieser ist in der Schülerschaft mittlerweile auf 50 Prozent angewachsen. Pädagogische Handlungskonzepte werden also für die Arbeit mit kultureller und sprachlicher Vielfalt dringender als je gebraucht.

1. Pädagogische Modelle des Umgangs mit Schülerinnen und Schülern mit Migrationshintergrund

Wenn schulische Konzepte der letzten Dekaden für die Arbeit mit Migrationsschülern betrachtet werden, so ist zu erkennen, dass diese sich zunächst auf die Defizite konzentrierten. Die sogenannte »Ausländerpädagogik« zielte darauf ab, Unterrichtsvorschläge zu formulieren, um die Zielgruppe mit kompensationspädagogischen Maßnahmen zügig einzugliedern. Der Blick auf die Kinder war darüber hinaus ein kulturalisierender: Ihr kultureller Hintergrund wurde als Ursache für die ungenügende schulische sowie gesellschaftliche Integration bewertet. Die Figur eines Kopftuchmädchens zwischen zwei Stühlen bildet diese Betrachtungsweise treffend ab.

Die Interkulturelle Pädagogik, die sich ab Mitte der 1980er Jahre aus der Kritik an der Ausländerpädagogik herausbildete, vollzog einen Perspektivwechsel in Richtung Differenz und mahnte an, die Erklärung für gesellschaftliche und schulische Probleme von Zugewanderten nicht allein bei diesen zu suchen. Doch auch sie hielt weitestgehend am Bild von einander fremden Kulturen fest. Zu einem zentralen pädagogischen Ziel wurde das Kennenlernen des »Eigenen« und des »Fremden« erklärt. Analog wurden als Leitbegriffe »Empathie«, »Ambiguitätstoleranz« sowie »Perspektivwechsel« formuliert.[2] Dass eine normative Zuschreibungsform wie »eigen« und »fremd« spätestens in der dritten Einwanderergeneration als gesellschaftlich überholt zu bewerten ist, darauf weist die Transkulturelle Pädagogik hin, die sich diesbezüglich kritisch von der Interkulturellen Pädagogik absetzt. Sie operiert nicht mit einem statischen Kulturverständnis, sondern verweist darauf, dass Menschen Mehrfachzugehörigkeiten besitzen und insofern als kulturell hybrid anzusehen sind. Nach dieser Denkweise bestehen Gesellschaften aus disparaten Kulturen, verschiedenen sozialen Schichten und ethnischen Gruppen. Folgerichtig sind Grenzziehungen künstlich, da die Grundkonstante der Menschheitsgeschichte der Austausch von Waren, Traditionen und Sprachen war. Die Transkulturelle Pädagogik setzt an die Stelle der »statischen Kultur« das Verständnis von »Kultur als geteilte Lebenswirklichkeit«.[3] Was Kinder und Jugendliche prägt, sind die sozio-

[2] Ebd.

[3] Welsch, Wolfang: »Transkulturalität – die veränderte Verfassung heutiger Kulturen.« In: Europäisches Kultur- und Informationszentrum in Thüringen (Hg.): VIA REGIA – Blätter für internationale kulturelle Kommunikation, Heft 20/1994. URL: http://www.via-regia.org/bibliothek/pdf/heft20/welsch_transkulti.pdf (12.05.2015).

ökonomischen Umstände, in denen sie aufwachsen, Stadtteile, in denen sie leben, und Rahmenbedingungen, welche die Teilhabe an Bildungsangeboten ermöglichen. Dementsprechend besitzt ein Migrantenkind der Oberschicht mit einem Gleichaltrigen aus der gleichen sozialen Schicht mehr Gemeinsamkeiten als mit Migrantenkindern anderer Milieus, da es mit diesen nicht die gleiche Lebenswirklichkeit teilt. Der durch die Transkulturelle Pädagogik vollzogene kulturelle Turn eröffnet die Chance, den bisher geringen Bildungserfolg von Migrationskindern differenzierter zu betrachten und als Erklärungszugang neben der Kultur weitere Dimensionen – wie soziales Milieu und familiäre Bildungsressourcen – in den Blick zu nehmen.

Die Transkulturelle Pädagogik weist darauf hin, dass eine normative Zuschreibungsform wie »eigen« und »fremd« spätestens in der dritten Einwanderergeneration als gesellschaftlich überholt zu bewerten ist.

Es ist davon auszugehen, dass gesellschaftliche Veränderungsprozesse der letzten Dekaden einer zentralen bildungspolitischen Institution wie der Kultusministerkonferenz nicht entgangen sind. Tatsächlich benötigen schulische Migrationsphänomene zwischenzeitlich bildungspolitisch, migrationssoziologisch und auch schulpädagogisch neue Sichtweisen und Begrifflichkeiten, die in der überarbeiteten KMK-Empfehlung entsprechend benannt werden:[4]

- »Schule nimmt Vielfalt zugleich als Normalität und als Potenzial für alle wahr. Das bedeutet: Sie nimmt die sprachlich-kulturelle Vielfalt ihrer Schüler- und Elternschaft als Chance für interkulturelles Lernen bewusst wahr und berücksichtigt diese in der schulprogrammatischen Arbeit. Hierzu gehören auch die Würdigung und Förderung der sprachlichen Kompetenzen mehrsprachig aufwachsender Schülerinnen und Schüler.
- Die Schule heißt alle Schülerinnen und Schüler und ihre Eltern willkommen. Sie informiert und berät sie individuell während des gesamten Bildungsweges und eröffnet ihnen umfassende Mitwirkungsmöglichkeiten.«

Wie immens die Positionsverschiebungen zwischen den beiden Empfehlungen 1996 und 2013 sind, zeigt sich an folgenden Zielformulierungen der älteren Version:[5]

- »Über andere Kulturen Kenntnisse erwerben;
- Das Anderssein der anderen respektieren;

[4] Vgl. KMK-Empfehlung 2013.
[5] Vgl. KMK-Empfehlung 1996.

Erster Schultag an einer Grundschule: Alle Schülerinnen und Schüler sind herzlich willkommen

- Konflikte, die aufgrund unterschiedlicher ethnischer, kultureller und religiöser Zugehörigkeit entstehen, friedlich austragen und durch gemeinsam vereinbarte Regeln beilegen können.
- In der Zusammenarbeit mit Eltern ausländischer Herkunft ist zu beachten, dass diese möglicherweise aus kulturellen Kontexten stammen, in denen Erziehungsvorstellungen und Mitbestimmung in schulischen Angelegenheiten anders ausgelegt werden. Im offenen Gedankenaustausch über Ziele und Maßnahmen erzieherischer Bemühungen, aber auch über mögliche Konflikte werden die Entscheidungsgrundlagen am ehesten transparent.«

2. Bildungspolitik und Migrationsdiskurse

Es ist ein Faktum, dass die KMK-Empfehlung von 1996 in der pädagogischen Praxis nahezu folgenlos blieb, da interkulturelle Lernziele weder Eingang in Bildungspläne fanden noch als prüfungsrelevante Inhalte in die Lehrer-/Pädagogenausbildung implementiert wurden. Ebenso blieb die Materialentwicklung in Ansätzen stecken. Aus den bildungspolitischen Reaktionen und Positionen der vergangenen Jahrzehnte hinsichtlich des Umgangs mit Migrationsschülern lassen sich m. E. folgende drei zentrale Erklärungszugänge für den ausbleibenden Impact anführen:

2.1 Fehlende Didaktisierung und Operationalisierung

Auf die Veröffentlichung der KMK-Empfehlung »Interkulturelle Bildung und Erziehung« reagierten nur einige wenige Bundesländer, namentlich Berlin, Hamburg, Niedersachsen und Schleswig-Holstein, mit Handreichungen. Doch an den meisten Schulstandorten blieben diese den Lehrkräften weitgehend unbekannt, auch weil keine Verpflichtung bestand, sie in der Unterrichtspraxis zu verwenden. Die Schulaufsicht überprüfte nicht die Umsetzung; ein interkulturell ausgerichteter Unterricht erfolgte zumeist aus persönlichem Interesse der Lehrkräfte. »Interkulturell unterrichten« wird daher bis heute von vielen Pädagogen zumeist als Deutschförderung beziehungsweise Deutsch als Zweitsprache-Unterricht verstanden. Dieses verkürzte Verständnis trug mit dazu bei, dass das Modell an den Schulen nicht als Chance verstanden wurde, kulturelle und sprachliche Diversität pädagogisch angemessen zu thematisieren.

2.2 Konzentration bildungspolitischer Diskurse auf Deutschförderung – unter Ausblendung der Herkunftssprachen

Als zweiter Erklärungszugang ist die starke Fokussierung der politischen wie pädagogischen Diskurse auf die Deutschkompetenz von Migrationsschülern zu nennen. Seit den frühen 1980er Jahren liegt aus den klassischen Einwanderungsländern wie USA oder Kanada ein empirisch gesicherter Erkenntnisstand vor, wonach die Sprachentwicklung von migrationsbedingt zwei-/mehrsprachigen Kindern im Vergleich zu einsprachigen Kindern anders verläuft und die Erstsprache keine Störgröße für das Erlernen der Zweitsprache darstellt. Obwohl die Spracherwerbsforschung in Deutschland Mitte der 2000er Jahre diesen Erkenntnisstand empirisch bestätigte, fokussieren die bildungspolitischen Diskussionen in hiesigen Kontexten weiterhin ausschließlich auf das Thema »Deutschförderung« – unter bewusster Ausblendung der migrantischen Herkunftssprachen. Begründet wird diese Positionierung zum einen mit der (angeblich) integrationshemmenden Wirkung von Herkunftssprachen, zum anderen mit ihrer geringen ökonomischen Verwertbarkeit auf dem Ausbildungs- und Arbeitsmarkt.[6]

Zeitgleich forciert aber dieselbe Bildungspolitik die Einführung von schulischen Fremdsprachen bereits in Klasse eins, sodass in allen Bundesländern Frühfremdsprachenunterricht angeboten wird. Es drängt sich daher die Frage auf, ob die Bildungspolitik bezüglich schulischer Zwei-/Mehrsprachigkeit zwei Diskurslinien

[6] Esser, Hartmut: »Migration, Sprache und Integration.« AKI-Forschungsbilanz Nr. 4. In: Arbeitsstelle Interkulturelle Konflikte und gesellschaftliche Integration (AKI), Wissenschaftszentrum Berlin für Sozialforschung (WZB) (Hg.). Berlin 2006. S. 94ff. URL: http://opus.kobv.de/ubpbbdig/volltexte/2009/11/pdf/09024928_Migration_Sprache_und_Integration.pdf (12.05.2015).

verfolgt: auf der einen Seite die Prestigefremdsprachen, die hohe gesellschaftliche Anerkennung genießen, auf der anderen Seite Migrationssprachen, denen ein Bildungswert abgesprochen wird? Mit anderen Worten: Ist von einer erwünschten und einer nicht erwünschten Mehrsprachigkeit zu sprechen? Die berühmte Schweizer Sprachforscherin Rita Franceschini führte, bezogen auf dieses Phänomen, aus:[7]

»Es ist heute selbstverständlicher, Fremdsprachenkenntnisse zu fördern als Migrations- oder Minderheitensprachen zu erhalten. [...] Machen wir uns nichts vor: Oftmals scheint die verborgene Agenda doch noch die zu sein, vor allem die Kinder – je früher desto besser – zuerst zur ortsüblichen ›richtigen‹ Einsprachigkeit zu bringen, damit sie dann passförmig zu den anderen im Klassenverband mitgeführt werden können, um dann anerkannt mehrsprachig zu werden, zusammen mit den anderen über den Weg des traditionellen Fremdsprachenunterrichts. Dieser Weg der frühen Homogenisierung gilt als eine Lösung des oben genannten Zielkonfliktes. Er scheint so plausibel und verlangt wenige Umstellungen im Schulsystem, stellt es also auch nicht in Frage.«

2.3 Kulturalisierendes Verständnis von Migration und Zuwanderung

Bei der kulturalisierenden Betrachtung der Bildungssituation von Migrantenschülern, die insbesondere in öffentlich-medialen Debatten präsent ist, mündet das Hauptargument in die Feststellung, dass die meisten Migrantenfamilien bildungsfern seien und am hiesigen Schulsystem kein Interesse hätten. PISA- und IGLU-Studien hingegen haben mehrfach die enge Kopplung von Bildungserfolg und sozioökonomischem Status der Familien – und damit das Gegenteil – belegt. Es ist überfällig, diese Argumentationslinie kritisch zu hinterfragen und sich unter Hinzuziehung aktuellerer Forschungsergebnisse wie dem »Chancenspiegel« mit den realen Gründen des Bildungsmisserfolgs von Migrationskindern zu beschäftigen. Diese sind die hohe schulische Selektivität und Segregation.[8] Nach den Auswertungen des »Chancenspiegel« steigen weiterhin mehr Schüler ab als auf. Auf einen Aufstieg, also einen Wechsel von einer niedrigeren Schulart zu einer höheren, kommen 4,2 Abstiege. Auch das Leseverständnis der Grundschüler ist weiterhin stark abhängig von der sozialen Herkunft. Danach liegen Kinder aus niedrigen Sozialschichten

[7] Franceschini, Rita: »Mehrsprachigkeit als Ziel: didaktische Herausforderungen und Forschungsperspektiven.« In: ForumSprache. Die Online-Zeitschrift für Fremdsprachenforschung und Fremdsprachenunterricht, Heft 1/2009. S. 62-67.

[8] Bertelsmann Stiftung Gütersloh, Institut für Schulentwicklungsforschung der Technischen Universität Dortmund, Institut für Erziehungswissenschaft der Friedrich-Schiller-Universität Jena (Hg.): Chancenspiegel 2013. Zur Chancengerechtigkeit und Leistungsfähigkeit der deutschen Schulsysteme mit einer Vertiefung zum schulischen Ganztag. Gütersloh 2013. URL: http://bildungsklick.de/datei-archiv/md/264/chancenspiegel-2013.pdf (12.05.2015).

durchschnittlich um ein Jahr zurück. Ähnlich langsam verläuft die Integration von Kindern mit Förderbedarf: Der Anteil der Schüler, die auf gesonderten Schulen unterrichtet werden, sank seit dem Schuljahr 2009/10 von 5,0 auf 4,8 Prozent.[9]

3. Von der interkulturellen zur inklusiven Schule – Chancen der Perspektiverweiterung

Nun verstärkt sich seit Jahren die Diskussion hinsichtlich der Überwindung des dreigliedrigen selektierenden Schulsystems, der Zusammenlegung von Haupt- und Realschulen zu Sekundar- beziehungsweise Stadtteilschulen, des Ausbaus der gebundenen Ganztagsschule sowie der Einführung von Gemeinschaftsschulen in Baden-Württemberg. In dieser aktuellen bildungspolitischen wie pädagogischen Aufbruchsstimmung stellt es eine historische Gelegenheit dar, das Thema »Bildungsteilhabe von Migrationsschülern« im Gesamtkomplex »Inklusion« zu diskutieren und künftig auch dort zu verorten.

Vorliegende Studien machten wiederholt deutlich, dass Deutschland ein Bildungssystem benötigt, das für eine zukunftsorientierte Wissensgesellschaft (aus)bildet und nicht hinnehmen darf, dass ein bedeutender Teil der nachwachsenden Generationen von Wissen und Bildung abgehängt wird, weil sie die Schule ohne Abschluss verlassen. Notwendig geworden ist ein Bildungsverständnis, welches allen Kinder und Jugendlichen – unabhängig von ihrer sozialen Herkunft, Ethnie und dem Geschlecht – eine ihren Bedürfnissen angemessene Bildung und Erziehung ermöglicht. Diesen Anspruch verfolgt nach aktuellem Wissens- und Forschungsstand der Inklusionsansatz. So ist in der Salamanca-Erklärung der Vereinten Nationen zu lesen, »dass Schulen alle Kinder, unabhängig von ihren physischen, intellektuellen, sozialen, emotionalen, sprachlichen oder anderen Fähigkeiten aufnehmen sollen. Das soll behinderte und begabte Kinder einschließen, Kinder von entlegenen oder nomadischen Völkern, von sprachlichen, kulturellen oder ethnischen Minoritäten sowie Kinder von anders benachteiligten Randgruppen oder -gebieten«.[10]

Auch der Bericht der deutschen UNESCO-Kommission (2009) betont die Notwendigkeit inklusiver Bildungs- und Erziehungsangebote:[11] »Das Ziel von inklusiver

---

[9] Studie der Bertelsmann-Stiftung: »Deutschlands Schulsystem gibt Kindern wenig Chancen.« In: Spiegel Online, 24.06.2013. URL: http://www.spiegel.de/schulspiegel/bertelsmann-studie-zeigt-ungerechtigkeit-an-deutschen-schulen-a-906962.html (12.05.2015).

[10] Salamanca-Erklärung 1994 der Vereinten Nationen. Art.3. URL: http://www.unesco.at/bildung/basisdokumente/salamanca_erklaerung.pdf (12.05.2015).

[11] Deutsche UNESCO-Kommission e.V.: Inklusion: Leitlinien für die Bildungspolitik. Paris 2009. URL: http://www.unesco.de/fileadmin/medien/Dokumente/Bildung/InklusionLeitlinienBildungspolitik.pdf (12.05.2015). S. 4.

Bildung ist, Exklusion zu beseitigen. Diese entsteht durch negative Einstellungen und mangelnde Berücksichtigung von Vielfalt in ökonomischen Voraussetzungen, sozialer Zugehörigkeit, Ethnizität, Sprache, Religion, Geschlecht, sexueller Orientierung und Fähigkeiten. Bildung vollzieht sich in formalen und non-formalen Kontexten, in Familien und in den Gemeinden. Folglich ist inklusive Bildung kein randständiges Thema, sondern zentral, um qualitativ hochwertige Bildung für alle Lernenden zu erreichen und um eine inklusivere Gesellschaft zu entwickeln. Inklusive Bildung ist wesentlich, um soziale Gerechtigkeit zu erreichen und sie ist ein konstituierendes Element lebenslangen Lernens«.

Seit gut einem Jahrzehnt wird in Deutschland nach einem gesamtgesellschaftlich akzeptierten Modell gesucht, das die vorhandenen schulischen Diversitätsdimensionen wahrnimmt und im Unterricht bearbeitet. Angesichts internationaler Erfahrungen mit inklusiven Lehr- und Lernsettings ist es nötig, den nationalen Blick zu weiten und an internationale Diskurse anzuschließen. Der bildungspolitische und pädagogische Mehrwert besteht darin, Inklusion in einem inhaltlich breiteren Verständnis umzusetzen und das Konzept nicht auf ein Modell zur Integration von Kindern mit Behinderung und Lernschwierigkeiten in Regelangebote einzugrenzen. Ein substanzieller Beitrag zur Begriffsweitung ist auch vonseiten der Interkulturellen Pädagogik überfällig, zumal in nationalen Inklusionsdebatten Kategorien wie Ethnie, Religion und Sprache bisher nicht auftauchen.[12]

Darüber hinaus sprechen folgende Argumente dafür, interkulturelle Inhalte in der Inklusionspädagogik zu verorten:

- In einem breiteren Verständnis ermöglicht der Inklusionsansatz, Migration als eine Dimension unter vielen anderen zu verorten. Damit einher geht eine Perspektivöffnung, welche die Aufnahme von migrationsspezifischen Lehr- und Lernzielen in die Inklusionspädagogik nach sich zieht.

- Der inkludierende Zugang verhindert, dass Bildungsprobleme von Migrationsschülern ausschließlich aus der Perspektive ihrer ethnisch-kulturellen Zugehörigkeit erklärt werden. Er bietet eine kritische multiperspektivische Auseinandersetzung mit den Ursachen an und damit die Chance, das Thema »Bildungsgerechtigkeit« beim Namen zu nennen. Im deutschen Bildungssystem sind die Teilhabechancen von Migrationskindern auch deshalb unterdurchschnittlich,

[12] Amirpur, Donja: »Inklusive Interkulturalität – Wie Heterogenität zur Normalität werden kann.« In: dreizehn, Heft 7/ 2012. S. 19.

weil pädagogische Angebote häufig auf eine (fiktive) homogene Lerngruppe hin konzipiert werden, deren Leistungsmaßstab Schüler der »bürgerlichen Mitte« bilden. Kinder aus sozioökonomisch schwachen Milieus werden benachteiligt und müssen gewaltige Anstrengungen unternehmen, um den schulischen Anschluss nicht zu verlieren. Mit dieser »Gleichbehandlung des Ungleichen« bricht der Inklusionsansatz.

Auch für die Inklusive Pädagogik gilt, dass für ihre Realisierung Veränderungen auf mehreren Ebenen anzustoßen sind, damit Effekte erkenn- und messbar werden. Die Migrationsexpertin Tina Alicke fokussiert insbesondere auf folgende Bereiche.[13]

- **Bewusstseinsbildung und Schaffung einer Kultur der Wertschätzung von Vielfalt und Inklusion:**
  Sowohl auf der gesellschaftlichen Ebene als auch in bildungspolitischen Diskursen muss das Thema Inklusion in einem breiteren Verständnis kommuniziert werden. Es ist in diesem Kontext zu verdeutlichen, dass es bei diesem weder um eine Kuschelpädagogik ohne Leistungsanforderung noch um ein integratives Modell zur Beschulung von Schülern mit Lernproblemen in die Regelschule handelt.

- **Gesetzliche und rechtliche Rahmenbedingungen:**
  Für die Implementierung von inklusiven Lehr- und Lernsettings sind entsprechende gesetzliche Rahmen notwendig, damit eine flächendeckende Umsetzung realisiert werden kann.

- **Einsatz erforderlicher Ressourcen:**
  Konzepte wie die Inklusive Pädagogik, die auf eine durchgreifende Veränderung des bisherigen Bildungssystems und seiner Organisationen abzielen, benötigen eine andere Finanz-, Sachmittel- und Personalausstattung. Die Bewilligung entsprechender materieller und immaterieller Ressourcen muss durch Politik und Administration sichergestellt werden.

- **Entwicklung institutioneller Strukturen:**
  Da Inklusion als pädagogisches Modell den Anspruch formuliert, in den Bildungsinstitutionen vorhandene Diversitätsdimensionen wahrzunehmen, muss sie als zentrale Querschnittsaufgabe in der pädagogischen Praxis verortet werden.

[13] Alicke, Tina: Schule vielfältig und inklusiv gestalten. Beiträge der Jugendsozialarbeit – Expertise zur Qualitätssicherung. Institut für Sozialarbeit und Sozialpädagogik (ISS) (Hg.). Berlin 2012. S. 32.

Für die Realisierung dieses Ziels ist der Aufbau partizipativer Strukturen sowie die Beteiligung aller Akteure – Verwaltung, Schulleitung, Lehrkräfte, Eltern und Schülerschaft – notwendig.

- **Qualifizierung:**
  Für die erfolgreiche Umsetzung eines anspruchsvollen Modells wie der Inklusion ist die Ausbildung beziehungweise Expertise der pädagogischen Akteure von zentraler Bedeutung. Daher muss die Inklusionspädagogik bereits in der ersten Phase der Pädagogenausbildung prüfungsrelevanter Inhalt des Studiums werden.

- **Wissenschaftliche Begleitung und Evaluation:**
  Sowohl für die ersten Erfahrungen als auch für die Weiterentwicklung des Konzepts sind wissenschaftliche Begleitung und Evaluation der (Zwischen)Ergebnisse Grundbedingung. Benötigt wird ein empirisches Gerüst, um den Stand in den Bundesländern und die Umsetzung an den jeweiligen Schulstandorten zu dokumentieren.

Auch wenn sich in den vergangenen Jahren einzelne Schulen erfolgreich auf den Weg gemacht haben, darf die Implementierung inklusiver Schulstrukturen nicht die Aufgabe der Einzelschule allein sein. Bevor eine flächendeckende Umsetzung erfolgt, bedarf es jedoch umfassender gesellschaftlicher Debatten, da die antizipierten Veränderungen an den Grundpfeilern des bisherigen Bildungsverständnisses rühren. Hinterfragt werden muss auch das bisher gängige Leistungsverständnis, gekoppelt an Fragen der Umsetzung von Bildungsstandards und Kompetenzniveaus.

Folgendes Schaubild zeigt, welche Prozesse idealerweise auf verschiedenen Ebenen zeitgleich anzustoßen sind, um das Konzept und seine Ziele zu realisieren:

Inklusive Schulentwicklung: Rahmenbedingungen und Einflussfaktoren – das Drei-Ebenen-Modell

(n. Doll u. a. 2010; eigene abgeänderte Fassung)

<table>
<tr><td>Makroebene</td><td colspan="7">Gesellschafts- und Bildungssystem</td></tr>
<tr><td></td><td colspan="2">Schulstruktur
Primar-, Sekundarschule; Ganztagsschule;
• Gemeinschaftsschule</td><td colspan="3">Studium/Ausbildung der Lehrkraft
• Ausbildungsverordnung 1. und 2. Phase
• Inklusions-Kompetenz als prüfungsrel. Querschnittsmodul</td><td colspan="2">Bildungspolitik / Bildungspläne
• Politische Förderung von inklusiver Schule
• Entwicklung von Bildungsplänen</td></tr>
<tr><td>Mesoebene (Schule/ Klasse)</td><td colspan="7">Schule als institutioneller Kontext</td></tr>
<tr><td>Level I</td><td>Schul-Umfeld
• Zusammensetzung der Familien
• Sozial-demogr. Situation im Kiez</td><td>Schulleitung
• Interesse, Kompetenz und Engagement fürs Thema</td><td>Komposition Lehrerschaft
• Alter,
• Qualifikation</td><td>Komposition Schülerschaft
• Diversitätsdimension: Milieu, MH, Behinderung, …</td><td>Unterstützung
• Netzwerkstrukturen mit SSA; Hochschulen, Projekten u. Institutionen</td><td>Qualitätskontrolle
• Monitoring
• Evaluation</td><td>Elternschaft
• Einbindung in pädaog. Prozesse u. Entscheidungen</td></tr>
<tr><td></td><td colspan="7">Schule und Klasse als Lernkontext</td></tr>
<tr><td>Level II</td><td>Kooperation Lehrerschaft
• Arbeit in Jahrgangs-Teams; Team-Konferenzen
• Team-Teaching</td><td>Kooperation Schülerschaft
• jahrgangsübergreifendes Lernen;
• schülerzentr. Lernarrangements: Portfolio, Lerntagebuch, Förderplan</td><td colspan="2">Status als Klassen-/ Fachlehrer
• Zusammenarbeit und Korrespondenz /Absprache mit allen Kollegen</td><td>Unterrichtsinhalte
• Inklusion: Querschnittsthema aller Fächer;
• Unterschiedlichkeit „Aller“ als Handlungsmaßstab;</td><td colspan="2">Elternarbeit
• Elternbildungsangebote
• verlässliche Strukturen und Ansprechpartner</td></tr>
<tr><td>Mikroebene (Unterricht)</td><td colspan="7">Individuelle Voraussetzungen</td></tr>
<tr><td>Level I</td><td colspan="2">Biografie der Lehrkraft
• biograf. Erfahrungen mit Diversität</td><td colspan="2">Zertifikate
• Qualifikationen in: Lehren und Lernen in inkludierenden Settings</td><td colspan="2">Professionelle Kompetenz
• Wissen u. Erfahrungen im Umgang mit verschiedenen Diversitätsdimensionen (MH, Behinderung, Hochbegabung, …)</td><td>Persönlichkeitsmerkmale
• gegenüber Diversität: offen, kritisch-forschend und wertschätzend</td></tr>
<tr><td></td><td colspan="7">Professionelle Kompetenz und Expertise</td></tr>
<tr><td>Level II</td><td colspan="2">Fachwissen
• Ausgewiesene didaktische und methodische Kompetenzen bzgl. aller relevanten Diversitätsdimensionen und deren unterr. Operationalisierung</td><td colspan="2">Fachdidaktisches Wissen
• Angemessene didak.-method. Entscheidungen für jeweilige Fächer und Lerngruppen</td><td colspan="2">Pädagogisches Wissen
• Kenntnisse über Inklusion und inklusive Lehr- und Lernsettings in nationaler und internationaler Perspektive</td><td>Überzeugungen
• kritisch-konstruktive Auseinandersetzung mit eigenen Einstellungen, Selbstbild u. Ressourcen</td></tr>
</table>

4. Aktuelle Herausforderungen – Einstellungen von Lehrkräften bezüglich migrationsbedingter Diversität

Die Grafik macht deutlich, dass auch für die Inklusionspädagogik die Lehrerbildung eine zentrale, wenn nicht herausragende Rolle spielt, denn anhand der vorhandenen Expertise lässt sich abschätzen, inwieweit die formulierten Ziele tatsächlich in die unterrichtliche Praxis einfließen und als pädagogische Querschnittsaufgabe aller Akteure angenommen werden können.

Neuere Studien, welche den pädagogischen Umgang mit migrationsbedingter Diversität in den Bildungsinstitutionen untersuchen, belegen ebenfalls die zentrale Rolle von Lehrkräften beim gelingenden beziehungsweise misslingenden Umgang mit dem Thema.[14] Beate Wischer fragte in einer Untersuchung nach der Rolle subjektiver Überzeugungen für das pädagogisch professionelle Handeln von Lehrkräften und kommt zu dem Ergebnis, dass ein angemessener Umgang mit Diversität keineswegs nur ein didaktisch-methodisches Problem ist, sondern eng mit grundlegenden subjektiven Überzeugungen und Einstellungen der Lehrenden zusammenhängt. Sie konstatiert, dass solange Lehrkräfte Diversität als ein Problem und nicht als einen Normalfall beziehungsweise sogar als Bereicherung betrachten, sich ihr Unterricht wenig ändere.[15]

Neben der Reflexion eigener Haltungen und Überzeugungen benötigen Lehrkräfte weiteres Professionalisierungswissen, um mit Facetten der Diversität umzugehen. Folgende Dimensionen erscheinen von zentraler Relevanz.[16]

- Diagnostische Kompetenz
  Es sind insbesondere Beobachtungs- und Diagnoseinstrumente notwendig, welche die Gesamtentwicklung der Schüler in den Blick nehmen und verlässlich Auskunft darüber zu geben vermögen, wo der/die Einzelne steht und welche individuelle Förderung notwendig und sinnvoll erscheint.

---

[14] Vgl. Edelmann, Doris: »Pädagogische Professionalität im transnationalen sozialen Raum. Eine Studie über Sichtweisen und Erfahrungen von Primarlehrpersonen in Bezug auf die kulturelle Heterogenität ihrer Schulklasse.« In: Zeitschrift für Pädagogik, 51. Beiheft 2006. S. 235-250; Wischer, Beate: Umgang mit Heterogenität im Unterricht – Das Handlungsfeld und seine Herausforderungen. 2009. In: URL: http://bsi.tsn.at/sites/bsi.tsn.at/files/dateien/lz/Umgang%20mit%20Heterogenitaet.pdf (25.06.2015); Buholzer, Alois/Kummer Wyss, Annemarie (Hg.): Alle gleich – alle unterschiedlich. Seelze 2010.

[15] Wischer, Beate/Lojewski, Johanna: Professionalisierung von Lehrkräften für den Umgang mit Heterogenität im Referendariat Ergebnisse einer Befragung von AusbilderInnen und ReferendarInnen. Bielefeld/Osnabrück 2009. URL: http://www.teachers-ipp.eu/Umgang-mit-Heterogenitet.html/Endbericht_1_Heterogenitaet.pdf (12.05.2015). S. 30.

[16] Engin, Havva: »Was hat Migration mit Inklusion zu tun? Zum Aufmerksamkeitsdefizit im Umgang mit migrationsbedingter Heterogenität.« In: Mehring, Reinhard (Hg.): Inklusion und Individualität. Heidelberg 2102. S. 33.

- Didaktisch-methodische Kompetenz
  Eine in ihren Leistungen heterogene Schülerschaft benötigt im Unterricht unterschiedliche binnendifferenzierende Angebote, die an den Kenntnissen und Bedarfen des jeweiligen Schülers ansetzen, um ihn an die nächste Entwicklungsstufe heranzubringen.

- Reflexionskompetenz
  Die Lehrkräfte als kompetente und versierte Pädagogen müssen stärker als bisher ihr pädagogisches Handeln im Hinblick auf Angemessenheit kritisch reflektieren. Hierfür sind sie in der Regel auf Rückmeldungen anderer Akteure angewiesen.

- Kommunikations- und Kooperationskompetenz
  Pädagogen müssen stärker als bisher in Teams zusammenarbeiten, um ihre pädagogische Arbeit besser aufeinander abzustimmen und somit nachhaltiger agieren zu können.

- Interkulturelle Sach-/Handlungskompetenz
  Alle Pädagogen beziehungsweise Lehrkräfte müssen ein grundlegendes Basiswissen über den produktiven Umgang mit der sprachlichen, kulturellen und religiösen Vielfalt ihrer Schülerschaft besitzen, um die in dieser Diversitätsdimension liegenden Chancen und Potenziale zu erkennen und ihr Handeln nicht an einer konfliktorientierten Perspektive auszurichten.

Inwieweit die genannten Kompetenzen in Lehrerseminaren für Seminarleiter Relevanz genießen, zeigt eine in Nordrhein-Westfalen durchgeführte Erhebung. Die Befragten nennen als die zwei elementarsten Professionalitätsdimensionen diagnostische sowie methodisch-didaktische Kompetenz. Wenig überraschend ist, dass als dritte zentrale Dimension – noch vor Fachkompetenz und Leistungsbewertungskompetenz – die persönliche Einstellung beziehungsweise Haltung der Lehrkräfte genannt wird.[17] Die Studie zeigt auch, dass die befragten Seminarleiter genau diese Kompetenzen bei den Lehramtsanwärtern vermissen. So sind nahezu 70 Prozent mit der vorliegenden diagnostischen Kompetenz und 60 Prozent mit der methodisch-didaktischen Kompetenz der Lehramtsanwärter unzufrieden.[18]

[17] Vgl: Wischer/Lojeweski: Professionalisierung von Lehrkräften. S. 29.
[18] Ebd. S. 30.

Grundsätzlich kann die Studie als Beleg dafür gesehen werden, dass in der bisherigen Lehrerbildung die Ausbildung von Kompetenzen für die Arbeit mit migrationsbedingter Vielfalt auch in der zweiten Phase nicht ausreichend verankert ist. Daher sollten künftig sowohl die erste als auch zweite Phase für diesen Bereich verzahnte Ausbildungsstrukturen schaffen.

5. Zusammenfassung

Der vorliegende Beitrag versuchte unter Bezugnahme aktueller Bildungsstudien aufzuzeigen, vor welchen großen Herausforderungen gegenwärtig das deutsche Bildungssystem angesichts Globalisierung, des demografischen Wandels, Diversifizierung der Lebens- und Familienstrukturen sowie anhaltender Migrationsströme strukturell wie pädagogisch steht. Diese wird sie nur meistern können, wenn – neben den institutionellen Veränderungen – die pädagogisch Professionellen über eine fundierte und breite Expertise verfügen, die es ihnen ermöglicht, zieldifferent und chancengerecht mit relevanten Diversitätsdimensionen angemessen zu arbeiten. Es wurde darüber hinaus ausgeführt, warum es zielführend sein kann, bildungspolitische wie pädagogische Diskurslinien bezüglich »Interkultureller Öffnung von Schule« nicht losgelöst von Inklusionskonzepten zu verfolgen, sondern Anschlusspunkte zu formulieren, um interkulturelle Lernziele in die inklusive Lehr- und Lernkontexte zu implementieren und damit alle Schüler zu erreichen. Die Erziehungswissenschaftlerin Cristina Allemann-Ghionda bringt es auf den Punkt, wenn sie im Hinblick auf das Thema ausführt:[19]

»Zu Beginn des einundzwanzigsten Jahrhunderts muss die Bedeutung der kulturellen Zugehörigkeiten und Differenzen zwar nicht in Frage gestellt, aber doch präziser definiert und redimensioniert werden – als gleichberechtigter, manchmal auch weniger wichtiger Faktor neben vielen anderen –, damit das Thema der institutionellen Behandlung der Diversität […] adäquat und handlungswirksamer erfasst werden kann.«

[19] Allemann-Ghionda, Cristina: »Für die Welt Diversität feiern – im heimischen Garten Ungleichheit kultivieren? Von gegenläufigen Entwicklungen in der Politik, Theorie und Praxis der interkulturellen Bildung in Europa.« In: Zeitschrift für Pädagogik, 54/ (2008) 1. S. 18-33.

Inklusive Schule?

Ausgangslage und Herausforderungen[1]

VON MARCUS HASSELHORN UND KAI MAAZ

Viele Diskussionen um Fragen nach schulischer Bildung in Deutschland werden bundeslandspezifisch geführt. Dies ist in einem Land mit föderalem Bildungssystem, in dem jedes Bundesland weitgehend autonom entscheiden kann, wie Schule organisiert und gestaltet wird, nicht weiter verwunderlich. Wer sich allerdings in jüngerer Zeit mit Fragen der schulischen Bildung in Deutschland beschäftigt hat, wird festgestellt haben, dass »ein« Thema durchgängig und in allen Bundesländern auf der Agenda steht: das Thema Inklusion, verbunden mit der Forderung nach einer inklusiven Schule. Auf den ersten Blick ist das Thema klar: Inklusive Schule bedeutet, dass alle Kinder – nicht nur unabhängig von ihrem Geschlecht, ihrer Hautfarbe und ihrer sozialen Herkunft, sondern auch unabhängig davon, ob sie behindert sind oder nicht – gemeinsam beschult werden.

Mit dem Schwerpunktthema »Bildung von Menschen mit Behinderung« hat auch der aktuelle nationale Bildungsbericht dieses Thema aufgegriffen.[2] Die beiden Verfasser des vorliegenden Beitrages waren Mitglieder der Autorengruppe des Bildungsberichtes 2014. Daher beziehen sie sich in den Daten und in vielen Hinweisen und Argumenten dieses Beitrages vorrangig auf das Schwerpunktkapitel H des Bildungsberichtes 2014, an dessen Erstellung auch Martin Baethge, Hans-Peter Füssel, Heinz-Werner Hetmeier, Thomas Rauschenbach, Ulrike Rockmann, Susan Seeber, Horst Weishaupt, Rolf Werning und Andrä Wolter beteiligt waren. Im vorliegenden Beitrag wird in Anlehnung an die Ausführungen im Bildungsbericht die Ausgangslage zur Frage nach einer inklusiven Schule skizziert, indem auf die UN-Behindertenrechtskonvention der Vereinten Nationen (BRK) ebenso eingegangen

---

[1] Teile des vorliegenden Kapitels orientieren sich eng an dem Bericht »Bildung in Deutschland 2014«, den die Autoren als Mitglieder der Autorengruppe mitverantworten.

[2] Autorengruppe Bildungsberichterstattung: Bildung in Deutschland 2014. Ein indikatorengestützter Bericht mit einer Analyse zur Bildung von Menschen mit Behinderung. Bielefeld 2014.

wird wie auf die Fragen, welcher Personenkreis mit der Behindertenrechtskonvention gemeint ist, wie viele Kinder und Jugendliche betroffen sind und welche rechtlichen Rahmenbedingungen zu berücksichtigen sind. Anschließend werden die wesentlichen Herausforderungen herausgearbeitet, die es zu bewältigen gilt, wenn man inklusive Schule in Deutschland realisieren will: erstens die Klärung der Frage nach zielgleicher oder zieldifferenter Beschulung und den damit verbundenen systemischen beziehungsweise schulstrukturellen Konsequenzen; zweitens die Überwindung der zu kurz gedachten Vorstellung, inklusive Schule könne auf Diagnostik verzichten; drittens die Entwicklung von inklusionsbezogenen Qualifikationsstandards für das pädagogische Fachpersonal; und viertens die Identifizierung von Gelingensbedingungen und Schulentwicklungskonzepten für eine erfolgreiche Transformation der Schule von heute zu einer inklusiven Schule.

1. Ausgangslage

Die Forderung der Inklusion trifft in Deutschland auf ein historisch gewachsenes, spätestens ab der Sekundarstufe selektiv geprägtes Schulsystem, das dem Grundsatz folgt, optimale Förderung von Kindern und Jugendlichen gelinge am besten durch institutionelle Differenzierung. Für Kinder und Jugendliche mit Behinderungen oder weiteren schulrelevanten Beeinträchtigungen ist ein breit differenziertes System von Förderschulen ausgebaut worden, dessen zukünftige Bedeutung und Rolle nunmehr in Frage gestellt wird. In den Schularten haben sich im Laufe der Zeit spezifische, höchst unterschiedliche Lernmilieus entwickelt und nicht unbedingt deckungsgleiche Bildungsverständnisse etabliert. Die Umsetzungsbemühungen zur inklusiven Schule führen daher in jeder der bisherigen Schularten notwendigerweise zu Schwierigkeiten, Brüchen und Widersprüchen. So zeigt der Bildungsbericht 2014, dass gegenwärtig die Umsetzung von Inklusion mit zunehmendem Alter vom vorschulischen Elementarbereich bis zum Sekundarbereich II schwieriger wird. Zumindest sinkt die Quote der in Regeleinrichtungen zu findenden Kinder und Jugendlichen mit Behinderungen beziehungsweise sonstigen Beeinträchtigungen von 88,2 Prozent in Kindertagesstätten über 31,2 Prozent in der Grundschule bis hin zu 14,1 Prozent in der Sekundarstufe I und schließlich 7,2 Prozent in der Sekundarstufe II. Außerdem finden sich zudem die niedrigsten Inklusionsquoten in den Schularten, die höherwertige Bildungsabschlüsse ermöglichen.

1.1 Die UN-Behindertenrechtskonvention

Ein entscheidender Anstoß für die verstärkte Befassung mit den Fragen der Inklusion von Menschen mit Behinderungen ging von der Behindertenrechtskonvention der Vereinten Nationen (BRK) aus dem Jahre 2006 aus, die inzwischen in Deutschland geltendes Recht ist. Die Behindertenrechtskonvention verfolgt einen umfassenden Ansatz, der auf die Inklusion in allen gesellschaftlichen Bereichen zielt und damit weit über das Bildungssystem hinausreicht. In der öffentlichen Debatte in Deutschland steht aber der Blick auf die Umsetzung des Grundsatzes der Inklusion von Menschen im Bildungs- und insbesondere im Schulbereich im Mittelpunkt der Aufmerksamkeit. Hierzu heißt es in Artikel 24 UN-Behindertenrechtskonvention:

»(1) Die Vertragsstaaten anerkennen das Recht von Menschen mit Behinderungen auf Bildung. Um dieses Recht ohne Diskriminierung und auf der Grundlage der Chancengleichheit zu verwirklichen, gewährleisten die Vertragsstaaten ein integratives Bildungssystem auf allen Ebenen und lebenslanges Lernen mit dem Ziel,

a. die menschlichen Möglichkeiten sowie das Bewusstsein der Würde und das Selbstwertgefühl des Menschen voll zur Entfaltung zu bringen und die Achtung vor den Menschenrechten, den Grundfreiheiten und der menschlichen Vielfalt zu stärken;
b. Menschen mit Behinderungen ihre Persönlichkeit, ihre Begabungen und ihre Kreativität sowie ihre geistigen und körperlichen Fähigkeiten voll zur Entfaltung bringen zu lassen;
c. Menschen mit Behinderungen zur wirklichen Teilhabe an einer freien Gesellschaft zu befähigen;

(2) Bei der Verwirklichung dieses Rechts stellen die Vertragsstaaten sicher, dass [...]

d. Menschen mit Behinderungen innerhalb des allgemeinen Bildungssystems die notwendige Unterstützung geleistet wird, um ihre erfolgreiche Bildung zu erleichtern;
e. in Übereinstimmung mit dem Ziel der vollständigen Integration wirksame individuell angepasste Unterstützungsmaßnahmen in einem Umfeld, das die bestmögliche schulische und soziale Entwicklung gestattet, angeboten werden [...].«

Mit Bezug auf diese Ausführungen in Artikel 24 UN-Behindertenrechtskommission geht es in der Diskussion um inklusive Schule nicht nur um die Frage des angemessenen und geeigneten Förderortes für Menschen mit Behinderung, sondern auch um die der sozialen Interaktion. Ziel ist die maximale soziale Teilhabe aller Kinder und Jugendlichen.

1.2 Wer ist gemeint und wie viele sind betroffen?

Der Begriff der Behinderung ist komplex und unterschiedlich, bisweilen mehrdeutig definiert. Einerseits wird dem medizinischen Modell folgend bis heute Behinderung als individuelles Merkmal einer Person verstanden; andererseits ist seit den 1970er Jahren das Bestreben erkennbar, ein individuumsbezogenes durch ein soziales Begriffsverständnis abzulösen und die gesellschaftlichen Barrieren zu betonen, die Individuen aufgrund von körperlichen oder sozialen Normabweichungen an einer voll umfänglichen gesellschaftlichen Teilhabe hindern. Die Weltgesundheitsorganisation (WHO) nimmt seit Langem dieses bio-psycho-soziale Verständnis von Behinderung auf. Sie geht davon aus, dass Körperfunktionen, individuelle Aktivitäten und gesellschaftliche Partizipation in Beziehung stehen. Die UN-Behindertenrechtskonvention knüpft an ein solches Verständnis von Behinderung im Artikel 1 an: »Zu den Menschen mit Behinderungen zählen Menschen, die langfristige körperliche, seelische, geistige oder Sinnesbeeinträchtigungen haben, welche sie in Wechselwirkung mit verschiedenen Barrieren an der vollen, wirksamen und gleichberechtigten Teilhabe an der Gesellschaft hindern können.«

Welche Kinder und Jugendliche im schulpflichtigen Alter aber fallen unter diese Definition? Im Jahr 2009 hatte etwa jeder neunte Deutsche eine amtlich bescheinigte Behinderung, von denen 87 Prozent sogar einen Grad der Behinderung von mindestens 50 (entspricht der Schwerbehinderung) anerkannt bekommen hatten.[3] Im Schulalter ist die Quote der Menschen mit anerkannter Behinderung allerdings im Vergleich zur Quote derjenigen mit sonderpädagogischem Förderbedarf vernachlässigbar gering. Die Verfahren und Abläufe der Feststellung eines sonderpädagogischen Förderbedarfs regeln die Länder eigenständig und mitunter sehr unterschiedlich. Die Zahl der jährlich durchgeführten Verfahren zur Feststellung eines sonderpädagogischen Förderbedarfs wird statistisch nicht erfasst, wohl aber die Anzahl der Schülerinnen und Schüler, die sonderpädagogisch gefördert werden (vergleiche Abbildung 1). In Deutschland sind derzeit fast eine halbe Million Kinder und Jugendliche betroffen. Seit 2000/01 ist zwar die Anzahl nahezu konstant geblieben, aufgrund sinkender Schülerzahlen ist die Förderquote bis zum Schuljahr 2012/13 jedoch von 5,3 Prozent auf 6,6 Prozent angestiegen. Dieser Anteil liegt viermal höher als der Bevölkerungsanteil mit amtlich festgestellter (Schwer-)Behinderung in der Altersgruppe zwischen 6 und unter 16 Jahren.

1.3 Rechtliche Rahmenbedingungen

Die Frage der Beteiligung von Kindern und Jugendlichen mit Behinderung beziehungsweise sonderpädagogischem Förderbedarf an Bildung im schulischen Regelbetrieb hängt entscheidend von den rechtlichen Rahmenbedingungen ab, die nicht nur von Bildungsetappe zu Bildungsetappe unterschiedlich ausfallen (vergleiche Abbildung 2), sondern im schulischen Bereich auch von Bundesland zu Bundesland, da Fragen der Feststellung und des Umgangs mit sonderpädagogischem För-

[3] Ebd. S. 161.

Abbildung 1: Anzahl und Anteil der Schülerinnen und Schüler mit sonderpädagogischer Förderung in allgemeinbildenden Schulen 2000/01 und 2012/13 nach Förderschwerpunkten

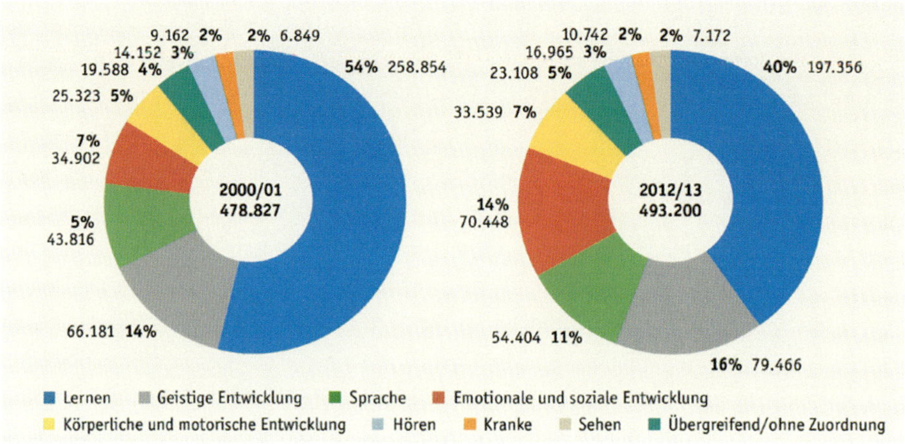

Quelle: Autorengruppe Bildungsberichterstattung, 2014. S. 163.

Abbildung 2: Übersicht über die rechtlichen Grundlagen für die Unterstützung von Menschen mit Behinderung im Bildungswesen

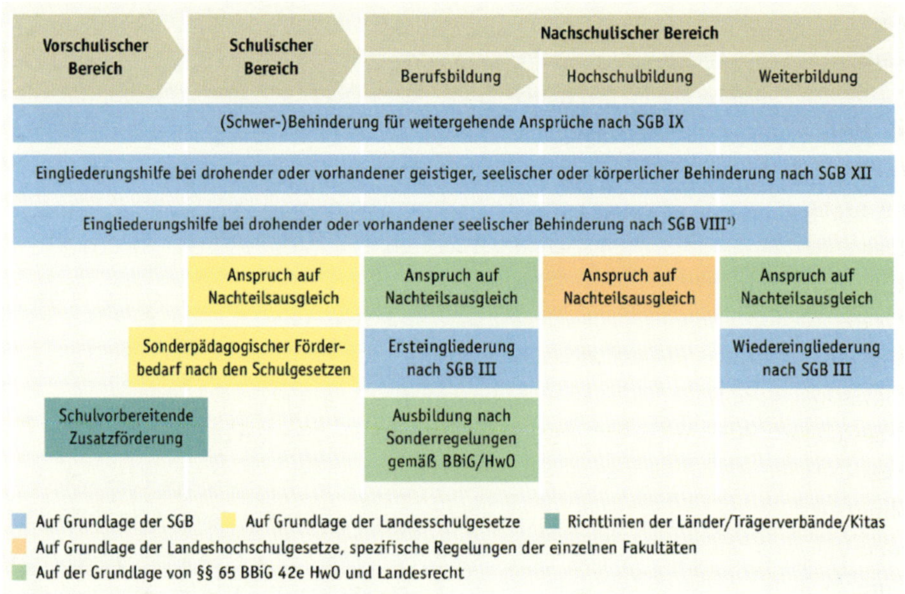

Quelle: Autorengruppe Bildungsberichterstattung, 2014. S. 159.

derbedarf sowie des Anspruchs auf Nachteilsausgleich in den Landesschulgesetzen geregelt werden.[4] Die Leistungsansprüche bei festgestellter Behinderung sind im Sozialgesetzbuch (insbesondere Sozialgesetzbuch IX) geregelt, das sich allerdings der medizinischen Sicht auf Behinderung bedient: »Menschen sind behindert, wenn ihre körperliche Funktion, geistige Fähigkeit oder seelische Gesundheit mit hoher Wahrscheinlichkeit länger als sechs Monate von dem für das Lebensalter typischen Zustand abweichen und daher ihre Teilhabe am Leben in der Gesellschaft beeinträchtigt ist. Sie sind von Behinderung bedroht, wenn die Beeinträchtigung zu erwarten ist.« (Paragraf 2 Absatz 1 Sozialgesetzbuch IX). Im Kindes- und Jugendalter sind darüber hinaus die sogenannten Eingliederungshilfen bedeutsam, die nach den Bestimmungen des Sozialgesetzbuches XII und VIII erbracht werden. Hier wird besonderer Wert darauf gelegt, dass auch die Feststellung einer »drohenden« Behinderung zur Bewilligung von Eingliederungshilfe führt.

Für schulpflichtige Kinder und Jugendliche tritt zu der sozialgesetzlich geregelten Eingliederungshilfe der sonderpädagogische Förderbedarf (siehe oben) hinzu, der in den Schulgesetzen geregelt ist. Grundsätzlich besteht sonderpädagogischer Förderbedarf, wenn eine Beeinträchtigung so gravierend ist, dass die Betroffenen ohne besondere Unterstützung im Regelunterricht nicht hinreichend gefördert werden können. Aktuell werden bis zu acht sonderpädagogische Förderschwerpunkte voneinander unterschieden: Lernen, Sprache, emotionale und soziale Entwicklung, geistige Entwicklung, körperliche und motorische Entwicklung, Hören, Sehen und (lang andauernde) Erkrankungen.

2. Herausforderungen

Inklusion ist ein komplexes Konzept: Es gibt keine allgemein akzeptierte Definition. Im englischen Original der UN-Behindertenkonvention wird von *inclusive education* gesprochen. Die offizielle Übersetzung im Artikel 24 der UN-Behindertenrechtskonvention lautet »integratives Bildungssystem« (siehe oben). Man mag es als typisch für die deutschsprachige Pädagogik bezeichnen, dass mittlerweile ein wahrer Glaubenskrieg um die Begriffe »Inklusion« und »Integration« entbrannt ist. So wird Inklusion als das wertvollere, globalere Konzept verstanden, da es unter gemeinsamer Beschulung aller nicht nur die Beschulung an einem gemeinsamen Ort verstehe (was lediglich Merkmal von integrativer Beschulung sei), sondern darüber hinaus ohne Ansehen der Behinderung oder Besonderheit alle auch im Rahmen derselben sozialen Interaktionen beschult würden. Die internationale Debatte kommt demgegenüber ohne einen solchen Glaubenskrieg aus. Hier geht es nicht um die Frage,

[4] Ebd. S. 159.

welche Form von Inklusion wertvoller ist oder nicht, ja es geht nicht einmal darum, ob das Erreichen von inklusiver Schule nur über ein »Alles-oder-nichts«-Prinzip möglich ist. International geht es um nichts anderes als um die generelle Minimierung von Diskriminierung und (Bildungs-)Benachteiligungen von Schülerinnen und Schülern, sei es aufgrund von Behinderung, Leistung, Geschlecht oder sozialer und/oder kultureller Herkunft; im Mittelpunkt steht die Maximierung von sozialer Teilhabe. Aktuell stehen weiterhin Angebote gemeinsamer Beschulung von Kindern und Jugendlichen mit und ohne Behinderungen in einem gemeinsamen Lernzusammenhang neben Sondereinrichtungen, die zur Förderung von Menschen mit Behinderungen – zumindest temporär – eine institutionelle Trennung aufrechterhalten. Die aktuellen Zahlen machen zudem deutlich, dass kein nennenswerter Rückgang der Förderschulbesuchsquote trotz zunehmender inklusiver Beschulung erkennbar ist; die Zahl der Schülerinnen und Schüler mit sonderpädagogischem Förderbedarf steigt vielmehr – mit erheblichen Unterschieden zwischen den Bundesländern (vergleiche Abbildung 3).

Inklusion zielt im internationalen Diskurs auf die Maximierung von sozialer Teilhabe.

Abbildung 3: Sonderpädagogische Förderung 2000/01 und 2012/13 nach Ländern und Förderort (in Prozent)

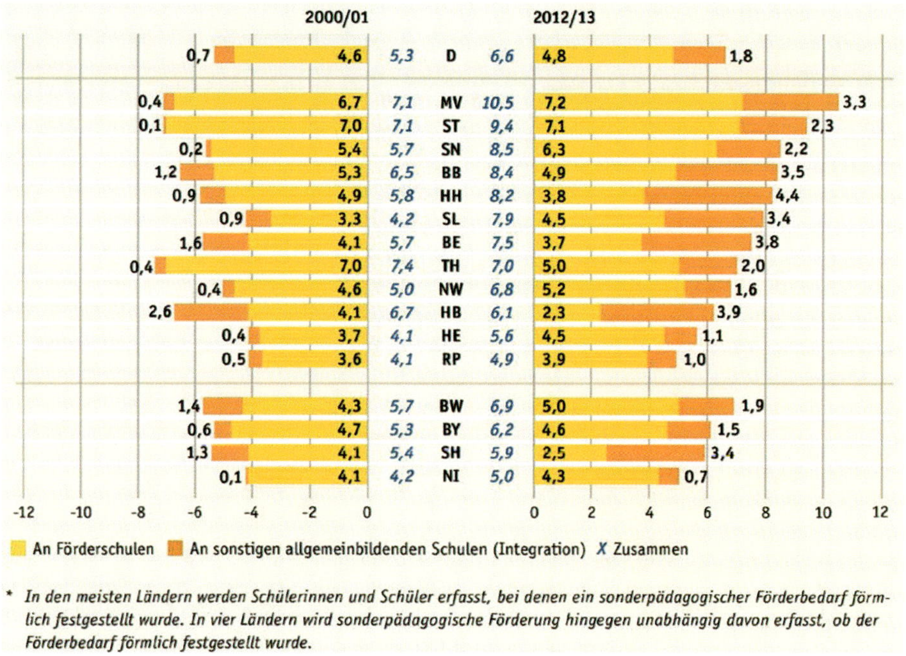

Quelle: Autorengruppe Bildungsberichterstattung, 2014. S. 179.

Neben den Länderunterschieden variiert das Ausmaß integrativer Beschulung auch zwischen den einzelnen Förderschwerpunkten. Der Bereich »Emotionale und soziale Entwicklung« arbeitet mit 47 Prozent aller Schülerinnen und Schüler, die einen entsprechenden Förderbedarf haben, am häufigsten integrativ. Im größten Förderschwerpunkt »Lernen« werden 31 Prozent der Schülerinnen und Schüler an allgemeinen Schulen unterrichtet, während die integrative Beschulung im Förderschwerpunkt »Geistige Entwicklung« mit sieben Prozent praktisch keine Bedeutung hat.

Auch im Sinne dieser internationalen Debatte um inklusive Schule sind eine Reihe von Fragen an das vorhandene schulische Bildungssystem zu stellen, bei denen es um weitergehende Anforderungen an ein auf verschiedenste Formen von »Heterogenität« hin ausgerichtetes System geht. In Deutschland laufen wir allerdings Gefahr, vor lauter Glaubensscharmützel die Bearbeitung solcher Fragen zu vernachlässigen. Damit inklusive Schule in Deutschland gelingen kann, muss sich dies ändern. Von den Fragen mit besonderem Herausforderungscharakter skizzieren wir im Folgenden vier.

2.1 Zielgleiche oder zieldifferente Beschulung?

Von Behinderungen betroffene Kinder und Jugendliche bedürfen Unterstützung bei der Partizipation an den entsprechenden Bildungsangeboten. Mit Blick auf die Angebote des allgemeinbildenden Schulsystems besteht die Herausforderung, die unterschiedlichen individuellen Lebenslagen und Lernausgangslagen zu erkennen, zu bewerten und hierauf im Sinne des übergreifenden Zieles von Inklusion zu antworten. Das Bildungswesen begegnet diesen Anforderungen gegenwärtig auf unterschiedliche Art und Weise. Bei den bestehenden vielfältigen Bildungsgängen ist nicht nur zwischen »Inklusion« (gemeinsames Lernen in heterogenen Lerngruppen) und »Separation« (Lernen in gesonderten Einrichtungen) zu unterscheiden. Vielmehr gibt es auch ein breites Spektrum an Angeboten, bei denen zwar der gemeinsame Besuch einer Einrichtung, nicht aber das gemeinsame Lernen in heterogenen Lerngruppen im Vordergrund steht (zum Beispiel Sonderklassen in Regelschulen). Übergeordnet lassen sich hier drei Aspekte für den Umgang mit Menschen beschreiben, die für das Schulsystem, aber auch für das Bildungssystem insgesamt Geltung haben.

- Zielgleiche und zieldifferente Beschulung
  Bildungsprozesse können für und innerhalb von Lerngruppen grundsätzlich »zielgleich« oder »zieldifferent« gestaltet und organisiert werden; neben einer curricularen Differenzierung prägt dabei die Orientierung auf einen (erwarteten)

Abschluss die Zuordnung. Mit dem Grundsatz des zielgleichen Lernens ist eine Vorstellung von relativer Homogenität verbunden, während zieldifferentes Lernen sehr viel stärker Heterogenitäten innerhalb von Lerngruppen in den Fokus rückt. Wird ein Kind mit festgestelltem sonderpädagogischen Förderbedarf zieldifferent unterrichtet, erfolgt die Wissensvermittlung in Anlehnung an das Kerncurriculum. Es wird aber berücksichtigt, dass die Ziele deutlich langsamer und nur auf sehr basalem Niveau erreicht werden können. Wird ein Schüler zielgleich unterrichtet, sind die gleichen Ziele wie bei Kindern ohne eine diagnostizierte Beeinträchtigung anzuwenden.

- Gewährung eines Nachteilsausgleichs bei zielgleicher Beschulung
  Bei zielgleicher Beschulung ist Schülerinnen und Schülern ein Ausgleich zu gewähren, wenn ihnen das Erbringen insbesondere von Leistungsnachweisen oder die Beteiligung an Prüfungen nicht in gleicher Weise möglich ist wie denjenigen ohne Beeinträchtigung (sogenannter »Nachteilsausgleich«, vergleiche auch Paragraf 126 Sozialgesetzbuch IX). Eine Vielzahl von rechtlichen Vorgaben regelt die Umsetzung dieses Grundsatzes, insbesondere in Prüfungsordnungen finden sich detailliertere Bestimmungen. Derartige Ausgleichsregelungen, die in jedem Fall eine Einzelfallentscheidung verlangen, können auf Antrag etwa in Gestalt von veränderten Prüfungsformen oder von alternativen, aber gleichwertigen Prüfungsaufgaben gewährt werden.

- Barrierefreiheit unabhängig von der Art der Beschulung
  Unabhängig von der Art der Beschulung ist jedwede Barrierefreiheit beim Zugang zu den Bildungseinrichtungen und der Partizipation an den Bildungsprozessen sicherzustellen. Der Begriff der Barrierefreiheit meint aber weit mehr als ausschließlich den Bezug auf bauliche Maßnahmen. Er lässt vielmehr ein umfänglicheres Verständnis zu, das den Zugang zu Teilhabe frei von Barrieren aller Art verlangt. In diesem Sinne meint Barrierefreiheit dann auch, dass technische Gebrauchsgegenstände, Anlagen und Einrichtungen zur Informationsverarbeitung und Kommunikation sowie andere gestaltete Lebensbereiche so einzurichten sind, dass sie »für behinderte Menschen in der allgemeinen Weise, ohne besondere Erschwernis und grundsätzlich ohne fremde Hilfe zugänglich und nutzbar sind« (Paragraf 4 Behindertengleichstellungsgesetz des Bundes).

Inklusiver Unterricht: Blick in eine Schulklasse

2.2 Diagnostik: Nützlich oder entbehrlich?

Der einfachste Weg zur inklusiven Schule – so eine verbreitete Auffassung in der öffentlichen Diskussion – besteht darin, alle Sonderschulen abzuschaffen und eine Einheitsschule bis zum Ende der gesetzlichen Schulpflicht zu realisieren. Dann könne man alle Kinder ohne Ansehen ihrer Besonderheiten dort beschulen und brauche keinerlei Diagnostik mehr, mit der man so etwas wie den Entwicklungsstand oder die Beschulungsfähigkeit der Kinder überprüfe. Diese zunehmend verbreitete Auffassung, dass man in einem inklusiven Bildungssystem doch ganz auf Diagnostik verzichten könne, beurteilt die Autorengruppe Bildungsberichterstattung (2014) ausdrücklich als Fehlweg. Diese Position verkennt nämlich, dass Diagnostik nicht nur die Funktion hat, den bestmöglichen Förderort für ein Kind zu legitimieren (Platzierungsdiagnostik). Vielmehr wurden in den letzten Jahren vermehrt diagnostische Ansätze und Verfahren entwickelt, die insbesondere Informationen für die bestmögliche individuelle Lernförderung (unabhängig vom Förderort) bereitstellen (Lernvoraussetzungs- und Lernverlaufsdiagnostik). Dazu zählt insbesondere die Lernverlaufsdiagnostik, die Lehrkräften in zunehmend heterogenen Zusammensetzungen ihrer Lerngruppen förderrelevante Information über alle individuellen Lernverläufe zur Verfügung stellt.[5]

[5] Vergleiche zum Beispiel Hasselhorn, Marcus/Schneider, Wolfgang/Trautwein, Ulrich (Hg.): Lernverlaufsdiagnostik (Tests und Trends, Jahrbuch der pädagogischen Diagnostik, N.F. Band 12). Göttingen 2014.

2.3 Welche Qualifikationsbedarfe hat das Fachpersonal?

Zutreffend verweist bereits die Behindertenrechtskonvention im Rahmen der Einzelschritte zur Verwirklichung der gleichberechtigten gesellschaftlichen Teilhabe von Menschen mit Behinderungen auf die Bedeutung der »Bewusstseinsbildung« (Artikel 8 UN-Behindertenrechtskonvention). Dies gilt für die Bevölkerung insgesamt, besonders aber für das in den Bildungseinrichtungen tätige Fachpersonal: Die hier Tätigen müssen für Inklusion gewonnen und gleichzeitig qualifiziert werden. Der Sicherstellung einer angemessenen Aus- und Fort- beziehungsweise Weiterbildung kommt daher eine zentrale Bedeutung zu.

Derzeit arbeiten 57.000 Lehrkräfte mit einem sonderpädagogischen Lehramt im allgemeinbildenden Schuldienst, mit etwa 85 Prozent ist der Großteil an Förderschulen tätig. Von den 8.600 Lehrkräften mit einem sonderpädagogischen Lehramt an sonstigen allgemeinbildenden Schulen arbeiten zwei Drittel an Grundschulen und 15 Prozent an Integrierten Gesamtschulen. An den anderen Schulen sind vergleichbar ausgebildete Lehrkräfte eher die Ausnahme. Sonderpädagogische Lehrkräfte nehmen an den Schulen vielfältige Aufgaben wahr. Neben ihrer Tätigkeit als Klassen- und Fachlehrkraft sind sie zunehmend als Kooperationslehrkräfte und als sonderpädagogisch qualifizierte Lehrkräfte tätig, ebenso für sonderpädagogische (mobile) Dienste, an Sonderpädagogischen Kompetenzzentren und als externe Beratungslehrkräfte. Im Unterricht der allgemeinen Schulen übernehmen sonderpädagogische Lehrkräfte zudem erweiterte Rollen (zum Beispiel Beratung und Unterstützung von Lehrkräften ohne sonderpädagogische Qualifikationen, Organisation von inklusiven Lehr- und Lernprozessen, Beteiligung an Diagnoseverfahren, Mitwirkung an der Schulentwicklung), sodass sich erweiterte Anforderungen an deren Professionalität stellen, die sich auch in der Neuausrichtung der Ausbildung niederschlagen.

Der seit Jahren kontinuierlich steigende Anteil an Schülerinnen und Schülern mit Bedarf an sonderpädagogischer Förderung sowie insbesondere der steigende Anteil derer, die in allgemeinen Schulen unterrichtet werden, führt zur Notwendigkeit einer weiteren sonderpädagogischen Professionalisierung aller Lehrkräfte, sei es im Rahmen der Erstausbildung oder im Rahmen der Fort- und Weiterbildung. Gegenwärtig verfügt die Mehrzahl des Personals in Bildungseinrichtungen nicht über grundlegende Qualifikationen zur Förderung von Kindern und Jugendlichen mit Behinderungen beziehungsweise sonderpädagogischem Förderbedarf. Daran wird deutlich, welche Aufgaben an dieser Stelle noch zu leisten sind. Hinzu

Gegenwärtig verfügt die Mehrzahl des Personals in Bildungseinrichtungen nicht über grundlegende Qualifikationen zur Förderung von Kindern und Jugendlichen mit Behinderungen beziehungsweise sonderpädagogischem Förderbedarf.

kommt im Schulbereich eine hohe Zahl nicht sonderpädagogisch ausgebildeter Lehrkräfte, die gegenwärtig an Förderschulen unterrichten. In der Lehrerbildung bleiben offene Fragen, die nicht zuletzt aus der Struktur von sechs Lehramtstypen resultieren, die entweder schulform- oder stufenorientiert sind und eine Trennung zwischen Lehrämtern für allgemeine Schulen und solche der Sonderpädagogik vorsehen; hier deuten Beschlüsse der Kultusminister auf eine veränderte Blickrichtung hin.

2.4 Welche Schulentwicklungskonzepte versprechen eine erfolgreiche Transformation zur inklusiven Schule?

Schulentwicklung ist ein weites Feld, das von den institutionellen Rahmenbedingungen über Schulprogramme bis hin zu den Einstellungen und Qualifikationen der Lehrkräfte und des sonstigen an Schulen tätigen Personals reicht. Wenn es darum geht, inklusive Schule zu entwickeln, ist man gut beraten, sich zunächst mit dem empirischen Sachstand zu den Wirkungen integrativer beziehungsweise inklusiver Beschulung auseinanderzusetzen.[6] Zu den wesentlichen Herausforderungen für die Schulentwicklung unter Inklusionsperspektive gehört die Entwicklung neuer Rahmenstrukturen, die systemische Nutzbarmachung sozialrechtlicher Individualansprüche sowie die Bereitstellung der bereits erwähnten Qualitäten systematischer Lernverlaufsdiagnostik und der Qualifikation des schulischen Personals.[7]

Entwicklung neuer Rahmenstrukturen

Bei der Umsetzung von Inklusion scheint es geboten, die historisch gewachsenen Strukturen nicht aus dem Blick zu verlieren. Denn die Forderung der Inklusion trifft auf ein historisch gewachsenes Bildungssystem, das dem Grundsatz optimaler Förderung von Menschen mit Behinderungen durch institutionelle Differenzierung Rechnung zu tragen sucht. Und dies in zweifacher Weise. (1) Primär ist dies die Entwicklung eines allgemeinbildenden Schulsystems und der parallele Auf- und Ausbau eines Förderschulsystems. (2) Bei der Umsetzung von Inklusion im allgemeinbildenden Schulsystem stellt dessen formale Struktur eine weitere Herausforderung dar. Die Struktur des allgemeinbildenden Schulsystems ab der Sekundarstufe I ist geprägt durch eine explizite Leistungsdifferenzierung zwischen verschiedenen Schulformen beziehungsweise Bildungsgängen. Alle Beteiligten stehen vor der Herausforderung, aus dieser bisherigen Struktur heraus ein System zu entwickeln, das der Verpflichtung zur Inklusion gerecht wird. Dabei ist für den Schulbereich zu

[6] Vergleiche Möller, Jens: »Effekte inklusiver Beschulung aus empirischer Sicht.« In: Schulmanagement-Handbuch, Bd. 146. München 2013. S. 15-37.

[7] Vergleiche für weitere Leitlinien Werning, Rolf/Baumert, Jürgen: »Inklusion entwickeln. Leitideen für Schulentwicklung und Lehrerbildung.« In: Schulmanagement-Handbuch, Bd. 146. München 2013. S. 38-55.

klären, wo welche Schülerinnen und Schüler in welche Schulform und welchen Bildungsgang inkludiert werden und wo Sondereinrichtungen für temporären oder auch dauerhaften Besuch beibehalten werden sollen und wie beziehungsweise in welchen Schritten diese Umsetzung erfolgen soll.

Förderansprüche systemisch individuell nutzbar machen
Die einzelnen Bildungsinstitutionen des Schulsystems haben ein eigenes Verständnis von Lernen und Bildung und dementsprechend auch davon entwickelt, was Inklusion für sie bedeuten kann. Andere Unterstützungssysteme außerhalb des Bildungsbereichs, insbesondere die auf Individualansprüche hin ausgerichteten des Sozialsystems, treten mit ihrem jeweiligen Ansatz neben diejenigen des Bildungssystems. Die damit verbundene Herausforderung besteht darin, eine Lösung zu finden, wie – trotz dieser Unterschiedlichkeit der jeweiligen Rechtsgrundlagen – die sich aus dem Sozialrecht ergebenden Individualansprüche auch zur Optimierung von Bildungsprozessen gebündelt und systemisch von Bildungseinrichtungen genutzt werden können.

Diagnostik und Inklusion gehören zusammen
Zentrale Bedeutung für eine erfolgreiche Umsetzung von Inklusion im Schulsystem kommt der Diagnostik zu. Dabei sollte Diagnostik als Instrument für eine gelingende Inklusion nicht infrage gestellt werden. Sie sollte abzielen auf bestmögliche individuelle Förderung im Sinne einer Lernvoraussetzungs- und Lernverlaufsdiagnostik und nicht auf die Feststellung des bestmöglichen Förderortes für eine Person mit Behinderung im Sinne einer Platzierungsdiagnostik. Die Umgestaltung zu einem inklusiven Bildungssystem bringt die Herausforderung mit sich, die diagnostischen Erfordernisse unter Beibehaltung professioneller Standards zu erfüllen. Auch wenn schon auf einen breiten Kranz solcher Instrumente zurückgegriffen werden kann, wird dies in vielen Bereichen des Bildungssystems nicht ohne die Entwicklung neuer diagnostischer Werkzeuge und gezielter Weiterqualifizierung der Lehrkräfte zu leisten sein.

Unterschiedliche Qualifizierungsbedarfe des pädagogischen Personals
Das die einzelnen Bildungsbereiche prägende unterschiedliche Verständnis von Behinderung bildet sich auch in der professionellen Sozialisation und dem gewachsenen Selbstverständnis des pädagogischen Fachpersonals ab. Es wird zu klären sein, welcher Veränderungsbedarf entsteht, um den professionellen Anforderungsprofilen eines inklusiven Bildungssystems Rechnung tragen zu können. Dabei wird es nicht nur um den Aufbau entsprechenden Sachwissens gehen können, sondern auch um Fragen von Einstellungen und Überzeugungen. Ein qualifiziertes und zum

Umgang mit Heterogenität motiviertes Personal auf allen Ebenen des Bildungssystems wird neben der Klärung des Einsatzes unterschiedlicher pädagogischer Spezialisierungen und der Finanzierung des einbezogenen Personals für das Gelingen des anstehenden Umgestaltungsprozesses eine notwendige Voraussetzung darstellen.

Insgesamt ist, so schließt das Schwerpunktkapitel des Bildungsberichts, festzustellen: »Der anstehende Transformationsprozess bedarf einer klaren Abstimmung und auch Planung der Umgestaltung unter Beteiligung aller an Bildung beteiligten Institutionen. Insbesondere den kommunalen Gebietskörperschaften kommt hierbei eine wichtige Rolle zu. Die Herausforderungen für die Politik bestehen daher vor allem darin, die in diesem Umwandlungsprozess zu erwartenden institutionellen Interessendivergenzen auszubalancieren und die erforderliche Reallokation der Ressourcen im Sinne des Ziels von Inklusion vorzunehmen – im Interesse der Verbesserung der Bildungsteilhabe von Menschen mit Behinderungen.«[8]

[8] Autorengruppe Bildungsberichterstattung: Bildung in Deutschland 2014. S. 203.

Schule in pluralistischer Gesellschaft

Was sie sein und was sie leisten sollte

VON STEFAN SCHREINER

Kinderspiele sind es, die wir da spielen. An überflüssigen Problemen stumpft sich die Schärfe und Feinheit des Denkens ab; derlei Erörterungen helfen uns ja nicht, richtig zu leben, sondern allenfalls, gelehrt zu reden. Lebensweisheit liegt offener zu Tage als Schulweisheit; ja sagen wir's doch gerade heraus: Es wäre besser, wir könnten unserer gelehrten Schulbildung einen gesunden Menschenverstand abgewinnen. Aber wir verschwenden ja, wie alle unsere übrigen Güter an überflüssigen Luxus, so unser höchstes Gut, die Philosophie, an überflüssige Fragen. Wie an der unmäßigen Sucht nach allem anderen, so leiden wir an einer unmäßigen Sucht auch nach Gelehrsamkeit: Nicht für das Leben, sondern für die Schule lernen wir.[1]

»Nicht für das Leben, sondern für die Schule lernen wir.« Mit diesen Worten kritisierte einst der aus Cordoba stammende römische Schriftsteller Lucius Annaeus Seneca, d.i. Seneca der Jüngere (1-65 n. Chr.), in einem Brief an Lucilius Iunior, Lucilius (den Jüngeren aus Kampanien, den späteren *Procurator* von Sizilien), den Schulbetrieb seiner Zeit. Und bis heute ist Senecas Fazit in freilich apologetischer Umkehrung der Wortfolge ein Motto geblieben, das Generationen von Eltern und Lehrern nicht müde geworden sind, ihren Zöglingen beizubringen: »Nicht für die Schule, sondern für das Leben lernen wir (*non scholae, sed vitae discimus*)!« Ohne auf Seneca und seine Schulkritik hier weiter einzugehen, scheint sie dennoch bis heute nichts von ihrer Aktualität verloren zu haben und nach wie vor *nach-denkens-wert* zu sein, nicht zuletzt im Blick auf das hier zu verhandelnde Thema.

[1] Seneca, Lucius Annaeus: Epistulae morales ad Lucilium, 106, 11-12. Zitiert nach: Bartels, Klaus: Veni, vidi, vici. Mainz 2006. S. 110.

1. Bausteine einer Situationsbeschreibung

Schule in pluralistischer Gesellschaft – das heißt zuerst: wahr- und ernstzunehmen, dass (a) die deutsche Gesellschaft eine pluralistische Gesellschaft (geworden) ist, (b) diese pluralistische Gesellschaft nicht im Ergebnis innergesellschaftlicher Entwicklungen, zunehmender innergesellschaftlicher Differenzierungsprozesse oder dergleichen entstanden, sondern (c) das Resultat einer kontinuierlichen Ein- oder Zuwanderung von Menschen aus unterschiedlichen Kontinenten ist. Anders formuliert: Es heißt wahrzunehmen und vorbehaltlos anzuerkennen, dass Deutschland ein Ein- oder Zuwanderungsland ist. Und dies nicht erst seit gestern oder vorgestern, sondern seit mehr als einem halben Jahrhundert. Dies ist umso nachdrücklicher zu betonen, als es noch immer nicht allen in Politik und Gesellschaft gleichermaßen willkommen und/oder angenehm ist, dies auch unumwunden zuzugeben. Stattdessen beharren sie weiter darauf und machen sich selbst und anderen vor, Deutschland sei kein Einwanderungsland. Deswegen brauche auch nichts getan zu werden, was im weitesten Sinne des Wortes mit der Integration der Dazugekommenen und hier zum Teil seit Generationen Lebenden zu tun hat. Dabei macht es keinen Unterschied, ob die Dazugekommenen und hier Lebenden durch Einwanderung oder durch Zuwanderung dazu(ge)kommen (sind). In jedem Falle sind die Ein- oder Zuwanderer Menschen, die nicht nur mit der vagen Hoffnung, sondern mit dem Willen (ge)kommen (sind), zu bleiben. Vielleicht hätten wir manches gesellschaftliche Problem heute nicht oder nicht mehr, wenn ein Mehr an diesbezüglichem Realitätssinn bereits früher Einzug in Politik und Gesellschaft gehalten hätte und Politik und Gesellschaft sich selbst und anderen gegenüber diesbezüglich schon eher offen und ehrlich gewesen wären. Deutschland ist nicht nur ein Ein- beziehungsweise Zuwanderungsland – zudem noch eines, das zu den »beliebtesten« gehört, wie dem vor einigen Monaten veröffentlichten Ergebnis einer internationalen Umfrage des *BBC World Service* zu entnehmen ist, dem zufolge Deutschland nun schon zum vierten Mal die Liste der »beliebtesten Länder« anführt. Deutschland bleibt auch ein Ein- beziehungsweise Zuwanderungsland, aus welchen Gründen auch immer die Ein- beziehungsweise Zuwanderung erfolgt. Und nicht nur das: Denn seit einiger Zeit werden Politik und vor allem Wirtschaft nicht müde zu betonen, dass wir Ein- beziehungsweise Zuwanderung brauchen, nicht zuletzt aus demografischen Gründen. Nur, bis heute wird solche Ein- beziehungsweise Zuwanderung als etwas eher Zufälliges, uns nachgerade schicksalhaft Zufallendes betrachtet und entsprechend behandelt.

Schule in pluralistischer Gesellschaft – das heißt zweitens: zu bedenken, dass Ein- oder Zuwanderung zwar nicht bedeuten muss, aber bedeuten kann, dass mit denjenigen, die kommen, auch andernorts ausgetragene Konflikte importiert und hier ihre Fortsetzung finden oder stellvertretend ausgetragen werden (können); denn diejenigen, die kommen, kommen nicht ohne ihre jeweilige Geschichte; vielmehr bringen sie sie mit.

Schule in pluralistischer Gesellschaft – das heißt drittens: davon auszugehen, dass die schon jetzt kaum noch überschaubare Pluralisierung der Gesellschaft in kultureller, religiöser, ethnischer, politischer Hinsicht gleichermaßen infolge der zweifellos anhaltenden Ein- beziehungsweise Zuwanderung weiter zunehmen wird oder, anders gesagt, dass die Vorstellung von einer homogenen Gesellschaft, gar vom Ideal einer homogenen Gesellschaft oder gesellschaftlichen Homogenität für immer der Vergangenheit angehört. Weitere kulturelle, religiöse, ethnische, politische Pluralisierung der Gesellschaft und damit stetig zunehmende gesellschaftliche Heterogenität sind und bleiben der gesellschaftliche Normalfall. Denn dass die Gesellschaft eine ebenso multi-ethnische wie multi-kulturelle und multi-religiöse Gesellschaft, also eine globale Gesellschaft *en miniature* ist und bleiben wird, ist längst zu einem unumkehrbaren, nicht mehr rückgängig zu machenden Faktum geworden.

Schule in pluralistischer Gesellschaft – das heißt viertens: wahr- und ernstzunehmen, dass angesichts ihres Lebens in dieser globalen Gesellschaft *en miniature* und in dieser Situation stetig zunehmender kultureller, religiöser, ethnischer, politischer Pluralisierung der Gesellschaft immer mehr Menschen auf der Suche nach dem Partikularen, unverwechselbar Eigenen sind und dieses Partikulare, dieses unverwechselbar Eigene immer öfter in der Religion, in »ihrer« Religion entdecken, oder besser: wiederentdecken. Der kanadische Philosoph Charles Taylor wies vor Jahren schon darauf hin: Religion ist wieder wichtig geworden und scheint als Antwort auf das Leben in einer globalen Gesellschaft zunehmend an Bedeutung zu gewinnen und eine entsprechende Rolle zu spielen, ablesbar nicht zuletzt daran, dass angesichts der eben geschilderten Situation immer mehr Menschen Religion, »ihre« Religion, nicht nur als Teil ihrer Identität entdecken (wiederentdecken), sondern als die eigentliche und wesentliche »Quelle ihres Selbst«.[2] Und nicht nur das; denn

Schule in pluralistischer Gesellschaft – das heißt fünftens auch Folgendes nicht zu übersehen: Die eben genannte (Wieder-)Entdeckung von Religion und damit einhergehende Aktualisierung des Religiösen hat längst ebenso dazu geführt, dass Religion in den öffentlichen Raum zurückgekehrt ist, wie gleichfalls vor Jahren schon Jürgen Habermas meinte. Das bedeutet freilich nicht, dass sich damit zugleich auch

[2] Charles Taylor: Sources of the Self: The Making of the Modern Identity, Cambridge [u. a.] 1989; dt.: Quellen des Selbst. Die Entstehung der neuzeitlichen Identität, übers. von Joachim Schulte. Frankfurt/Main 1994.

der Anteil der Menschen erhöht hätte, die sich in der Weise religiös gebunden fühlen, dass sie diese ihre Bindung auch durch »eingetragene« Zugehörigkeit zu einer Religionsgemeinschaft zu dokumentieren geneigt sind. Gleichwohl spielt Religion wieder eine Rolle im Leben des Einzelnen nicht anders als im öffentlichen Leben. Längst sind Religion, und in einem gewissen Sinne: religiöse Institutionen, wieder zu einem Faktor in Politik und Gesellschaft geworden, auf lokaler Ebene nicht anders als auf regionaler und internationaler Ebene, und dies keineswegs nur in der islamischen Welt.

Ohne die Auflistung von Momenten einer Situationsbeschreibung fortzusetzen, festzuhalten ist zunächst einmal, dass eine solche multiethnische, multikulturelle, multireligiöse Gesellschaft, so sie Zukunft haben will, einen von allen ihren Teilhabern getragenen *modus vivendi* finden muss, der sowohl ihrer multiethnischen und multikulturellen als auch und gerade ihrer multireligiösen Prägung gerecht wird. Will eine solche Gesellschaft zukunftsfähig sein und überlebensfähig bleiben, kommt sie daher ohne kulturelle und religiöse Mehrsprachigkeit sowie ohne interkulturelle und interreligiöse Kompetenz – und zwar aller ihrer Teilhaber – nicht beziehungsweise nicht mehr aus.[3] Kulturelle und religiöse Mehrsprachigkeit meint dabei nicht die Fähigkeit, mehrere Sprachen zu sprechen, so wichtig und wünschenswert, ja, nachgerade notwendig dies auch ist. Im vorliegenden Zusammenhang ist Mehrsprachigkeit vielmehr in einem übertragenen Sinne zu verstehen als die Fähigkeit, ebenso schöpferisch wie produktiv mit kultureller und religiöser Pluralität umgehen und angst- und konfliktfrei leben zu können.Wichtiger indessen als die obige – zugegebenermaßen fragmentarische – Situationsbeschreibung ist hier die Frage: Was folgt daraus für die Schule und ihre Aufgaben, wenn sie denn ein Ort sein soll (sein will und sein muss), an dem »nicht für die Schule, sondern für das Leben gelernt wird«, und zwar für das Leben in einer pluralistischen Gesellschaft, wie der beschriebenen.

2. Schule als Übungs- und Diskussionsraum gesellschaftlicher Heterogenität

Schule ist der Ort gemeinsamen Lernens, des Miteinander- und Voneinander-Lernens, und zwar von Schülern, Lehrern und Eltern gleichermaßen. Vor dem Hintergrund der eben angedeuteten gesellschaftlichen Heterogenität ist eine Schule, die

[3] So mit Recht schon Yousefi, Hamid Reza: »Toleranz als Weg zur interkulturellen Kommunikation und Verständigung.« In: Yousefi, Hamid Reza/Fischer, Klaus/Braun, Ina (Hg.): Wege zur Kommunikation. Theorie und Praxis interkultureller Toleranz. Nordhausen 2006. S. 19-48, dort bes. Abschnitt 4.2; siehe ferner dies.: Interkulturalität – eine interdisziplinäre Einführung. Darmstadt 2011; dies.: Interkulturelle Kommunikation – eine praxisorientierte Einführung. Darmstadt 2014.

Ort des »Lernens für das Leben« in einer pluralistischen Gesellschaft sein will und sein soll, dann eine ideale Schule, wenn sie allein schon in der Zusammensetzung ihrer Schülerschaft ebenso wie in ihrer Lehrerschaft die gesamtgesellschaftlich gegebene – kulturelle, religiöse, ethnische und politische – Vielfalt abbildet, und zwar über alle Jahrgänge und Stufen. Damit eine solche Schule und mit ihr die Gesellschaft, die sie abbildet, nicht in Sprach-, Kultur- oder Religionsgruppen beziehungsweise »Parallelgesellschaften« zerfällt, bedarf es aufseiten aller Beteiligten und gesellschaftlichen Teilhaber besonderer Kompetenzen. Allen voran ist das die Fähigkeit, mit der gegebenen sprachlichen, kulturellen, religiösen, politischen Vielfalt, ihrer Mehrsprachigkeit also, umgehen zu lernen. Zweitens bedarf es der Fähigkeit, damit umgehen zu können, und zwar auf Dauer und in einer Weise, dass Vielfalt und Mehrsprachigkeit, zwar durchaus als Problem gesehen, aber dennoch nicht als Bedrohung empfunden, sondern im Sinne des Miteinander-Lernens als wechselseitige Bereicherung aller wahrgenommen, verstanden und angenommen werden. So können Vielfalt und Mehrsprachigkeit die Schule nicht zu einem Ort permanenten Konflikts, sondern – im Gegenteil – zu einem Ort gelebter Pluralität und damit einem Ort gelingender Integration werden lassen.

Vielfalt und Mehrsprachigkeit können Schule zu einem Ort gelebter Pluralität und gelingender Integration werden lassen.

Schule in pluralistischer Gesellschaft muss – und zwar in allen Jahrgängen und Stufen – folglich dazu befähigen, mit Meinungsfülle und -vielfalt leben zu lernen, und zwar so, dass aus der Vielfalt an Meinungen gegebenenfalls erwachsene Probleme oder Konflikte nicht als unüberwindbar oder unlösbar empfunden und betrachtet, sondern als grundsätzlich lösbar angenommen und gewaltfrei, durch Dialog gelöst werden können. Ein solcher Dialog aber, wenn er gelingen und zum Erfolg geführt werden soll, kann immer nur aus dem Gespräch von Wissenden und Verstehenden resultieren. Das ist gerade heute zu betonen, angesichts der Tatsache, dass das Wort »verstehen« durch mediale und politische Sprache negativ konnotiert ist und die Attestierung, etwas zu verstehen, zu einer abgrundtiefen Beleidigung verkommen ist. Die diesbezüglich dümmste Wortschöpfung ist bekanntlich der »Versteher«, auch wenn das Madame Anne Louise Germaine de Staël (1766-1817) zugeschriebene Sprichwort *Tout comprendre c'est tout pardonner* (»alles verstehen, heißt alles verzeihen«) einer solchen Wortschöpfung zumindest indirekt Vorschub geleistet hat.

Mit Recht schrieb der deutsch-amerikanische Religionssoziologe Joachim Wach (1898-1955), der sich wie kaum ein anderer mit dem Phänomen des Verstehens und Nicht- oder Missverstehens sowohl im philosophischen als auch im kultur- und reli-

Schüler führen 1.000 Gespräche. Ein Trialog-Projekt der Hamburger Gesamtschule Alter Teichweg

gionsgeschichtlichen Kontext befasst hat, programmatisch am Beginn des Vorworts zu seinem *opus magnum* »Das Verstehen«:[4]
»Es ist nicht wahr, dass alles verstehen alles verzeihen heißt. Aber es ist wahr, dass nur der Erkennende lebt.« Und er fügt hinzu: »Große Geister haben uns gezeigt, was ›Verstehen‹ heißt. Sie haben es geübt in der Wissenschaft, in der Betrachtung der Kunst, in der Auslegung des Rechts und der religiösen Schriften, in der Erforschung der Sprache, im Studium der Geschichte, im Dienst an mancherlei Werk. So wurde aus dem Verstehen, wie wir es alle täglich üben und wie es geübt wurde, seit es Menschen gibt, eine kunstmäßige Tätigkeit, die zur höchsten Feinheit gebildet war. Und dann hat es immer wieder einmal solche gegeben, die darüber nachsannen, was es denn mit dieser Tätigkeit eigentlich auf sich habe: was ›Verstehen‹ ist.« Und am Beginn seiner »Einleitung« heißt es: »Ohne Zusammenleben von Menschen kann kein Verstehen sein. Dieses bedingt erst alle Gemeinschaft. Seit Menschen auf dieser Erde leben, gibt es ›Verstehen‹. Noch ehe es Mitteilung gab, gab es Verstehen. Das Einanderverstehenkönnen der Menschen ist ein letztes, ein Urphänomen, das mit der Tatsache der sozialen Situation, mit dem Vorhandensein einer Mehrheit von Individuen gegeben ist. Das Verstehen ist von Haus aus nicht problematisch; es würde das nicht geworden sein, ohne daß Missverstehen möglich gewesen wäre. Nichtverste-

[4] Wach, Joachim: Das Verstehen: Grundzüge einer Geschichte der hermeneutischen Theorie im 19. Jahrhundert, 3 Bde. Tübingen 1926-1933.

hen, besser: Missverstehen machte, daß man sich fragte: wie kann Nichtverstehen ausgeschlossen und das heißt weiter: wie kann Verstehen bewirkt werden? Verstehen war aber notwendig: es war keine theoretische Angelegenheit, sondern eminent praktisches Bedürfnis. Es ist keine Verrichtung denkbar, in der Menschen zusammenwirken, im freundlichen oder feindlichen Sinn, ohne gegenseitiges Verstehen.«

Voraussetzung für ein solches Verstehen sind zuerst die Kenntnis und Anerkenntnis nebeneinander bestehender unterschiedlicher (kulturell, religiös etc. geprägter) Identitäten einerseits und der Respekt ihnen gegenüber andererseits, der mehr ist als bloße Toleranz, wie man sie im 18. Jahrhundert definiert hat. (Individuelle) Identität erwächst aus der Begegnung eines Ich mit einem Nicht-Ich oder, wie Johann Gottlieb Fichte (1762-1814) einst meinte: »Das Ich setzt sich selbst als beschränkt durch das Nicht-Ich«.

Dabei ist es jedoch nicht die in der Begegnung gemachte Entdeckung des Gemeinsamen, die identitätsbildende und identitätsbindende Wirkung hat, sondern – im Gegenteil – die Wahrnehmung der Differenz, auf deren Betonung jedwede Identität letztendlich beruht. Entsteht doch Identität nicht aus der Erfahrung oder dem Wissen um Gemeinsames, Verbindendes. Identität entsteht allein aus wahrgenommener und verinnerlichter Differenz. Nicht das, was mit dem anderen verbindet, begründet und erhält Identität, sondern gerade das, was vom anderen unterscheidet und trennt, macht sie aus. Dem entsprechend verlangt der vom Respekt gegenüber der Identität des anderen getragene Umgang mit ihm, um mit den Worten Martin Bubers (1878-1965) zu reden, »zu verstehen, was es um den anderen ist«, und dies ganz im Sinne Joachim Wachs, also fähig zu sein, den/die jeweils anderen aus der Perspektive seines/ihres je eigenen, unverwechselbar eigenen Selbstverständnisses heraus sehen zu können und verstehen zu lernen. Das gilt insbesondere für religiöse Identität. Aber: Um zu verstehen, bedarf es zunächst eines hinreichenden Wissens, dessen Grundlage wiederum entsprechende Kenntnisse sind:[5] Denn ohne Kenntnisse kein Wissen, und ohne Wissen kein Verstehen. Dabei ist Wissen freilich mehr als die bloße Addition von Kenntnissen und Verstehen mehr als akkumuliertes Wissen. Alle drei zusammen wiederum bilden die Grundlage dessen, was – heute etwas altmodisch vielleicht, aber noch immer zutreffend – Bildung genannt wird.

Um solches, auf Kenntnissen und Wissen aufbauendes »Verstehen« erlernen zu können, ist Schule der gewiesene Ort. Ist es doch ihre vornehmste Aufgabe, eine solide, tragfähige Bildung, hier also kulturelle, religiöse, sprachliche und politische

[5] Kitagawa, Joseph Mitsuo (1915-1992): Gibt es ein Verstehen fremder Religionen? Leiden 1963.

Mehrsprachigkeit zu vermitteln, die es ermöglicht, mit unterschiedlichen Identitäten und ihren jeweiligen kulturellen, religiösen, sprachlichen und politischen Prägungen angst- und konfliktfrei umgehen zu können. Dies führt weiter zu der Frage: Wie muss dann eigentlich ein schulisches Curriculum heute aussehen, zum Beispiel in Geschichte, in Literatur, Religion, Sprachen etc., wenn es dieser der Schule gestellten Aufgabe und damit verbundenen Anforderung gerecht werden will und soll? Ganz zu schweigen von der Frage: Wie muss ein Lehramtsstudium aussehen, welche Qualifikationen sollten Absolventen am Ende erwerben, um die geforderte sprachliche, kulturelle und religiöse Mehrsprachigkeit und politische Bildung auch erfolgreich vermitteln zu können?

Wie zuvor schon angedeutet, ist Schule zuerst und vor allem ein Ort der Bildung, nicht jedoch der Ausbildung. Bildung ist die Voraussetzung für Ausbildung. Wenn alljährlich von Handwerksmeistern und Ausbildungsbetrieben die Klage zu vernehmen ist, dass viele von denen, die sich um einen Ausbildungsplatz bewerben, nicht »ausbildungsfähig« sind, ist das letztlich eine Bankrotterklärung der Schule, wenn nicht des Schulsystems, die/das offenbar nicht mehr zu leisten in der Lage ist, was sie/es leisten soll, nämlich den Schülerinnen und Schülern jene Bildung zu vermitteln, die sie brauchen, um »ausbildungsfähig« zu sein. Anders formuliert: Schule, schulische Bildung muss kompetenzorientiert sein; sie darf nicht marktorientiert sein. Ganz abgesehen davon, dass eine »sich am Markt orientierende« Schule sich letztlich immer »am Markt vorbei« orientieren würde. Denn da Bildungsprozesse, Bildungsvermittlung ebenso wie Bildungserwerb immer langfristige, zumindest längerfristige, Prozesse sind, würde eine »sich am Markt orientierende« Schule der Schnelllebigkeit des Marktes ohnehin permanent hinterherhinken. Ganz anders Ausbildung. Ausbildung muss marktorientiert sein, wenn sie erfolgreich sein will, was bedeutet und einschließt, dass sie ein erforderliches Maß an kompetenzorientierter Bildung voraussetzt, ja, voraussetzen muss.

Kenntnisvermittlung, Wissenserwerb und darauf aufbauendes Verstehenlernen, Bildung in Mehrsprachigkeit also, sind indessen kein Selbstzweck. Ein rein wissenzentriertes Schulprogramm, das es allein auf Anhäufung von Kenntnissen absehen würde, ginge an der Sache vorbei. Dennoch gilt, wie oben angedeutet: ohne ein gewisses Maß an Wissen kann es kein Verstehen und in der Folge auch keine Verstehen voraussetzende Urteilsfähigkeit, keine kritische Distanz sowohl dem Eigenen als auch dem Anderen gegenüber geben. »Wer nichts weiß, muss alles glauben«, sagt das Sprichwort. Im Zusammenhang mit dem vorliegenden Thema von besonderer Bedeutung ist diesbezüglich die religiöse Bildung, die heute mehr noch als gestern gebraucht wird, wenn zutrifft, was oben über die »Rückkehr der

Religion in den öffentlichen Raum« gesagt wurde. Auch hier stellt sich die Frage nach dem Schulcurriculum, das es braucht, um jene religiöse Mehrsprachigkeit, jene religiöse Bildung zu vermitteln, derer es bedarf, um mit der zunehmenden religiösen Pluralisierung unserer Gesellschaft angst- und konfliktfrei zurechtzukommen. Ganz sicher kann und darf sich das religiöse Bildungsangebot der Schule in einer pluralistischen Gesellschaft nicht mit dem Angebot eines ausschließlich konfessionellen Religionsunterrichts begnügen und darin erschöpfen, auch wenn dieser vom Grundgesetz her zunächst einmal gefordert ist. So richtig und wichtig konfessioneller Religionsunterricht als Medium der Identitätsbildung und Identitätsbindung und einer damit einhergehenden Wertevermittlung auch unbestritten ist, gebraucht wird darüber hinaus nicht minder die religionskundliche, auf vergleichender Betrachtung der Religionen basierende religionswissenschaftliche Ergänzung, wenn einem fideistischen Glaubens- und Religionsverständnis ebenso wenig Vorschub geleistet werden soll wie einem Fundamentalismus der Aufklärung, um es überspitzt zu sagen.

Es müssen also grundsätzlich folgende zwei Fragen beantwortet werden: Wie muss ein Schulcurriculum in Sachen Religion aussehen, das formal und inhaltlich den ihm gebührenden Raum sowohl im Hinblick auf den grundgesetzgemäßen konfessionellen Religionsunterricht als auch im Hinblick auf die ebenso erforderliche religionskundliche, religionswissenschaftliche Ergänzung bietet? Und wie muss ein Lehramtsstudium für angehende Religionslehrer aussehen, dessen Absolvierung sie befähigt, die von ihnen verlangte religiöse Mehrsprachigkeit auf entsprechendem Niveau auch vermitteln zu können?

Bei alledem darf nicht aus dem Blick geraten, dass die Schule in einer pluralistischen Gesellschaft ein Ort der Integration sein und bleiben soll. Das bedeutet: Neben der Anerkennung der faktischen, gegebenen gesellschaftlichen Pluralität und über deren Würdigung hinaus muss die Schule auch zu vermitteln in der Lage sein, was eine solche pluralistische Gesellschaft und die sie abbildende Schule dennoch im Innern zusammenhält, wenn verhindert werden soll, dass sie in Parallelgesellschaften zerfällt. Dabei kann die Frage hier nicht einfach lauten: Wie viel Vielfalt ist möglich – wie viel Einheit nötig?

3. Vielfalt der Gesellschaft und Einheit der Religionsgemeinschaft

Vielfalt einer Gesellschaft und Vielfalt einer Religionsgemeinschaft sind deutlich voneinander verschieden. Wenn auch jede Religion(sgemeinschaft) »ein Land mit vielen Provinzen« ist, wie der jüdische Religionsphilosoph Abraham Joshua Heschel (1907-1972) einmal gesagt hat, gibt es dennoch nicht nur ein gemeinsames Zentrum, sondern auch eine gemeinsame Peripherie. Das gemeinsame Zentrum ist das, was alle Konfessionen innerhalb einer Religion(sgemeinschaft) verbindet, in der Regel deren kanonische Urkunde (die jeweilige Hl. Schrift), auch wenn sich in deren Auslegung die Konfessionen bereits voneinander unterscheiden (können). Gleichwohl ist die Vielfalt der »Provinzen«, die das »Land einer Religion« ausmachen, durchaus begrenzt. Hat doch das »Land einer Religion« trotz der Vielfalt »seiner Provinzen« eine es umschließende Grenze. Mit anderen Worten: Es gibt eine klar definierte Demarkationslinie, deren Überschreitung gleichbedeutend ist mit einem Nicht-mehr-dazugehören-wollen oder einem Nicht-mehr-dazugehören-können beziehungsweise dem Ausschluss aus der Religionsgemeinschaft. Dabei ist das die innere Vielfalt einer Religion abbildende Spektrum, die Zahl ihrer »Provinzen« also, von Religion zu Religion ebenso verschieden wie die Reihe der Kriterien, anhand derer die Festlegung der gemeinsamen Peripherie erfolgt.

Im Blick auf unsere pluralistische Gesellschaft indessen ist eine Grenze der Vielfalt, die gemeinsame Peripherie im Sinne ebensolcher Demarkationslinie, letztlich nicht bestimmbar. So wenig vorherzusehen und schon gar nicht verlässlich vorherzusagen ist, wie weit die sprachliche, kulturelle und religiöse Pluralisierung unserer Gesellschaft, um dabei zu bleiben, infolge weiter anhaltender Ein- beziehungsweise Zuwanderung noch gehen kann und gehen wird, so wenig lässt sich a priori festlegen, wo die Demarkationslinie der Zugehörigkeit verläuft, ganz zu schweigen von den Kriterien, anhand derer eine solche Festlegung erfolgen könnte. Nicht ohne Grund sprechen wir denn auch von einer »offenen Gesellschaft«. Umso mehr drängt sich die Frage auf: Wenn die offene Gesellschaft schon keine gemeinsame Peripherie mehr aufweist, was bleibt ihr dann als das zumindest noch gemeinsame Zentrum? Oder anders formuliert: Was gewährt und begründet die für den Zusammenhalt der Gesellschaft gleichwohl nötige Einheit? Ist sie eine Gegebenheit oder eher Ergebnis eines immer wieder neu zu suchenden gesamtgesellschaftlichen Konsenses, Resultat eines je neu auszuhandelnden Kompromisses? Die formale Einheit der Gesellschaft und damit den Rahmen ihres äußeren Zusammenhalts setzt die auf dem Grundgesetz des säkularen, weltanschaulich neutralen Staates basierende Rechtsordnung. Sie ist die formale Seite der Integration der Gesellschaft und kann den Bestand der pluralistischen Gesellschaft insofern garantieren, als sie garantiert, dass alle individuellen wie kollektiven Teilhaber der Gesellschaft – mithin auch die Religionsgemeinschaften als Körperschaften des öffentlichen Rechts – dem Prinzip grundsätzlicher Gleichberechtigung und Gleichverpflichtung unterworfen sind. Das schließt auch ein, dass keine gesellschaftliche Gruppe oder Religionsgemeinschaft einer anderen gegenüber prinzipiell bevorzugt oder benachteiligt wird. Allein, ein solcher Rahmen garantiert noch keinen inneren Zusammenhalt der Gesellschaft, ganz zu schweigen von ihrer inneren Einheit. Was aber macht die innere Einheit, die inhaltliche Seite der Integration der pluralistischen Gesellschaft aus?

4. Von der Notwendigkeit einer gemeinsamen Sprache

Hinsichtlich der Herstellung und Wahrung einer inneren Einheit hat die offene, pluralistische Gesellschaft nur ein Angebot, und dieses Angebot ist ihre – gemeinsame – Sprache. Der jüdische Religionsphilosoph Saadja ben Josef al Fajjumi (882 oder 892-942) definierte einst als das Proprium des Menschseins die Sprache. So deutete er den Bibelvers »Und der Ewige, Gott, formte den Menschen aus Staub der Erde und bliess in seine Nase den Lebensodem, und der Mensch wurde ein lebendiges Wesen (*nefesh ḥayya*)« (1. Buch Mose 2, 7) der mittelalterlichen aramäischen Version der Tora (*Targum Onqelos*) folgend: »Und der Ewige, Gott, formte den Menschen aus Staub der Erde und blies in seine Nase den Lebensodem, und der Mensch wurde ein sprach-denkendes Wesen (*nafs nāṭiqa*)«. »Lebendige Wesen« (*nefesh ḥayya*) sind auch die Tiere und Vögel, ja selbst die Pflanzen; denn auch sie haben eine Seele: die Menschen eine »Menschenseele«, die Tiere eine »Tierseele« und die Pflanzen »eine Pflanzenseele«. Was Menschen, Tiere und Vögel und Pflanzen aber voneinander unterscheidet und *das* Proprium des Menschseins ausmacht, ist das »Sprachdenken« (das von Saadja hier verwendete Verb *n-ṭ-q* bedeutet sowohl »sprechen« als auch »denken«).[6] Daran anknüpfend lehrte der Begründer der russisch-jüdischen Aufklärung Isaak Ber Lewinsohn (1788-1860) in der Nachfolge Johann Gottlieb Fichtes, dem zufolge die Sprache eine Nation bildet und bindet, dass es letzten Endes allein die gemeinsame Sprache ist, die eine Gemeinschaft, eine Gesellschaft zusammenhält;[7] denn Sprache ist mehr als nur Mittel der Kommunikation. Sie ist gleichermaßen Kern der Identität wie Medium der Identitätsvermittlung. Um noch einmal aus Joachim Wachs Einleitung zu zitieren:

»Nicht nur den Menschen suchen wir zu verstehen, sondern alles, was von ihm ausgeht. Wir gedachten schon der Mannigfaltigkeit der Ausdrucksmittel, die ihm zur Verfügung stehen. Keines ist wichtiger als die Sprache. Wie sie im unmittelbaren Verkehr von Mensch zu Mensch das bedeutsamste Vehikel der Verständigung ist, so wird sie zum geschicktesten, treuesten und dauerndsten Medium der Mitteilung, die nun über Zeit und Raum hinwegreichen wird. Jemanden verstehen heißt jetzt: seine Sprache verstehen. Vor diesem Ausdrucksmittel treten alle übrigen zurück. Was es vor allem auszeichnet, das ist die Möglichkeit der Fixierung: in der Schrift. Durch

---

[6] al-Fajjumi, Saadja b. Josef: Peruše ʿal ha-Tora. (Hg.): Y. D. Qafiḥ. Jerusalem 1984. S. 19.

[7] Ber Lewinsohn, Isaak: Teʿuda be-Yisraʾel. Wilna 1828. Kap. I § 6.

sie wird erst recht eigentlich für das Verstehen die Gegenwart überwunden. Wenn so dem Verstehen auf der einen Seite durch die Sprache eine wunderbare Förderung und Vertiefung gewährleistet erscheinen muss, lässt sich unschwer erkennen, dass mir ihr und durch sie neue, gewaltige Schwierigkeiten geschaffen werden, die alles Verstehen erschweren müssen. Empirisch ist die Sprache nur in einer Mannigfaltigkeit von Sprachen gegeben, der eine Vielheit von Schriften entspricht. Das unmittelbare Einanderverstehen der Menschen, mittels des Wortes, erscheint dadurch unermesslich erschwert. Es bedarf einer bedeutenden geistigen Leistung, die von jedem einzelnen wiederholt werden muss, sich das Verständnis einer fremden Zunge zu erobern.«

In der Tat ist es letztendlich allein die gemeinsame Sprache, die die nötige Einheit der Gesellschaft in all ihrer Vielfalt begründet und aufrechterhält. Das gilt ebenso auch und gerade für die Schule in der pluralistischen Gesellschaft: Auch ihre Einheit ist allein in ihrer gemeinsamen Sprache begründet. Gerade weil, wie Joachim Wach schrieb, »empirisch [...] die Sprache nur in einer Mannigfaltigkeit von Sprachen gegeben« ist, was zugegebenermaßen »alles Verstehen erschweren« muss, bedarf es, um einander zu verstehen, am Ende einer gemeinsamen Sprache. Im Blick auf die Schule in der pluralistischen Gesellschaft folgt daraus: Trotz aller notwendigerweise zu vermittelnden und zu erlernenden sprachlichen, kulturellen, religiösen Mehrsprachigkeit, von der oben die Rede war, muss Schule auch eine – ihre – gemeinsame Sprache haben und behalten. Gemeinsame Sprache meint hier zuerst die menschliche Fähigkeit, sprechend miteinander zu kommunizieren, sodann die Bereitschaft und die Befähigung, in einen Dialog zu treten. Nur durch die Bereitschaft und Fähigkeit, einander im Gespräch zu begegnen, können jene Kenntnisse und, in der Summe, jenes Wissen erworben werden, die die Grundlage des Verstehens bilden und letztendlich zu einem echten wechselseitigen Verstehen führen, das seinerseits wiederum die Voraussetzung für ein gelingendes Miteinanderleben in unserer pluralistischen Gesellschaft ist.

Zusammen zu Hause: Wie wir eine geeinte Gesellschaft werden können

Ein Standpunkt

VON SABINE HARDT

1. Vom Gastarbeiter zum Mitbürger

Im hessischen Landtag gibt es regelmäßig an den Plenartagen Besuchergruppen, die den politischen Debatten von der Besuchertribüne aus zuhören. Da die Sitzungen unter der Woche zur normalen Arbeitszeit stattfinden, setzen sich die Besuchergruppen meist entweder aus Rentnern oder aus Schülergruppen zusammen. Zwischen beiden Gruppen fällt ein Unterschied sofort ins Auge. Dieser sagt etwas darüber aus, wie und in welchem Zeitraum sich unsere Gesellschaft verändert. In den Gruppen der Rentner sieht man nämlich nur selten Menschen, die nicht aus Deutschland zu stammen scheinen. Ganz anders bei den Schülergruppen, die regelmäßig aus einer bunten Mischung von Jugendlichen mit und ohne Migrationshintergrund bestehen. Zwischen beiden Altersgruppen liegen zwei Generationen, vierzig bis fünfzig Jahre, in denen sich die Bevölkerung in Deutschland stark verändert hat. Was für die Jüngeren als normal und üblich erscheint, ist für die Älteren ein Wandel, der ungewohnt ist und manch einem zu schnell gehen mag.

Ein Blick in die Zahlen bestätigt die Veränderung. Das hessische statistische Landesamt hat die Ergebnisse des Mikrozensus, der Volkszählung 2013, ausgewertet. Das Resultat für das Bundesland Hessen besagt: In der Generation der Menschen im Rentenalter besitzt nur jeder Neunte einen Migrationshintergrund, bei den Kindern bis neun Jahren ist es bereits jeder Zweite. Mit Migranten bezeichnen die Statistiker Menschen, die nach Deutschland zugewandert sind, Spätaussiedler, in Deutschland geborene Migranten und Eingebürgerte sowie deren in Deutschland geborene Kinder.[1] Deutschland verändert sich, die Menschen, die hier leben, kommen nicht mehr nur aus dem Land selbst. Sie kommen aus anderen Ländern

[1] Hessisches Statistisches Landesamt: Migrationsbericht 2013. URL: http://www.statistik-hessen.de (06.03.2015).

in Europa, sie kommen aus allen Teilen der Welt. Sie kommen als Fachkräfte, als Familienangehörige oder als Flüchtlinge. Sie alle suchen eine neue Perspektive für ihr Leben, haben Hoffnungen und Träume, die sie in Deutschland verwirklichen wollen. Nicht alle haben den Wunsch, für immer zu bleiben. Viele tun es dann doch, weil sie nach Jahrzehnten in der neuen Heimat verwurzelt sind. Gemeinsam ist den Menschen, die nach Deutschland kommen, der Wunsch, dass sie hier eine neue Heimat finden, in Frieden, Sicherheit und Wohlstand. Deutschland ist seit Langem ein Einwanderungsland, und es ist gut, dass wir endlich offen darüber sprechen. Nicht alle Menschen in Deutschland hören das gerne oder würden diesen Satz unterschreiben. Viele tun sich schwer mit einer Gesellschaft, die sich verändert, weil Veränderungen oft zunächst einmal Angst machen. Für diese Ängste sollten auch die Verständnis haben, die selbst nicht so empfinden. »Verdrängte Themen« nennt das der deutsche Innenminister Thomas de Maizière und erklärt damit, dass so viele Menschen den Aufrufen der islam- und fremdenfeindlichen Bewegung »Pegida« hinterherlaufen.[2]

2. Paris und Pegida

Die Debatte darüber, wie wir in Zukunft zusammen leben wollen, wurde seit dem Herbst 2014 durch die Demonstrationen der Pegida-Bewegung und die Gegendemonstrationen der Anti-Pegida befeuert. Die einen gingen in der ostdeutschen Stadt Dresden und andernorts spazieren, skandierten »Wir sind das Volk« und wollten das Abendland vor einer gefühlten, diffusen Bedrohung vor der »Islamisierung« retten. Die anderen empfanden das als rassistisch und ausländerfeindlich und kamen zusammen, um sich über ihr eigenes Gesellschaftsbild zu verständigen. Ein Gesellschaftsbild, das die Vielfalt, die Toleranz, das Miteinander lobt und leben will. Die Anschläge von Paris gegen die Satirezeitschrift »Charlie Hebdo« und einen jüdischen Supermarkt wirkten mitten in der deutschen Debatte wie ein Fanal für beide Seiten. »Seht her, wir haben recht«, sagten die Pegida-Leute, »die Islamisten bedrohen uns, wir sollten uns dagegen wehren.« »Seht her, wir haben recht«, sagten die Anti-Pegida-Anhänger. »Euer Fremdenhass schürt die Gewalt und bringt die Menschen immer weiter auseinander.«

Der Publizist und ehemalige Politiker Jürgen Todenhöfer ist seit Jahren eine ungewöhnliche Stimme in der Diskussion um den Islam und die Gewalt. Er richtet seine Kritik vor allem gegen den Westen und erklärt so die Radikalisierung des Islam. Für ihn ist der sogenannte »Islamische Staat« (IS) die barbarische Antwort auf barbarische Öl-Kreuzzüge und die Angriffe der Amerikaner nach dem 11. September

---

[2] De Maizière, Thomas. In: Bericht aus Berlin, 25.01.2015. URL: http://www.Tagesschau.de (06.03.2015).

2001 auf den Irak. Todenhöfer entschuldigt die Taten der Islamisten nicht. Aber er versucht sie zu erklären, anstatt nur mit Abscheu und Empörung auf eine Terror-Bewegung zu reagieren, deren grausames und totalitäres Verhalten kaum zu überbieten ist.[3] Dieser Blick Todenhöfers auf die Ereignisse in der arabischen Welt und ihren Zusammenhang mit früheren Handlungen der westlichen Welt kann ein Modell sein, um die Fragen innerhalb unserer Gesellschaft zu beantworten.

Heute müssen wir mehr denn je nachholen, was wir in den letzten Jahrzehnten versäumt haben. Die Debatten um die sogenannte Ausländerkriminalität, die Diskussionen um die Frage, ob wir nun ein Zuwanderungsland sind oder nicht, die Signale an den neuen Teil der Bevölkerung, ihr gehört nicht dazu, das alles hat Spuren hinterlassen und Früchte getragen, die wir heute nicht gerne ernten. Wer sich nicht willkommen und anerkannt fühlt, der zieht sich unter seinesgleichen zurück und richtet sich in einer Parallelwelt ein. Wer aber den Eindruck hat, dass seine Kultur, seine Wurzeln und seine Lebensweise auf Interesse, im besten Fall Wohlwollen, auf jeden Fall aber Akzeptanz stoßen, der öffnet sich leichter. Heute haben wir deshalb mehr denn je die Gelegenheit und auch den Auftrag, frühere Fehler zu reflektieren, aus ihnen zu lernen und die richtigen Weichen für die Zukunft zu stellen. Selten zuvor ist in Deutschland die Frage, wie unsere Gesellschaft sich in den nächsten Jahren entwickeln soll, so viel diskutiert worden. Selten zuvor sind die Widersprüche und Erfolge, die Fehler der Vergangenheit und die Perspektiven für die Zukunft so breit analysiert und diskutiert worden. Darin liegt eine große Chance!

Ein bereicherndes Miteinander ist aber keine Einbahnstraße. Auch an die Menschen, die zu uns kommen, geht der Auftrag, sich an die Gesellschaft anzupassen. Und zwar nach den Regeln und Vorstellungen, die unser Grundgesetz formuliert. »Wer hier leben will, der muss auf dem Boden der freiheitlich-demokratischen Grundordnung stehen«, so eine häufig geäußerte Forderung, die aber unbedingt gelten muss. Dieser Anspruch ist in den vergangenen Jahrzehnten zu leise erhoben worden, er wird auch nicht in aller Konsequenz durchgesetzt, wenn er verletzt wird. Diese falsch verstandene Toleranz ist dann Wasser auf die Mühlen derjenigen, die in Zweifel ziehen, dass ein friedliches Zusammenleben unterschiedlicher Nationen und Religionen überhaupt möglich ist. Phänomene wie Zwangsverheiratung und andere patriarchalische Verhaltensweisen, die die Rechte der Ehefrauen und Töchter einschränken, sind undemokratisch und passen eben nicht in unsere Gesellschaft.

---

[3] »Publizist Todenhöfer: Der Westen ist viel grausamer als die muslimische Welt.« In: Focus, 19.01.2015. URL: http://www.focus.de. (03.06.2015).

Religionsfreiheit ist ein Grundsatz unseres Zusammenlebens. Aber der Staat agiert jenseits des Glaubens, auch das ist eine Vereinbarung, die zur westlichen Demokratie gehört.

Es stellt sich die Frage: Wie groß ist das Problem eigentlich? Wie viele Muslime stehen möglicherweise nicht auf dem Boden der freiheitlich-demokratischen Grundordnung? Der Journalist Nikolas Busse hat in der Frankfurter Allgemeinen Zeitung viele Informationen zu dieser Frage zusammengetragen. Er ist zu einem vielleicht überraschenden Ergebnis gekommen: Es handelt sich um etwa 400.000 Menschen, eine Minderheit in der Minderheit. Denn unter den ungefähr fünf Prozent Muslimen in Deutschland hätten etwa zehn Prozent eine ausgeprägte Distanz zu den Grundprinzipien der Demokratie, zitiert Busse aus einer Studie des Bundesinnenministeriums aus dem Jahr 2007. Diese Menschen lebten oft in wirtschaftlich schwierigen Verhältnissen, sie hätten wenig Bildung, und Erfahrungen von Diskriminierung gemacht.[4] Ich erlaube mir die Bemerkung, dass diese Merkmale für den extrem rechten Teil der deutschen Bevölkerung wahrscheinlich so ähnlich auch zutreffen.

3. Anerkannt und willkommen?

Die Geschichte der Zuwanderung in Deutschland ist zum einen eine Geschichte der Missverständnisse und Fehleinschätzungen. Die Vorstellung, dass die sogenannten Gastarbeiter, die in den 1950er und 1960er Jahren nach Deutschland gekommen sind, nach ein paar Jahren wieder zurück in ihre Heimat gehen würden, hat sich als falsch erwiesen. Ebenso der Glaube, die zweite und dritte Generation der Migranten würde sich quasi von allein, ohne staatliche Unterstützung und ohne Schwierigkeiten in die bestehende Gesellschaft integrieren. Weder sind die Italiener, Spanier, Türken und andere nach wenigen Jahren wieder verschwunden, auch wenn viele von ihnen das ursprünglich selbst geglaubt hatten, noch haben sich die Kinder der Zuwanderer so reibungslos integriert, wie viele gehofft hatten.

Die Geschichte der Zuwanderung in Deutschland ist aber auch eine Geschichte der Chancen und Hoffnungen. Diese Schätze gilt es in der Zukunft zu sehen und zu bergen. Der hessischen Wirtschaftsminister Tarek Al Wazir ist der Sohn eines Jemeniten und einer Offenbacherin, wie er immer gerne selbst sagt. Geboren wurde er 1971. In einem Zeitungsinterview wurde ihm die Frage gestellt, ob er in der Schule mit Ausländerfeindlichkeit konfrontiert gewesen sei. Er antwortete mit einem

[4] Busse, Nikolas: »Eine kleine Minderheit.« In: Frankfurter Allgemeine Zeitung, 03.02.2015. S. 8.

eindrucksvollen Vergleich: »Als ich in der Grundschule war, war ›Spaghettifresser‹ für manche ein Schimpfwort. Heute sind Spaghetti das Lieblingsessen aller Grundschüler.«[5] Das ist gelebte und erlebte Integration!

Besuchern aus Deutschland fällt in Amerika im Gespräch mit US-Bürgern oft eines besonders auf: Die Frage »Where do you come from?« wird dort mit echtem Interesse gestellt. Die Auskunft auf die Frage wird häufig mit einem positiven Feedback beantwortet. Das Gegenüber lobt das Herkunftsland, kennt einen Menschen, der dort lebt, oder war selbst schon einmal da. Der Effekt dieses häufigen, wenn auch oft nicht sehr tiefgehenden, kurzen Austauschs ist folgender: Man fühlt sich anerkannt mit seiner Herkunft und willkommen mit seiner Geschichte und Kultur. Diese Sichtweise bezieht sich bei vielen Amerikanern auch auf die eigene Vita. Nicht selten bekommt man von ihnen ungefragt erzählt, woher ihre Vorfahren stammen, in welcher Generation man in die USA eingewandert ist. Das ist der unverkrampfte Umgang mit Herkunft in einem echten Einwanderungsland. Denn Amerika ist traditionell ein Land, in dem jeder irgendwann ein Fremder war. Dort lebt seit Generationen das Bewusstsein, dass man in einem Schmelztiegel zuhause ist. Und dort hat man erkannt, dass das Neue eine Bereicherung ist für die Entwicklung einer Gesellschaft. Auch die Amerikaner haben in ihrem Land mit Rassismus, Fremdenfeindlichkeit und einer in manchen Teilen abschreckend restriktiven Zuwanderungspolitik zu kämpfen, und die Situation dort ist auf Deutschland nicht uneingeschränkt zu übertragen. Aber wäre es nicht schön, wenn auch wir uns so neugierig und offen darüber unterhalten könnten, woher wir oder unsere Vorfahren stammen?

In Amerika hat man erkannt, dass das Neue eine Bereicherung für die Entwicklung einer Gesellschaft ist.

In Deutschland wird die Frage »Woher kommst Du?« oft Menschen gestellt, die anders aussehen, die erkennbar oder vermeintlich eine Migrationsgeschichte haben. Die Frage ist aber häufig eher ausgrenzend gemeint, oder sie wird von den Befragten so verstanden. Die Frage »Woher kommst Du?« impliziert nämlich auch: »Du kannst ja nicht von hier und damit einer von uns sein.« Das Fremde, das Andere wird oft weniger als Bereicherung, sondern eher als Bedrohung oder zumindest als Belastung gesehen. Junge Deutsche mit einer Zuwanderungsgeschichte haben deshalb auf einem Kongress in Berlin im Februar 2015 die Frage gestellt: »Wann ist man deutsch?« Anna Reimann, die für Spiegel Online die Veranstaltung besucht hat, beschreibt das Anliegen der jungen Menschen so: »Sie werden Migranten

[5] Tarek Al Wazir im Gespräch mit Ralph Bollmann. In: Frankfurter Allgemeine Sonntagszeitung, 28.12.2014. S. 26.

genannt, obwohl schon ihre Eltern hier geboren wurden. Jetzt erheben die ›neuen Deutschen‹ ihre Stimme, auf ihrem ersten Bundeskongress stellen sie klar: ›Auch wir sind das Volk!‹«.[6] Ein spannendes und notwendiges Statement in der Diskussion über die Entwicklung unserer Gesellschaft.

4. Das Ganze ist mehr als die Summe seiner Teile

Das folgende Schaubild stammt aus der Diskussion um die Inklusion von Menschen mit Behinderung im Sport.[7]

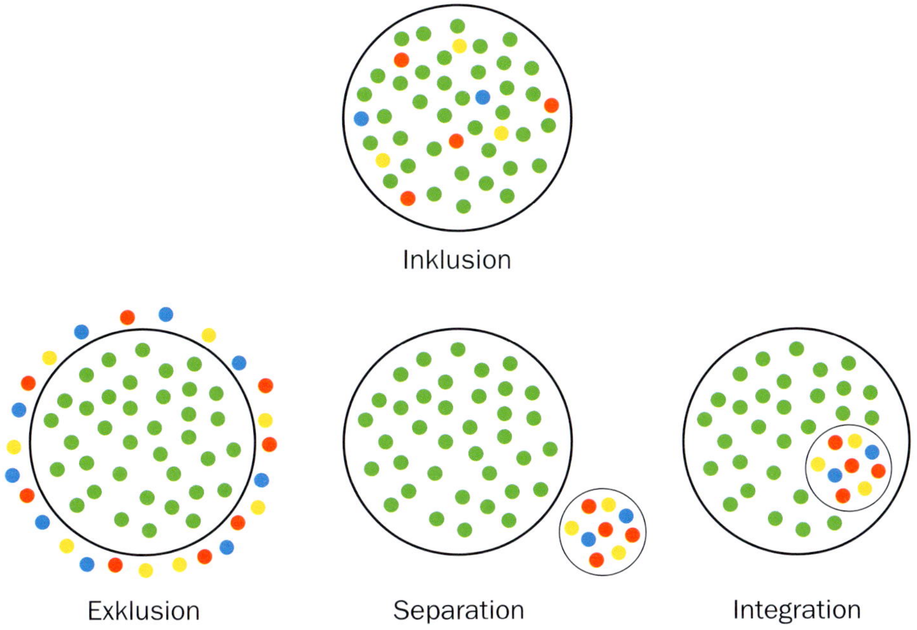

Es zeigt, dass das wirkliche Miteinander ohne Schranken und Vorurteile ein buntes, vielfältiges Bild ergibt. Die Menschen, die neu in unsere Gesellschaft kommen, bereichern das Gemeinwesen mit ihren Talenten, ihrem Temperament, ihrer Kultur. Das Ganze ist mehr als die Summe seiner Teile.

Wo könnte das besser eingeübt, vermittelt und erfahren werden als in der Schule? Dort ist der Ort, an dem junge Menschen wichtige Erfahrungen machen und offen sind für neue Sichtweisen, vor allem im jüngeren Alter noch vorurteilsfrei auf sich

[6] Reimann, Anna: Kongress von Einwanderer-Nachkommen: Wann ist man deutsch? In: Spiegel Online, 09.02.2015. URL: http://www.spiegel-online.de. (06.03.2015).

[7] Kluttig, Katja: Bewegung leben – Inklusion leben. In: Deutscher Gehörlosen Sportverband, Newsarchiv 21.02.2013. URL: http://www.dg-sv.de/newspage.php?newsid=1203&styles=sVom (05.03.2015).

Unsere Gesellschaft – vielfältig und bunt

und andere blicken. Die Schule ist schon heute der Platz, an dem die unterschiedlichsten Kulturen, Einstellungen und Erfahrungen zusammenkommen, unsere Kinder dieses neue Miteinander erleben und einüben. Der Schule wird in den nächsten Jahrzehnten noch stärker die Aufgabe zufallen, hier prägend zu wirken. Deshalb ist es wichtig, sie mit dieser Herausforderung nicht allein zu lassen. Im Zentrum stehen dabei die Schüler, die mit ihren Handlungen und Einstellungen die Zukunft unserer Gesellschaft prägen werden. Aber im Blickpunkt sollten auch die Lehrer stehen, die das Ziel einer echten Inklusion im oben beschriebenen Sinne erreichen wollen und sollen. Sie gilt es, stärker als bisher zu unterstützen, zu fördern und weiterzubilden. Im besten Fall mit dem Ergebnis, dass in der Schule die Saat dafür gelegt wird, was unser Zusammenleben ausmachen sollte: Respekt und Toleranz ohne Ansehen der Person, Freiheit und Verantwortung in einem verantwortungsvollen Verhältnis.

Richard von Weizsäcker ist am 31. Januar 2015 gestorben. Aus Anlass seines Todes wurde vielfach an die Rede erinnert, die er vierzig Jahre nach Ende des Zweiten Weltkriegs am 8. Mai 1985 gehalten hat. Diese Rede war eine Zäsur, ein neues Kapitel in der Betrachtung der Geschichte Deutschlands. Ihr Geist trägt bis heute, und sie gibt uns Orientierung für die Fragen unserer Zeit, auch dreißig Jahre später. Die

Rede atmet den Geist der Versöhnung, der Verständigung und der offenen Auseinandersetzung mit einer tiefen Wunde deutscher Geschichte. Sie war mutig und fand damals nicht nur Zustimmung. Zum Ende seiner Rede formulierte von Weizsäcker diese Sätze, die bis zum heutigen Tag Gültigkeit haben:

»Die Bitte an die jungen Menschen lautet: Lassen Sie sich nicht hineintreiben in Feindschaft und Hass gegen andere Menschen, gegen Russen oder Amerikaner, gegen Juden oder Türken, gegen Alternative oder Konservative, gegen Schwarz oder Weiß. Lernen Sie miteinander zu leben, nicht gegeneinander.«[8]

Richard von Weizsäckers Worte wirken bis heute nach. Die von ihm gelebte und angemahnte Tugend der Verständigung und Versöhnung kann Leitbild sein für die Fragen unserer Zeit.

[8] Von Weizsäcker, Richard: Rede zum 8. Mai 1985. URL: http://www.webarchiv.bundestag.de (05.03.2015).

Auf dem Weg zur inklusiven Schule

Das homogene Schulsystem für Vielfalt öffnen

TEILNEHMER

Zahide Doğaç: *Interkulturelle Koordinatorin, Stadtteilschule Mümmelmannsberg, Hamburg*

Havva Engin: *Professorin für Allgemeine Pädagogik, Pädagogische Hochschule Heidelberg*

Kai Maaz: *Professor für Soziologie, Goethe-Universität, Frankfurt/Main*

Norbert Rosenboom: *Landesschulrat der Behörde für Schule und Berufsbildung der Freien Hansestadt Hamburg*

Sabine Hardt: *Landespolitische Korrespondentin, Hessischer Rundfunk, Frankfurt/Main (Moderation)*

SABINE HARDT: Herr Professor Maaz, Sie beraten als Direktor des Deutschen Instituts für Internationale Pädagogische Forschung verschiedene Bundesländer zum Thema interkulturelle Öffnung. Welches Bundesland ist Ihrer Meinung nach Vorreiter?

KAI MAAZ: Seit es Schul- und Bundesländer-Rankings gibt, wehre ich mich dagegen zu sagen, dieses oder jenes Bundesland ist besser als das andere. Man kann Hamburg nicht einfach mit Mecklenburg-Vorpommern vergleichen. Und die Unterschiede zwischen einzelnen Stadtgebieten sind so immens, dass Hamburg auch nicht gleich Hamburg ist. Man muss also die Binnenstruktur der Länder berücksichtigen. Gleichwohl würde ich Hamburg insgesamt hervorheben, weil Hamburg sich im Gegensatz zu vielen anderen Ländern irgendwann auf den Weg gemacht hat, das Bildungssystem – insbesondere das Allgemeinbildungssystem – auf eine breite empirische Basis zu stellen. In manchen Bundesländern gibt es die Vergleichsarbeiten in Jahrgangsstufe drei und acht. Hamburg hat die Kermit[1]-Untersuchungen eingeführt, die auch die Jahrgänge dazwischen berücksichtigen. Wenn ich in jedem Schuljahr einen Überblick über den Leistungsstand meiner Klassen bekomme, habe ich eine viel größere

[1] Unter dem Motto »Kompetenzen ermitteln« – KERMIT – führen alle Hamburger Grundschulen, Stadtteilschulen und Gymnasien ab dem Schuljahr 2012/13 standardisierte Tests durch. Die Testergebnisse informieren die Lehrkräfte über fachbezogene Stärken und Schwächen ihrer Lerngruppen.

Chance, den Unterricht zu verbessern. Ich kann als Lehrkraft genau nachvollziehen, welche Aufgaben die Schüler gut lösen können, welche gerade noch und welche nicht. Auch bekomme ich Hinweise, welche Aufgaben sie vielleicht lösen könnten, wenn ich den Unterricht optimiere. Das, finde ich, ist genau der richtige Weg.

SABINE HARDT: Wenn man auf die Veränderungen und Erfolge der vergangenen zwanzig Jahre zurückblickt, Herr Rosenboom, wie weit sind wir schon gekommen, was haben wir bisher versäumt?

NORBERT ROSENBOOM: Ich glaube nicht, dass wir etwas versäumt haben, denn man geht immer mit der Wirklichkeit, mit dem, was man gerade politisch umsetzen kann. Die Fachämter in den Schulbehörden sind strikt politisch abhängig. Das muss man erst mal so akzeptieren. Wenn man meint, so ein Landesschulrat hätte Macht, dann ist man in der falschen Veranstaltung. Er kann beraten und immer wieder Druck machen, aber die Türen müssen die Politiker selbst aufmachen. Wir haben also in den vergangenen Jahren immer so viel geschafft, wie notwendig war, aber weiter sind wir auch nicht gekommen. Wenn man hart ist – hart zur Schulpolitik der Länder –, dann weicht sie den eigentlichen Grundkonflikten aus. Akzeptiert endlich, dass die Lehrer viel weiter sind als die Behörden! Es wird nicht strukturiert, es wird sich nicht untereinander ausgetauscht. Das können Schulen gar nicht leisten. Aber unter dem Aspekt »Ich gehe aufs Kind ein« läuft es.

HAVVA ENGIN: Ich würde Herrn Rosenboom zustimmen. Im Jahr 1996 durfte man noch gar nicht vom Einwanderungsland sprechen. Der Begriff war noch gar nicht politisch opportun. Wir haben in den 1990er Jahren bis Anfang der 2000er Jahre politisch einfach versäumt oder unterlassen, dem Kind den richtigen Namen zu geben. In der Tat hinkt die Politik den gesellschaftlichen Realitäten hinterher. Die Schule als Institution kann nur in dem Maße aktiv werden, wie ihr Ressourcen zur Verfügung gestellt werden. Ich fordere, dass die Politik Ressourcen und Maßnahmen sicherstellt und rechtliche Rahmenbedingungen schafft, um Qualität in der Breite garantieren zu können. Von der Lehrerausbildung über die Weiterbildung bis hin zur entsprechenden Personalausstattung.

ZAHIDE DOĞAÇ: Bei der Personalentwicklung, Unterrichtsentwicklung und Organisationsentwicklung wird schon einiges gemacht. Ich zum Beispiel bin Absolventin des ersten bundesweiten Jahrgangs interkultureller Koordination an Schulen. Elemente der Ausbildung waren eine interkulturelle Sensibilisierung, der Anti-Bias-Ansatz, Bereiche der interkulturellen Schulentwicklung und das dazu nötige *Change Management*. Zur interkulturellen Öffnung von Schule habe ich mich also qualifizieren können. Allerdings fehlt es insgesamt noch zu sehr an Verständnis für die Notwendigkeit einer interkulturellen Erziehung. Ich höre immer wieder, unser großes Problem sei die Inklusion, nicht die Interkulturalität. Dabei geht es ja bei beidem darum, die Vielfalt aller sichtbar zu machen und damit adäquat umgehen zu können, seien es Kinder, Jugendliche oder Lehrer.

SABINE HARDT: Es gibt in dieser Diskussion noch einen weiteren Spieler: die Eltern. Bildet eine Schule noch immer den gesamten Stadtteil ab? Oder wird es nicht zunehmend zum Problem, dass gerade bildungsnähere Eltern ihre Kinder immer öfter auf eine Privatschule schicken, auch wenn die weiter entfernt ist als die Schule um die Ecke?

NORBERT ROSENBOOM: Eltern können kein Problem sein, denn sie wollen für ihre Kinder immer das Beste. Da bin ich hoffnungslos pragmatisch. Ich könnte jetzt hier eine Erklärung abgeben, dass die Gemeinschaftsschule die richtige Schulform ist. Ich kann es aber auch sein lassen, weil sie sich in meiner Stadt nicht durchsetzen lässt. Es gibt in bestimmten Stadtteilen einen starken Elternwillen, und der ist verbindlich. Das sind alles Wähler, und die haben zu entscheiden. Es müsste daher eher gefragt werde, wie man das Homogenisierungsdenken aufhebt, das sich weiterhin auf vielen Ebenen findet, zum Beispiel in der Politik, bei den Eltern oder auch bei Lehrkräften.

Die Schulentwicklung in Deutschland ist nicht auf Vielfalt, sondern auf die Homogenisierung von Lerngruppen ausgerichtet.

HAVVA ENGIN: Eines wird deutlich: Man muss Schule nicht komplett neu entwickeln, aber die Strukturen modifizieren. Wir haben dieses Schulsystem seit 1820. Es wird sich also nicht von heute auf morgen verändern. Was wir aber schaffen können, ist die Durchlässigkeit zu erhöhen, sodass verschiedene Bildungsgänge für mehr Jugendliche erreichbar sind.

KAI MAAZ: Oft wird gesagt: »Vielfalt ist Fakt und spiegelt sich in Schule wider.« Da würde ich sagen – bedingt. Wir haben in Deutschland eine Schulentwicklung, die gerade nicht auf Vielfalt ausgerichtet ist, sondern auf Homogenisierung von Lerngruppen. Das Schulsystem ist immer noch geprägt von den drei Schulformen, denen unterschiedliche Selektionsprozesse zugrunde liegen und an die verschiedene Begabungstypologien geknüpft sind. Wir haben meines Erachtens immer noch ein strukturelles Problem, wenn wir Inklusion in allgemeinbildenden Schulsystemen durchsetzen wollen, weil wir strukturell ein anderes System haben. Das muss man aufbrechen. Ich bin allerdings etwas skeptisch, ob Inklusion, wie sie derzeit diskutiert wird, gelingen kann. Man hätte dann Kinder mit unterschiedlichen Handicaps und unterschiedlichen Zielen in einer Klasse. Das ist ein völlig neues Verständnis von Schule. Ob das möglich ist und ob wir das überhaupt wollen, weiß ich nicht.

SABINE HARDT: Frau Doğaç, wir haben gehört, was beispielsweise in Hamburg gemacht wird. Wo sehen Sie noch Defizite und Nachholbedarf?

ZAHIDE DOĞAÇ: Wenn ich an die Wissenschaft und die Politik eine Forderung stellen dürfte, dann würde ich mir von der Wissenschaft wünschen, dass einzelne Schulen evaluiert und die Ergebnisse danach veröffentlicht werden. Bislang weiß ich nur zufällig, was eine Schule macht. Eine echte Vernetzung gibt es dagegen nicht. Von der Politik wiederum wünsche ich mir eine wertschätzende Haltung und ein deutliches Statement, worum es bei der Inklusion wirklich geht. Inklusion meint nämlich nicht den Umgang mit Handicaps, sondern bedeutet, das Wir-Gefühl auf dieser Vielfaltsebene zu stärken. Vielfalt heißt, dass jeder Schüler sich mit seinen Ressourcen, seiner Entwicklung, aber auch mit seinen Zukunftsvorstellungen positionieren kann und in der Schule wiederfindet.

SABINE HARDT: Herr Maaz, können Sie mit der Forderung in Richtung Wissenschaft etwas anfangen?

KAI MAAZ: Ich begrüße natürlich den Wunsch von Schulen, wenn sie sagen, sie möchten evaluiert werden. Ich muss aber aus meiner Erfahrung mit Schulen sagen, dass die Bereitschaft, sich einer harten Evaluation zu stellen, oftmals eher gering ausfällt. Gute Evaluation bedeutet, dass Wissenschaftler relativ lange Teil des Schulalltages sind. Viele Schulen wollen aber nicht so viel preisgeben und haben Angst vor negativen Rankings.

SABINE HARDT: Herr Rosenboom, welche weiteren Veränderungen sind nach dieser Diskussion nötig?

NORBERT ROSENBOOM: Wir brauchen, wenn man nicht über Inklusion reden will, eine Zuwendungskultur. Eine ganz neue hochverantwortete Zuwendungskultur ist nötig von Behörden gegenüber Lehrern und von Lehrern gegenüber jedem Schüler.

HAVVA ENGIN: Das sehe ich genauso. Wir haben eine Kultur, die viel zu wenig lobt. Grundsätzlich ist es entscheidend, dass die Kollegen auch mal die Rückmeldung bekommen: »Ihr macht hervorragende Arbeit.«

Teilnehmer v. l.: Havva Engin, Zahide Doğaç, Sabine Hardt, Norbert Rosenboom, Kai Maaz

II. Projekte zum Umgang mit Vielfalt in Schule und Lehrerfortbildung Strategien, Wirkungen und Desiderate

Strukturen schaffen

Aspekte für das erfolgreiche Gelingen einer interkulturell geöffneten Schule

VON ZAHIDE DOĞAÇ

1. Warum aktiv werden?

Betrachtet man die Ausgangslage in Deutschland, so sehen wir nach den Ergebnissen der Studien PISA (*Programm for international Student Assessment*), TIMSS (*Trends in International Mathematics and Science Study*) oder IGLU (Internationale Grundschuluntersuchung), dass es eine ungleiche Teilhabe an der Bildung insbesondere in der Kombination von »Migrationshintergrund[1]« und »sozialer Herkunft« gibt. Ein alarmierendes Ergebnis der ersten Studien war, dass schulischer Erfolg so eng wie in keinem anderen der Teilnehmerländer an die soziale Herkunft geknüpft ist. Als besondere Bildungsbenachteiligung stellte sich die Gruppe der Schüler und Schülerinnen mit Migrationshintergrund aus sozioökonomisch benachteiligten Verhältnissen mit nicht-deutscher Familiensprache heraus. Wir wissen, dass Akademikerkinder bei gleicher Leistung eine nahezu viermal höhere Chance haben, auf das Gymnasium zu gehen, als »Arbeiterkinder«. Wir wissen, dass nur ca. 19 Prozent der Studienanfänger aus einer »Arbeiterfamilie« und über 50 Prozent aus einem »Akademikerhaushalt« kommen. Wir wissen, dass die Chancen, einen mittleren oder höheren Schulabschluss zu erreichen, bei Jugendlichen ohne Migrationshintergrund zwei- bis dreimal höher sind als bei Jugendlichen mit Migrationshintergrund.[2] Als Stadtstaat und Ballungsgebiet ist Hamburg im bundesweiten Vergleich heterogener. Damit sind Chancen und Herausforderungen verbunden. Vor allem aber werden in derartigen Ballungsgebieten besonders geschultes Personal und veränderte Strukturen gebraucht, die auf kulturelle und soziale Heterogenität ausgerichtet sind.

---

[1] Migrationshintergrund wird hier in Anlehnung an die Definition beim Mikrozensus verwendet. Diese umfasst »alle nach 1949 auf das heutige Gebiet der Bundesrepublik Deutschland zugewanderten sowie alle in Deutschland geborenen Ausländer und alle in Deutschland als Deutsche geborenen mit zumindest einem zugewanderten oder als Ausländer in Deutschland geborenen Elternteil«. (Statistisches Bundesamt 2007).

[2] URL: http://www.lpb-bw.de/pisa.html (28.02.2015).

2. Ein historischer Abriss. Was können wir aus den letzten Jahrzehnten lernen?

Schon in den 1970er Jahren war man sich der Tatsache bewusst, dass die Gesellschaft sich infolge der Zuwanderung verändert hatte. Durch die starke Frauenbewegung und die Bemühungen, die Gesellschaft zu verändern, wurde die damalige »Ausländerpädagogik« in die Bildungseinrichtungen hineingetragen.[3] Viele Erneuerungen wurden in der pädagogischen Arbeit damals angestoßen. Durch Debatten und Diskussionen, die zum Teil erst durch Initiativgruppen einiger nicht-staatlicher Organisationen angeregt wurden, konnte letztlich die Ausländerpädagogik als eine neue Subdisziplin der Erziehungswissenschaft in den Bereich der Fort- und Weiterbildungsangebote (zum Beispiel für Lehrkräfte) integriert werden. Aus dieser Zeit sind uns viele Errungenschaften geblieben: Die Bedeutung der Muttersprache und die dazugehörige Stärkung des herkunftssprachlichen Unterrichts sowie die Stärkung der kulturellen Fähigkeiten und Zugehörigkeiten gelten heute als unstrittige Grundelemente. Dennoch gab es etliche Hürden in der Entwicklung von der Ausländerpädagogik zur heutigen Interkulturellen Pädagogik.

Die damalige Ausländerpädagogik ging von einer »Wir-Ihr-Diskrepanz« in der pädagogischen Arbeit aus. So wurden die damaligen Ausländer und ihre Kinder als sogenannte »Gastarbeiterkinder« deklariert. Sie waren nicht ein Teil der Gesellschaft und wurden als (vorläufige) Gäste betrachtet. Häufig ging man von defizitären Verhältnissen aus. Wer als Gastarbeiter aus seinem Herkunftsland kam, hatte häufig eine geringere Bildung und geringe finanzielle Ausstattung. Anfang der 1970er Jahre versuchte die Wissenschaft, Problemkonstellationen und Problemwahrnehmungen zu erfassen und die damalige Ausländerpädagogik kritisch zu überprüfen. Das hatte folgenden Grund: Da die Gastarbeiter der 1960er Jahre eigentlich jung, ledig und alleine waren, bestand kein Bedarf an einer Interkulturellen Pädagogik. Die Kinder kamen erst in den folgenden Jahren als Nachzügler im Zuge der Familienzusammenführung nach Deutschland. Damit stieg das Bedürfnis, besondere Maßnahmen in der Schulverwaltung einzuführen. 1971 gab die Kultusministerkonferenz eine erstmalige Empfehlung heraus, die eine Doppelstrategie verfolgte: »Man sah sich in der Pflicht, die Integration dieser Kinder zu fördern und zugleich die kulturelle Identität zu erhalten.« Das Ziel war aber, die Rückkehrfähigkeit der Familien im Fokus zu behalten. Heute wird der damaligen Ausländerpädagogik ein Assimilierungsgedanke zugesprochen, und man distanziert sich von dieser Sichtweise. Die Haltung der damaligen Pädagogik könnte ausgedrückt werden in dem Satz: »Die Armen – wir müssen sie retten.« Eine derartige wohlgemeinte pädagogische Hal-

[3] Auernheimer, Georg: Einführung in die Interkulturelle Erziehung. Darmstadt 1996. S. 1-30.

tung führte jedoch weniger zur Integration dieser Menschen in die Gesellschaft. In den Köpfen herrschte eine eurozentrische Haltung mit der Idee, im Zielland seien die ökonomischen und sozialen Bedingungen besser. Weiterbildungen in diesem Bereich wurden wenig angeboten. Somit blieben die pädagogischen Fachkräfte mit ihren je eigenen Vorstellungen alleine, die sich wie Mosaike in ihren Köpfen verfestigt hatten. Diese Bilder aber basierten nicht auf einem differenzierten Wissen, sondern speisten sich aus unterschiedlichen Erfahrungskontexten. Häufig waren dies Problemerfahrungen, die verallgemeinert wurden und letztlich zu einem *Framing* für weitere Erfahrungen führten. Die heute noch verbreitete »Kulturkonfliktthese« untermauerte das Handeln der pädagogischen Arbeit.[4] So ging man davon aus, dass Minderheiten automatisch in einen Konflikt treiben, da sie permanente Identitätsdiffusionen haben, die sie in ihrer Entfaltung und ihrer Bildung hemmen würden. Gescheiterte Schulbiografien wurden nicht mit einer kritischen Überprüfung der Maßnahmen in den jeweiligen Bildungsinstitutionen untersucht.

Der damalige Kulturbegriff lässt sich so darstellen:
Die Kultur A ist die Mehrheitsgesellschaft, Kultur B ist die der Minderheitsbevölkerung. Beide Kulturen berühren sich nicht und die einzige Interaktion beider Systeme ist die Hilfe, die von der Mehrheitsgesellschaft angeboten wird – teilweise ohne die Minderheiten mit ihren Bedürfnissen in diesen Prozess mit einzubeziehen.

Abbildung 1: Kulturkreis bei der Ausländerpädagogik

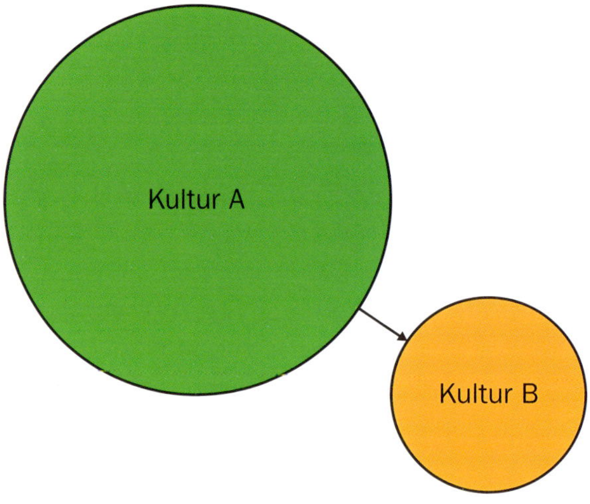

[4] Ebd.

Ende der 1980er Jahre und Anfang der 1990er Jahre wurde man sich bewusst, dass dieser Ansatz zu defizitär ist, und man ging kurze Zeit später auf den »Multikulturellen Ansatz« über. Die in der Öffentlichkeit wachsende Einsicht, dass die Bundesrepublik zu einem Einwanderungsland geworden war, ließ das Verständnis wachsen, dass die Gastarbeiterbeschäftigung eigentlich eine Einwanderungsbeschäftigung ist. Gerade dieser entscheidende Problemwandel behielt zwar die Perspektivdifferenz des »Wir-Ihr« bei, dennoch versuchte man, die positiven Unterschiede hervorzuheben. Die Hoffnungen lagen darin, die Minoritäten als dauerhafte Bestandteile der multikulturellen Gesellschaft zu sehen. So wurden in den Bildungseinrichtungen zum Beispiel Feste aus unterschiedlichen Nationen frei nach dem Motto durchgeführt: »Heute feiern wir dein Fest und morgen unser Fest.« Trotz der Stärkung der positiven Unterschiede verstärkte man das »Wir-Ihr-Gefühl«. Es kam einem nicht in den Sinn, dass es schon Kinder in der zweiten Generation gab, die keinen oder nur einen geringen Bezug zu ihren sogenannten Heimatländern hatten. Trotzdem wurden sie als Experten in den Mittelpunkt des »Verstehenwollens« gerückt. »Erzähl doch mal, wie ist das bei euch …? Warum feiern alle Türken das Ramadanfest?« Diese und ähnliche Sätze waren zur Zeit des multikulturellen Ansatzes allgegenwärtig.

Abbildung 2: Wechselwirkung der Kulturkreise im multikulturellen Ansatz

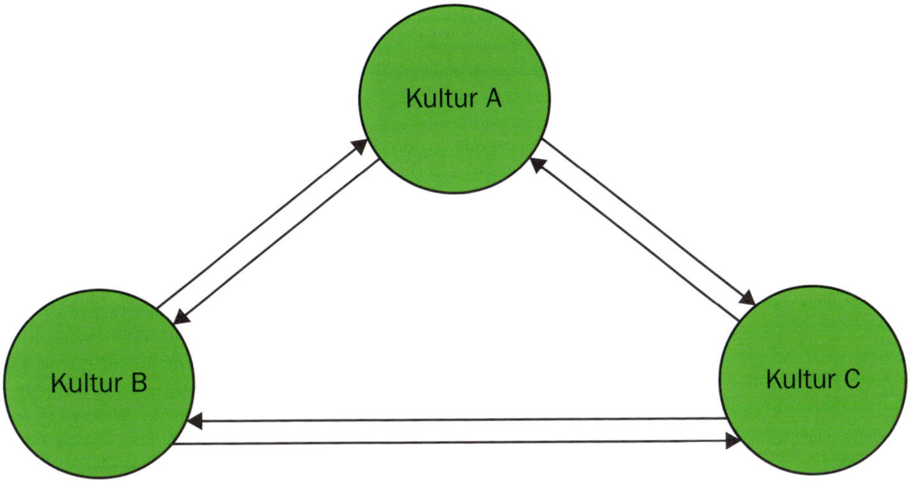

Kulturelle Begegnungen standen in den verschiedenen Kulturen im Zentrum. Das Motiv dieser Begegnungen war zwar die Bereicherung der Gesellschaft, dennoch stand auch die Möglichkeit der Konfliktbearbeitung im Zentrum einer Handlungsstrategie. Man erhoffte sich, durch den Austausch und der Begegnung einen Beitrag zu leisten, die eigene Kultur zu stärken. Die Vorstellung, dass man auch die Probleme der Minderheitensituation bewältigen könnte, wenn man die eigene Kultur bewahren würde, war weit verbreitet.

Erst in den 1990er Jahren versuchte man, das Ruder herumzureißen. Man wurde sich bewusst, dass die »Gastarbeiter und die Gastarbeiterkinder« nicht mehr zurückgehen und sie ein Teil unserer Gesellschaft sind und unsere Gesellschaft multikulturell ist. So versuchte der Erziehungswissenschaftler Wolfgang Nieke das Motto: »Interkulturelle Erziehung für eine multikulturelle Gesellschaft« zu etablieren.[5] Ein weiterer Grund für für die Einordnung der neuen interkulturellen Herangehensweise war die demografische Entwicklung durch die Fluchtmigration und die Zuwanderung der Aussiedler aus osteuropäischen Ländern.

Heute geht man in der interkulturellen Arbeit nicht mehr von einem defizitären Ansatz aus, sondern versucht einen »Was haben wir gemeinsam«-Gedanken zu verfolgen. Dabei steht das Individuum als ein Teil der vielfältigen und bunten Gesellschaft im Zentrum. Auch der Kulturbegriff, von dem ausgegangen wird, ist ein dynamischer und nicht ein statischer.

Die Verschiedenheit ist zwar noch immer im Zentrum des Verstehens, aber sie wird in ihren unterschiedlichen Dimensionen verständlich gemacht. Verschiedenheit gehört zu individuellen Lebenssituationen und Kontexten eines Jeden, unabhängig davon, ob er einen Migrationshintergrund hat oder nicht.

Abbildung 3: Kulturkäfer Interkultureller Erziehung

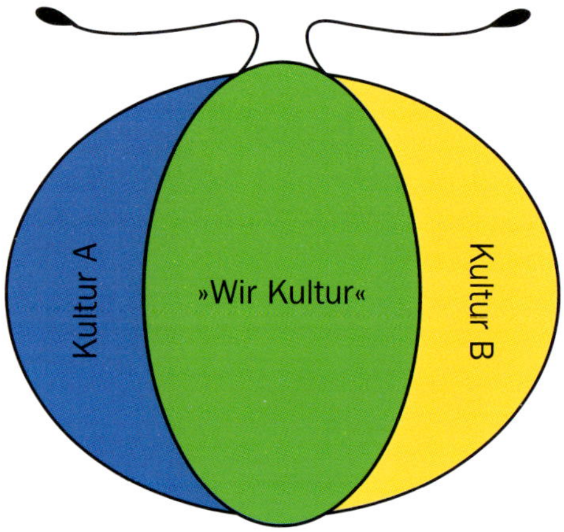

5 Ebd.

Bei diesem Kulturbegriff haben alle beteiligten Kulturen ihre Existenzberechtigung. Man erkennt die sich immer wieder wandelnde Gesellschaft an und versucht, durch die Gemeinsamkeiten aller beteiligten Kulturen eine neue Öffentlichkeit zu schaffen. Die Orientierung der eigenen Herkunftskultur ist nicht mehr zentraler Gegenstand der Integration, sondern die Erarbeitung der eigenen Identität im Hier und Jetzt, die wiederum durch die Symbiose der gesellschaftlichen Dynamik geprägt ist. Frei nach dem Motto: Anerkennung der Differenz bei unangefochtener Gleichberechtigung.

Leider blieb dieser Ansatz lange Zeit eine Subdisziplin und wurde nicht in die allgemeinen gesellschaftlichen Prozesse integriert. Eine flächendeckende Integration der interkulturellen Erziehung blieb aus. Deutlich wurde dies in der pädagogischen Arbeit mit jugendlichem Extremismus während der 1990er Jahre. Die damalige Fachdiskussion wurde kaum mit der interkulturellen Erziehung verbunden. Zwar sind Rassismus und Ausländerfeindlichkeit ein zentrales Element eines rechtsextremen Orientierungsmusters, dennoch wurde bei der Debatte um geeignete Handlungsmuster die interkulturelle Erziehung nicht in diese Diskussion mit eingebunden. Außerdem wurden kritische Stimmen immer lauter, was in der interkulturellen Pädagogik zu einer inneren Zerrissenheit zwischen dem Universalismusgedanken der Schule und der Erwartung der Bundesrepublik und dem Partikularismusgedanken der interkulturellen Pädagogik führte. Die Idee, dass Minderheiten in Mehrheitsgesellschaften als Kollektive gesehen werden und sich systemisch verankern wollen, stieß gegen den Universalismusgedanken der freien Entfaltung eines einzelnen Individuums ohne die Abhängigkeit eines kollektivistischen Systems. Das eigentliche Dilemma dieser Debatte war, dass von einem statischen und eher traditionalistischen Charakter der Kultur und kultureller Identität beziehungsweise Ethnizität ausgegangen wurde. Man verlangte eine »Kultur-Negation« in dem Sinne, dass die Aufgabe der Bildung nicht die Erhaltung oder Entwicklung der kulturellen Identität sei, sondern die Überwindung von kulturellen Hürden.[6]

Ein neuerer Ansatz, der aber noch in Kinderschuhen steckt, ist das Konzept des »transkulturellen Lernens«. Nach Wolfgang Welsch sind wir alle »kulturelle Mischlinge«. Damit prägt der deutsche Philosoph den Begriff der Hybridität als eine Schlüsselkategorie der neueren Kulturwissenschaft und der jüngeren Pädagogik.[7] Der kulturelle Austausch ist nicht mehr ausschließlich abhängig von ethnischen oder nationalen Grenzen. Gerade postmoderne Gesellschaften zeichnen sich

---

[6] Ebd.

[7] Göhlich, Michael/Zirfas, Jörg: »Transkulturalität und Lernen.« In: Billstein, Johannes: Kulturelle Differenzen und Globalisierung. Wiesbaden 2011.

aufgrund ihrer hochkomplexen Systeme in der Entwicklung durch Kulturvermischungen aus. Handelsbeziehungen, Kriege und Eroberungen sowie Migrationsbewegungen aller Arten lassen einen individuellen wechselseitigen Austausch zu. Für das interkulturelle Lernen bedeutet das demnach, dass die Pädagogik Übergänge zwischen den Kulturen beachten und ermöglichen muss. Dabei wird Transkulturalität als normatives Bildungsziel verstanden.

Der historische Abriss zeigt nun, dass es in den letzten Jahrzehnten zwar viele Debatten im Bereich eines einheitlichen Kulturbegriffes gegeben, aber eine Einigung nicht stattgefunden hat. Folgende Defizite lassen sich festhalten:

- Die Fort- und Weiterbildung im Bereich des interkulturellen Lernens waren nicht weit gestreut.
- Es fehlte ein verbindlicher systemischer und ganzheitlicher Ansatz des interkulturellen Lernens in den Bildungseinrichtungen.
- Es fehlte ein definierter Kulturbegriff, der Gegenstand des interkulturellen Handelns ist.
- Es fehlte eine Verknüpfung des interkulturellen Lernens mit der antirassistischen Pädagogik.

3. In der Schule wird gelernt. Was aber ist inter- beziehungsweise transkulturelles Lernen?

Angesichts der historischen Ausführung über die Entwicklung der interkulturellen Pädagogik wäre nur noch die Frage zu klären, was eine gute interkulturell geöffnete Schule auszeichnet und wie dieses Ziel erreicht werden kann. Leider gibt es keine geschlossenen didaktischen Konzeptionen der interkulturellen Bildung, nur einzelne theoretische und praktische Beiträge zu einzelnen Teilaspekten. Nach Georg Auernheimer gibt es einen wichtigen allgemeindidaktischen Grundgedanken: Die Betrachtung des Verhältnisses zur eigenen Geschichte und Kultur im Hinblick auf die Art und Weise und wie man davon betroffen ist führt zu einer Wahrnehmungs- und Deutungskompetenz. Im multiperspektivischen Geschichtsunterricht zum Beispiel werden den Schülerinnen und Schülern historische Inhalte mit den verschiedenen Standpunkten und Perspektiven nähergebracht. Die Bedingung hierbei ist, eine eigene Betroffenheit zu schaffen. Dadurch öffnet sich der Horizont der jeweiligen betroffenen Schülerinnen und Schüler und eine Identitätssteigerung findet statt. Derzeit finden wir aber interkulturelles Lernen nur als übergreifende Aufgabe beziehungsweise Querschnittsaufgabe der Schule wieder.[8] Zwar ist die Berücksichtigung der Fachinhalte oder die Verknüpfung mit anderen Lerninhalten, wie zum Beispiel dem sozialen Lernen oder der politischen Bildung gern gesehen, werden aber nicht unbedingt gefordert. Trotzdem sollte eine gute Didaktik vom Kind ausgehen und nicht von dem, was das System verlangt. Dahinter steckt ein interdisziplinärer Gedanke von Didaktik oder Pädagogik.[9] Interkulturelle Didaktik soll gegen den bestehenden Ethnozentrismus und Rassismus wirken. Schlüsselkompetenzen von Schülerinnen und Schülern wären dann:

- Die Welt in ihrer gesellschaftlichen Veränderung begreifen.
- Relativität von Meinungen und Urteilen kennen.
- Die Auseinandersetzungen mit gegensätzlichen Standpunkten lernen.
- Fremdheit in die eigene Identität übernehmen können.

Nach diesen Erklärungen wird deutlich, dass interkulturelles Lernen einen Bezug für die Fachcurricula und fachdidaktischen Entwürfe des Unterrichts fordert.

Zwar lässt sich der Lernerfolg nicht unmittelbar messen, aber auch die Entwicklung des transkulturellen Lernens erwartet die Stärkung einiger Kompetenzen im Unterricht. Guter Unterricht beziehungsweise eine gute Schule zeichnet sich dadurch aus,

- wenn der gelernte Gegenstand erfahrungsbezogen ist,
- wenn er dialogisch orientiert ist, denn nur die Auseinandersetzung mit sich selbst und dem Fremden schafft eine Verankerung, wenn der Gegenstand als sinnvoll empfunden wird, denn nur dadurch eröffnen sich weitere Möglichkeiten und Erweiterung des eigenen Horizontes, wenn Lernen ganzheitlich betrachtet wird, denn Lernen ist ein Prozess, der den Lernenden berührt.[10]

Zusammengefasst ist transkulturelles Lernen nicht stufenorientiertes Lernen, wie es von einigen Autoren, zum Beispiel Auernheimer, in der interkulturellen Pädagogik gefordert wird, sondern ganzheitlich. Durch die Didaktik des transkulturellen Lernens schaffen wir einen Umgang mit kulturellen Differenzen und mit einem Uneindeutigkeiten umgehenden Lernen. Dieser Ansatz ist gar nicht so neu, denn wenn

[8] Auernheimer, Georg: »Einführung in die Interkulturelle Pädagogik.« 3., neu bearb. u. erw Aufl., Darmstadt 2003; KMK-Empfehlung 1996. URL: http://www.kmk.org/fileadmin/veroeffentlichungen_beschluesse/1996/1996_10_25-Interkulturelle-Bildung.pdf (28.02.2015) und 2013: URL: http://www.bkj.de/fileadmin/user_upload/documents/politische_rahmenbedingungen/2013-10-10-Beschluss_Kulturelle-Kinder-u-Jugendbildung-2.pdf (28.02.2015).

[9] Roth, Joachim: »Allgemeine Didaktik.« In: Reich, Holzbrecher, Roth (Hg.): Fachdidaktik Interkulturell. Ein Handbuch. Opladen 2000.

[10] Göhlich, Michael/Zirfas, Jörg: »Transkulturalität und Lernen.« In: Kulturelle Differenzen und Globalisierung. Wiesbaden 2011.

Eine gute Didaktik sollte vom Kind ausgehen – Szene auf dem Pausenhof einer Hamburger Grundschule

wir uns die Sozialisation des Lernens betrachten, so ist das Lernen schon immer eine Interaktionsleistung des Individuums gewesen.

4. Was ist die interkulturell geöffnete Schule?

»Bei der interkulturellen Öffnung von Schulen geht es um einen veränderten Blick der Institution sowie der in ihr verantwortlich Handelnden auf die durch Migrationsprozesse veränderte gesellschaftliche Realität insgesamt sowie um eine Anpassung der Institution an eine in vielen Dimensionen plurale Schülerschaft.«[11] Akteure der Bildung, insbesondere Lehrkräfte, müssen in ihrer Ausbildung und auch in ihrer Arbeit weiter fortgebildet und auf diese Veränderungsprozesse vorbereitet werden. Es ist unabdingbar, dass pädagogisches Personal interkulturell sensibilisiert wird. Um eine Basis für eine nachhaltige und ressourcenorientierte Bildungspolitik gewährleisten zu können, müssen Bildungsinstitutionen und Institutionen der Zivilgesellschaft einen »Anti-Bias-Ansatz« (vorurteilsbewusste Pädagogik/Arbeit mit Vorurteilen und gesellschaftlichen Schieflagen) als Grundlagenkonzept sehen und in der Schule fest verankern. Gerade hier kann man aus den Fehlern der 1990er Jahre lernen, die bei der Antirassismusdebatte die interkulturelle Erziehung ausgelassen hatte. Die deutsche Turkologin und Erziehungswissenschaftlerin Yasemin

[11] Karakaşoğlu, Yasemin: Interkulturelle Schulentwicklung unter der Lupe. Münster 2011.

Karakaşoğlu antwortet auf die Frage, was eine interkulturell geöffnete Schule sei: »Auf allen Ebenen von Schule spiegelt sich die Vielfalt der Gesellschaft wider – in den Unterrichtsinhalten, in der Unterrichtsorganisation, in der Ausbildung von Lehrern und Lehrerinnen und auch in der Zusammensetzung des Personals. Alle finden sich in der Schule mit ihren biografischen Bezügen, mit ihren Ressourcen und Zukunftsvorstellungen wieder.«[12] Gerade in der Ausbildung der Lehrerinnen und Lehrer liegt eine große Verantwortung. Ohne eine geeignet gute Aus- beziehungweise Weiterbildung von Lehrkräften werden interkulturelle Projekte in Schulen nur zu Momentaufnahmen und eine Verstetigung findet häufig nicht statt.

Ohne eine geeignet gute Aus- beziehungweise Weiterbildung von Lehrkräften werden interkulturelle Projekte in Schulen nur zu Momentaufnahmen.

Veränderungsmanagement bedarf Zeit und der richtigen Planung. Der erste Schritt dabei ist es, sich der Strukturen und Zusammenhänge der Bildungsinstitution bewusst zu werden. Die interkulturelle Öffnung kann nur angestoßen werden, wenn sie in Schulentwicklungsprozesse eingeflochten wird. Erfahrungen zeigen, dass die Autonomie der Schulen im Bereich ihrer Schulentwicklung zu Unterschieden im Vergleich führen. Nachhaltige Projekte erfordern also unterschiedliche Strategien. Es ist wichtig, eine individuelle Anamnese der beteiligten Schulen aufzustellen, um Vereinbarungen gezielt zu treffen. Für einen erfolgreichen Schulentwicklungsprozess sollten die Ressourcen der jeweiligen Schulen genutzt und gegebenenfalls darauf aufgebaut werden. Wer hat schon einmal ein interkulturelles Projekt gemacht? Wer interessiert sich dafür? Gibt es Kollegen, die eine besondere Aus- oder Fortbildung gemacht haben?

5. Ein Hamburger Modell. Die Interkulturelle Koordination

Kleine Bundesländer und Flächenstaaten haben den Vorteil, schneller und effektiver vernetzt zu sein. Gerade durch die räumliche Dichte und überschaubaren Netzwerke bieten diese Bundesländer Strategien an, damit sich Veränderungsmanagements schneller etablieren lassen können. So erfolgte durch eine gut vernetzte Beratungsstelle der Interkulturellen Erziehung des Landesinstituts für Lehrerbildung in Hamburg und dem Träger BQM (Beratung Qualifizierung Migration) 2012 bundesweit ein erstes Pilotprojekt, das auf eine strategische interkulturelle Öffnung von Schule als Gesamtsystem abzielt. Durch eine zweijährige Weiterbildung von Lehrkräften qualifiziert das Projekt Lehrkräfte zur Interkulturellen Koordination in Hamburger Schulen.

[12] Interview mit Yasemin Karakaşoğlu: URL: http://bildungsklick.de/a/87592/in-der-schule-spiegelt-sich-die-vielfalt-der-gesellschaft-wider/ (01.06.2015).

Ziele dieser Qualifizierungsmaßnahme sind:

- Steigerung des Schulerfolgs von Schülerinnen und Schülern,
- Chancengerechtigkeit fördern,
- die interkulturelle Öffnung des Systems Schule,
- verbesserte Atmosphäre,
- Vermittlung eines Know-hows zur interkulturellen Schulentwicklung
- Vielfalt im System Schule zu verankern und sichtbar zu machen.[13]

Die in der Qualifizierung erwarteten Anforderungen sind zwar nicht neu, dennoch ist der Gedanke, Veränderungsakteure in das System Schule zu schicken, ein Ansatz, der bisher nicht direkt gefordert wurde. Bausteine der Qualifizierung sind zum Beispiel die Arbeit an der eigenen Haltung (»Anti-Bias-Ansatz«/vorurteilsbewusste Pädagogik). Durch diese Sensibilisierung und einen erweiterten Kulturbegriff als Grundlage der eigenen Haltung und der pädagogischen Arbeit ist das Grundgerüst der weiteren Qualifizierung gelegt. Auch neu ist in diesem Pilotprojekt, dass man sich hier der Begriffe und Methoden der freien Wirtschaft aus dem Bereich des Projektmanagements bedient. Das ist strategisch wichtig, denn in der universitären Ausbildung des Lehrerberufes ist der Bereich des Projektmanagements nicht vorhanden, und Lehrkräfte sind häufig überfordert oder allein gelassen, wenn es um die Initiierung von Projekten an Schulen geht. Wenn man bedenkt, dass Prozesse mindestens fünf Jahre andauern, bis man die ersten Veränderungen erkennt, sollte man nicht nur Projekte initiieren, sondern diese auch evaluieren, damit sie nachhaltig verstetigt werden können. Zudem spricht für die 80-stündige Qualifizierung, dass sich Lehrkräfte verbindlich bereit erklären, etwas verändern zu wollen. Die Gruppendynamik solcher Qualifizierungen lässt eine weitere Vernetzung ähnlich wie bei einem Schneeballsystem zu. Die Akteure der interkulturellen Schulentwicklung sind gemeinsam vernetzt, sie berufen sich auf die gleichen Begriffsdefinitionen und können zudem voneinander lernen.

6. Wie sieht die Arbeit einer Interkulturellen Koordination in Schule aus? Beispiel einer Stadtteilschule in Hamburg

Die Interkulturelle Koordination an der Stadtteilschule Mümmelmannsberg in Hamburg gehört zu dem bundesweit ersten Pilotprojekt der Qualifizierung. Die Stadtteilschule Mümmelmannsberg befindet sich in einem Stadtteil mit einem niedrigen Sozialindex.[14] Der Anteil der Schülerschaft mit einem Migrationshintergrund liegt bei ca. 80 Prozent. Die Arbeit der IKO (Interkulturelle Koordination) ist für die

[13] URL: http://www.bqm-hamburg.de/bqm/pages/index/p/563 (28.05.2015).

[14] Theoretisch basiert der Sozialindex auf der von Pierre Bourdieu begründeten soziologischen Theorie des Kapitals.

interkulturelle Öffnung der Stadtteilschule Mümmelmannsberg verantwortlich. Die IKO stellt im Kollegium Projekte des interkulturellen Lernens vor, koordiniert diese und akquiriert weitere »Verbündete«. Dabei ist der erste Schritt die Ausgangslage, die Bedarfe und Wünsche der Schule festzustellen und einen Kosten- und Zeitplan zu entwickeln. An diesem Standort baut sich die IKO ein Netzwerk von Lehrkräften und außerschulischen Kooperationspartnern auf. Dabei wird die Rolle klar als Moderator oder gegebenenfalls als Initiator für bestimmte Projekte definiert.

Abbildung 4: Beispiel für eine Verankerung der IKO an einer Schule

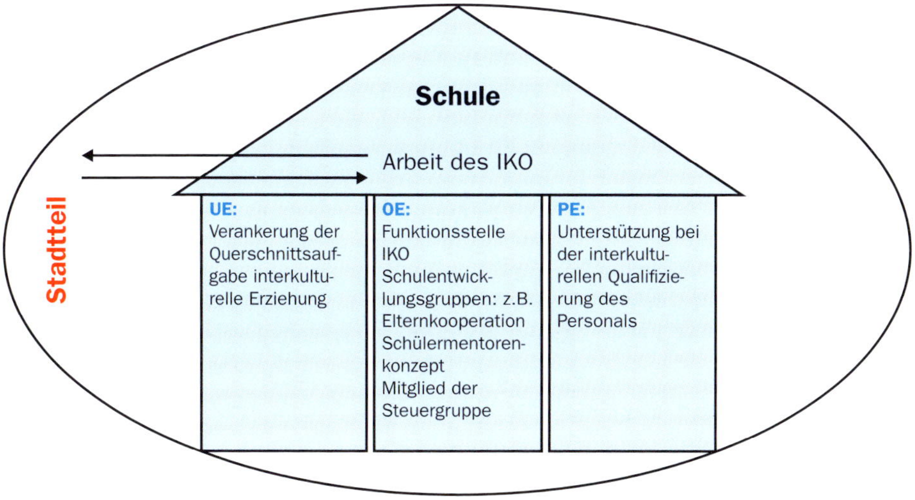

Im Sinne der strukturellen Verankerung ist die IKO in den strukturellen Bereichen der Unterrichts-, Organisations- und personellen Entwicklung fest eingebunden. Ziel ist, die Vielfalt der Schüler und Schülerinnen, des Kollegiums, der Eltern und des Stadtteils sichtbar zu machen. So werden zum Beispiel Elternkooperationen gefördert und Elternmultiplikatoren ausgebildet und in der Schule eingebunden, um die Anbindung anderer Eltern im Sinne eines *peer-to-peer*-Angebotes zu unterstützen. Die wichtigsten religiösen Feiertage werden im Schulalltag im Sinne der Anerkennung und Wertschätzung sichtbar gemacht. Weitere Projekte im Bereich des Schulalltags und des Schulprofils werden in der Schulentwicklungsarbeit initiiert. In dieser Position verantwortet die IKO sich als Fortbildnerin, Expertin, Beraterin, Prozessbeobachterin, Prozessbegleiterin und Initiatorin von Schulentwicklungsprojekten, die zur allgemeinen interkulturellen Öffnung der Schule beitragen sollen. Neben fachlichen Inhalten zur Öffnung der Schule deckt sie auch prozessorientierte Bereiche, wie zum Beispiel Projektmanagement, Anti-Bias und Öffentlichkeitsarbeit ab.

Eine interkulturell geöffnete Schule kann nur mit einem ganzheitlichen Ansatz auf allen Ebenen erreicht werden. Aufgrund der Autonomie der Schulen ist es nicht möglich, Schulen zu verpflichten, sich gemäß einer interkulturelle Öffnung zu steuern, aber durch ein gutes Aus-, Weiter- und Fortbildungsangebot für die Lehrerschaft können erste fruchtbare Samen gestreut werden. So werden, durch Eigenengagement und die Professionalisierung der interkulturellen pädagogischen Handlungen, Schulen auf allen Ebenen gesteuert. Deutlich wird im Hamburger Modell, dass hier auf interessierte und engagierte Lehrkräfte gesetzt wird. Letztlich wird durch die behördliche Verankerung der Qualifizierung eine bildungspolitische Wertschätzung für diesen Bereich signalisiert. »Schulen, die entsprechend auf interkulturelle Öffnung setzen, verbessern ihr Schulklima und können die Schulleistungen steigern.«[15]

[15] Karakaşoğlu, Yasemin: »Integration braucht Identifikation.« In: Carl-Bertelsmann-Stiftung (Hg.): Integration braucht faire Bildungschancen. Carl-Bertelsmann-Preis 2008. Güterloh 2008. S. 179-189.

Lehrerkompetenzen für heterogene Klassenzimmer

Schule gestalten und Qualität sichern

VON REGINE HARTUNG, REGINA PIONTEK, CLAUDIA SCHANZ

1. Einleitung

Adressaten der interkulturellen Kompetenzstärkung sind nicht nur die Schüler, sondern allen voran auch die Lehrkräfte. Damit sie in der Lage sind, Kinder und Jugendliche zu fördern, benötigen sie selbst eine Kompetenzerweiterung und -stärkung. Der vorliegende Artikel geht von konkreten Situationen im Schulalltag aus, die auf ihre Implikationen zu der Realität der Einwanderungsgesellschaft, stereotypisierende Zuschreibungen oder gar Menschenrechtsverletzungen hinterfragt werden. Darauf aufbauend benennen die Autorinnen »interkulturelle« Schlüsselkompetenzen, die sie für Lehrkräfte in der Unterrichtsgestaltung und Schulentwicklung einer deutschen Schule in der Migrationsgesellschaft für notwendig erachten. Im Zentrum steht dabei die Unterrichtsgestaltung selbst. Politischer Bezugsrahmen sind die KMK-Empfehlungen zur »Interkulturellen Bildung und Erziehung«. Abschließend stellen die Autorinnen das Fortbildungsangebot der Landesinstitute Hamburg und Bremen vor und zeigen auf, welche Aus- und Fortbildungssettings im Bereich interkultureller Bildung zur (Weiter)Entwicklung dieser Kompetenzen führen können.

1.1. Herausforderung: Anerkennung von Vielfalt als Normalität statt »Wir« und »die Migranten«

Unterricht in einer Eingangsstufe der gymnasialen Oberstufe zum Thema Migration und Integration: Der Lehrer wendet sich an die Gruppe derjenigen »mit Zuwanderungsgeschichte« und befragt sie nach Migrationserfahrungen in der eigenen Familie: »Wie war das denn in eurer Familie?« In der sich anschließenden Arbeitsphase werden die Schülerinnen und Schüler mit Texten konfrontiert, in denen die »Integrationsbereitschaft« der Migranten kontrovers thematisiert wird, wobei im Text jeweils undifferenziert Aussagen über ethnische Gruppen getroffen werden. An diesem Beispiel werden zwei Dimensionen deutlich, die für den Unterricht in dieser Lerngruppe problematisch sind: 1) Der (vermutlich unbewusste) Ausschluss durch Zuschreibungen von Zugehörigkeiten (wir Deutschen – ihr Zuwanderer) im Unterrichtsprozess und Sprachgebrauch sowie 2) die Verfestigung und »Verobjektivierung« dieser Perspektive durch die (durchaus kontroverse – aber nicht multiperspektivische) Textauswahl, der eine fragwürdige didaktische Entscheidung zugrunde liegt.

Die Hälfte der anwesenden Schülerinnen und Schüler wird (implizit) der Gruppe derjenigen »mit Zuwanderungsgeschichte« zugerechnet, auch wenn sie in Deutschland geboren sind, viele schon in der dritten oder vierten Generation in Deutschland leben – und vermutlich mehrheitlich die deutsche Staatsangehörigkeit haben. Obwohl »Individualisierung« in der aktuellen Inklusionsdebatte als eine zentrale pädagogische Prämisse angesehen wird, ist die Wahrnehmung von Lernenden als transkulturelle Individuen in der konkreten Unterrichtspraxis eine tägliche Herausforderung. Welche »interkulturellen« Schlüsselkompetenzen[1] braucht die Lehrkraft in diesem Beispiel, um Unterricht in dieser heterogenen Lerngruppe zum Thema Migration angemessen zu konzipieren? Ein entscheidender Faktor ist die Reflexion des Selbstverständnisses des Lehrenden selbst: Wie wird die eigene Rolle interpretiert? Welches Bewusstsein hat er von Dominanzstrukturen? Wie wird er zum Lehrer für alle Schülerinnen und Schüler? Welche Sprache wird erforderlich, um deutlich zu machen, dass das »Wir« als tatsächlich »inklusives Wir« gedacht ist? Wie wird der Unterricht konzipiert, damit die deutschen Schülerinnen und Schüler »ohne« Zuwanderungsgeschichte sich angesprochen fühlen, weil viele von ihnen selbst die Erfahrung von Ortsveränderung in Deutschland und Europa gemacht haben? Wie wird aus dem Sprechen über Migranten ein Sprechen über die vielfältigen Aspekte von Mobilität und Flexibilität der modernen Migrationsgesellschaft(en) und deren Gestaltung?

Sichtweisen von Lehrkräften unterliegen medialen Einflüssen, die auf ihr Handeln einwirken, besonders dann, wenn es um Aktualitätsbezug geht. Artikel aus Zeitungen und Zeitschriften sowie Online-Dokumente werden regelmäßig im Unterricht eingesetzt. Ursula Neumann und Yasemin Karakaşoğlu verweisen auf die Gefahr diskriminierender Effekte durch einen medial vermittelten Defizitdiskurs im Hinblick auf Migrantenfamilien.[2] Bedingung für guten Unterricht ist in diesem

[1] An dieser Stelle wird der Begriff »interkulturelle« Kompetenz pragmatisch gebraucht. Zur Auseinandersetzung um den Sprachgebrauch und die Inhaltsdimensionen sei z. B. verwiesen auf: Mecheril, Paul u. a.: Migrationspädagogik. Weinheim und Basel 2010; Hartung, Regine/Nöllenburg, Katty/Deveci, Özlem (Hg.): Interkulturelles Lernen. Ein Praxisbuch. Schwalbach/Ts 2013; Piontek, Regina: »Ausbilden für die Schule in der Migrationsgesellschaft.« In: Massing, Peter/Niehoff, Mirko (Hg.): Politische Bildung in der Migrationsgesellschaft. Schwalbach/Ts 2014. S. 165-190.

[2] Vgl. Neumann, Ursula/Karakaşoğlu, Yasemin: »Anforderungen an die Schule in der Einwanderungsgesellschaft: Integration durch Bildung, Schaffung von Bildungsgerechtigkeit und interkulturelle Öffnung.« In: Neumann, Ursula/Schneider, Jens (Hg): Schule mit Migrationshintergrund. Münster 2011. S. 47-49, hier S. 51.

Differenzierter Umgang mit Migration und Integration im Unterricht

Zusammenhang also eine bewusst reflektierte Textauswahl, die die möglichen Stolpersteine überwindet: fehlende Multiperspektivität (und nicht nur Kontroversität aus einer Perspektive), implizit diskriminierende Inhalte, angenommene sprachliche Homogenität.

Damit verbindet sich zweifellos eine hohe Anforderung an die Lehrerschaft, zumal die Möglichkeiten, auf gutes Material zurückzugreifen, begrenzt sind und Schulbuchverlage an diesem Punkt ihrer Verantwortung nur unzureichend nachkommen. Die im März 2015 vorgestellten Ergebnisse der Schulbuchstudie »Migration und Integration«[3] verweisen auf die Herausforderungen: »Die Untersuchung zeigt, dass in den analysierten Schulbüchern die Problematisierung von Migration gegenüber der Darstellung von Diversität als Normalfall überwiegt [...] Migration und Diversität [erscheinen] letztlich nur als Problem und Herausforderung für eine weiterhin überwiegend als homogen vorgestellte Gesellschaft.«[4]

---

[3] Beauftragte der Bundesregierung für Migration, Flüchtlinge und Integration (Hg): Schulbuchstudie Migration und Integration. Berlin 2015. URL: http://www.bundesregierung.de/Content/Infomaterial/BPA/IB/Schulbuchstudie_Migration_und_Integration_09_03_2015.html?nn=670290 (29.03.2015).

[4] Beauftragte der Bundesregierung für Migration, Flüchtlinge und Integration: Schulbuchstudie. S. 67.

1.2 Herausforderung: Multiperspektivität und Mehrsprachigkeit

Der Besuch des türkischen Ministerpräsidenten Recep Tayyip Erdoğan in Deutschland im Mai 2014 war Wahlkampf in Deutschland um die hier in Deutschland lebenden 1,5 Millionen abstimmungsberechtigten Türken. Als sicher galt damals schon, dass Erdoğan für das Präsidentenamt kandidieren würde. Dem Jubel der voll besetzten Lanxess-Arena in Köln standen Zehntausende von Gegendemonstranten gegenüber. Die Berichterstattung war je nach Perspektive kontrovers. Besonders heftig wurden in der deutschen Presse die Aussage »Assimilation ist ein Verbrechen gegen die Menschlichkeit« sowie die Aufforderung »Unsere Kinder müssen Deutsch lernen, aber sie müssen erst Türkisch lernen« kritisiert. Den Besuch und die Rede zum Thema im Politikunterricht oder Deutschunterricht zu machen, böte sich an. Zugleich eröffnete sich die Chance für einen multiperspektivischen, auf Kontroverse ausgerichteten interkulturellen Zugang, der zudem noch erlauben würde, die mögliche Mehrsprachigkeit der Lerngruppe zu nutzen. Können dies alle Lehrerinnen und Lehrer? Wollen sie es?

Einstellungen von Lehrkräften zu Klassen mit Schülerinnen und Schülern mit Migrationshintergrund haben Peter Massing und Mirko Niehoff untersucht. Die Studie ist deshalb besonders interessant, weil sie auf der Ebene des Fachunterrichts (Politik) der Frage nachgeht, ob die multiethnische Zusammensetzung von Lerngruppen/Klassen Auswirkungen auf die Konzeption des Unterrichts hat. Ein wesentliches Ergebnis: »Trotz des hoch eingeschätzten Anteils an Schülerinnen und Schülern mit Migrationshintergrund, ändern Lehrer/-innen ihren alltäglichen Politikunterricht kaum. Der Anteil hat nur einen geringen Einfluss auf die Ziele des Unterrichts oder auf die Dimensionen des Lernens.«[5]

1.3 Herausforderung: Religionsfreiheit

Die religiöse Vielfalt in der Gesellschaft wirft neue Fragen für Schule auf. Kolleginnen und Kollegen verlangen deshalb einerseits nach Klärung auf schulrechtlicher Ebene, andererseits besteht der Bedarf nach Orientierung, um das religiöse Zusammenleben an Schulen zu gestalten. Folgende Fragen und Streitpunkte treten im schulischen Zusammenhang auf: die Teilnahme von muslimischen Mädchen am koedukativen Schwimmunterricht, verbindliche Regelungen für Klassenfahrten, ein Kruzifix im Klassenraum, die Einrichtung von Gebetsräumen an Schulen, mögliche Grenzen für religiös motivierte Kleidungsstücke und die obligatorische Teilnahme für alle Kinder am Religions(kunde)unterricht.

[5] Massing, Peter/Niehoff, Mirko: »Einstellungen und Reaktionen von Lehrer/-innen im Politikunterricht in Klassen mit Migrationshintergrund.« In: Weißeno, Georg (Hg): Bürgerrolle heute. Migrationshintergrund und politisches Lernen. Bonn 2010. S. 82-95, hier S. 93.

Wie fundiert haben sich Lehrende selbst mit dem Thema Religion und deren Einfluss auf die gesellschaftliche Entwicklungen/Kulturgeschichte auseinandergesetzt? Oder mit dem Aspekt Religiosität – Atheismus? Wie sicher können sich Lehrkräfte im Spannungsfeld von Demokratie und Religion bewegen, ohne zu diskriminieren und trotzdem unter Umständen notwendige Grenzen ziehen?

1.4 Herausforderung: Diskriminierungs- und rassismusfreie Schule

Im zweiten Bericht der Antidiskriminierungsstelle des Bundes[6] wird von »Mobbing, diskriminierenden Äußerungen von Lehrer_innen mit Bezugnahme auf die vermeintliche, zugeschriebene oder reale ethnische Herkunft von Schüler_innen, aber auch von verbalen Angriffen der Schüler_innen untereinander« berichtet. »Darüber hinaus wird beobachtet, dass es bestimmte Stereotype in Bezug auf männliche Schüler, aber auch weibliche Schülerinnen mit Migrationshintergrund gibt.«[7]

Auch in der von der Antidiskriminierungsstelle des Bundes in Auftrag gegebenen Studie zur Diskriminierung im vorschulischen und schulischen Bereich stellen die Autoren in der Sekundarstufe I (und II) eine Verdichtung der Disparitäten und Diskriminierungen im Bildungsverlauf fest.[8] Selbstreflexion über mögliche eigene rassistische Einstellungsmuster, Wissen über Strukturen und Wirkungen von Rassismus und Diskriminierung, Wahrnehmung von diskriminierenden Äußerungen sowie die Bereitschaft und Fähigkeit, angemessen zu reagieren, sind Schlüsselkompetenzen, die von Lehrkräften zu erwarten wären. »Lehrerinnen und Lehrer wollen nicht diskriminieren bzw. diskriminieren nicht absichtsvoll, aber es erfordert eine besondere Qualifikation, es nicht zu tun«, schreibt Sally Mary Riedel[9], die als Afro-Deutsche in Hamburg-Billstedt aufgewachsen ist.

---

[6] Antidiskriminierungsstelle des Bundes: Zweiter Gemeinsamer Bericht der Antidiskriminierungsstelle des Bundes und der in ihrem Zuständigkeitsbereich betroffenen Antidiskriminierungsbeauftragten der Bundesregierung und des Deutschen Bundestages. Diskriminierung im Bildungsbereich und im Arbeitsleben. Berlin 2013. S. 103ff.

[7] Antidiskriminierungsstelle: Diskriminierung im Bildungsbereich. S. 104f.

[8] Vgl. Antidiskriminierungsstelle des Bundes (Hg.): Diskriminierung im vorschulischen und schulischen Bereich. Eine sozial- und erziehungswissenschaftliche Bestandsaufnahme. Expertise im Auftrag der Antidiskriminierungsstelle des Bundes, durchgeführt von Sven Jennessen/Nicole Kastirke/Jochem Kotthaus. Berlin 2013. S. 72.

[9] Riedel, Sally Mary/Pelzer, Anne: »Diskriminierung in Schulen – ein Problem? Das Pilotprojekt YES in Hamburg.« In: Neumann, Ursula/Schneider, Jens (Hg): Schule mit Migrationshintergrund. S. 210-219, hier 214; Autor*innenKollektiv Rassismuskritischer Leitfaden (Hg.): Rassismuskritischer Leitfaden zur Reflexion bestehender und Erstellung neuer didaktischer Lehr- und Lernmaterialien für die schulische und außerschulische Bildungsarbeit zum Schwarzsein, Afrika und afrikanischer Diaspora. Hamburg/Berlin 2015.

1.5 Herausforderung: Die Globalisierung im Klassenzimmer – alltägliche Gratwanderung

- Afghanistan: Bei der Behandlung der Fragestellung, ob sich die Bundeswehr am Einsatz in Afghanistan beteiligen sollte, entsteht eine heftige Kontroverse zwischen den Schülerinnen und Schülern der Lerngruppe. Einige der jungen Männer stehen vor der Frage, wie sie mit dem damals noch obligatorischen Wehrdienst umgehen sollen.
- Ukraine-Konflikt: In der auch ethnisch heterogenen Lerngruppe sind Schülerinnen und Schüler ukrainischer Herkunft vertreten. Ein zugewanderter Schüler aus Russland vertritt vehement die Position Putins; er steht allein.
- Ein Schüler einer Lerngruppe der gymnasialen Oberstufe verschwindet plötzlich nach Syrien, um den IS zu unterstützen. Betroffenheit im Kollegium und in der Lerngruppe.
- In einer E-Phase der gymnasialen Oberstufe mit hohem Anteil von männlichen Jugendlichen mit Zuwanderungsgeschichte fragt sich die Lehrkraft, wie es ihr gelingen kann, den Nahostkonflikt multiperspektivisch zu behandeln und mit bereits in Erscheinung getretenen antisemitischen Haltungen einiger Jugendlicher angemessen umzugehen.

Diese Beispiele sind Ausdruck dafür, dass sich internationale Konflikte zunehmend im Klassenzimmer spiegeln. Die damit verbundenen Herausforderungen für Lehrerinnen und Lehrer liegen auf mehreren Ebenen und erfordern diverse Gratwanderungen: Das Auftreten des Lehrenden muss sich deutlich an Menschenrechten und dem Völkerrecht orientieren, gleichzeitig soll die Gestaltung des Unterrichtsprozesses verhindern, dass Schüler und Schülerinnen sich ausgeschlossen und nicht anerkannt fühlen. Das Unterrichtsklima soll Schutz vor Diskriminierung und Rassismus bieten, gleichzeitig werden Lehrende von denjenigen, die selbst Diskriminierungserfahrung (zum Beispiel Islamophobie) haben, mit antisemitischen Vorurteilen herausgefordert. Religiöse Vielfalt soll gelebt werden, plötzlich wird Anerkennungskultur mit religiösem Extremismus konfrontiert. Grundsätzlich neu sind diese Fragestellungen letztlich nicht; aber die Vielfalt der Themen und die Unterschiedlichkeit der Infragestellung von demokratischen Prinzipien macht den Umgang mit Heterogenität komplexer.

2. Guter Unterricht erfordert interkulturelle/transkulturelle Kompetenzen von Lehrenden

2.1 Standards für »interkulturell geöffneten« Unterricht

Die vielfältigen Anforderungen an Lehrkräfte eines »globalisierten Klassenzimmers« veranschaulicht eine vom Interkulturellen Arbeitskreis der LehrerbildnerInnen der 16 Bundesländer (INKA) vorgelegte Liste für Standards zum »interkulturell geöffneten« Unterricht, die eine Hilfe für die Unterrichtsplanung darstellen kann. Der angemessene Umgang mit Heterogenität im Alltag spiegelt sich demnach auf mehreren Ebenen:

- der **Unterrichtsgegenstand** wird multiperspektivisch betrachtet,
- die **Materialien und Medien** entsprechen der Realität der Einwanderungsgesellschaft,
- die **Unterrichtsgestaltung** knüpft an die (kulturelle, sprachliche, soziale, religiöse, etc.) Vielfalt der Schülerinnen und Schüler an und berücksichtigt sie positiv,
- das **Unterrichtsklima** ist wertschätzend und anerkennend und ermöglicht interkulturelle/transkulturelle Erfahrungen,
- der Unterricht basiert auf **sprachlicher Heterogenität** der Lerngruppe und berücksichtigt das Prinzip der Mehrsprachigkeit,
- **alle Schülerinnen und Schüler werden gefördert,**
- der Unterricht **öffnet sich zum Stadtteil.**[10]

Die entsprechende Planungs- und Handlungskompetenz im Alltag zu gewinnen, erfordert von Lehrkräften Kompetenzen auf der Wissens- und Erkenntnisebene (zum Beispiel über Migration, Rassismus, Religionslehren und -praktiken). Sie müssen in der Lage sein, sich mit dominanten Sichtweisen kritisch auseinanderzusetzen und ihre eigene (gesellschaftliche) Rolle sowie ihre Werteorientierungen reflektieren können. Sie brauchen Haltungs- und Handlungssicherheit bezogen auf Werte und Wertekonflikte, um spontan in nicht vorhersehbaren Situationen Orientierung geben zu können und handlungsfähig zu sein. Über den eigenen Unterricht hinaus wird von ihnen erwartet, dass sie interkulturelle Schulentwicklung fördern und gestalten. Vielfach werden diese Kompetenzen als »interkulturelle Kompetenz« bezeichnet. Die eingangs skizzierten Alltagssituationen veranschaulichen die Breite der Anforderungen; einige Kompetenzen, die wir im Folgenden beleuchten wollen, erscheinen uns als besonders relevant.

---

[10] INKA (Hg): Standards für Unterricht mit interkulturellen Dimensionen im globalen Klassenzimmer. Vorgelegt auf der INKA-Tagung 2014 in Kassel. Demnächst auf der Homepage: www.inka.lehrerfortbildung.de.

2.2 Den eigenen Sprachgebrauch, Wertungen, Überzeugungen und Handlungen reflektieren – sich mit eigenen Unsicherheiten, Ängsten und Tabus auseinandersetzen

Gudula Mebus verweist auf die durch die eigene Biografie gemachten Erfahrungen von Lehrkräften, die 2011 noch zu mehr als 90 Prozent einen »deutschen Hintergrund« hätten und sich fundamental von denen ihrer Schülerinnen und Schüler unterscheiden können: »[...] Deutsch als Muttersprache, christlich geprägte Traditionen, helle Hautfarbe, deutsche Staatsangehörigkeit, [sie] sind Abkömmlinge deutscher Vorfahren, Akademiker und bei ihrer Einstellung gesund. Ihr Blick auf die Welt ist der der Bildungsschicht der Mehrheitsgesellschaft.«[11] Auch wenn diese Aussage in konkreten Handlungssituationen zu überprüfen wäre – die Verallgemeinerung eigener Erfahrungen und unreflektierter eigener Wahrnehmungsstrukturen, unreflektierte Stereotypen und (unbewusst) diskriminierende Einstellungen von Lehrkräften bezogen auf Schülerinnen und Schüler mit Migrationshintergrund tragen dazu bei, dass diese von Diskriminierungserfahrungen in der Schule berichten.[12]

Selbstreflexionskompetenz und die Fähigkeit, sich mit dem eigenen Sprachgebrauch, der eigenen Haltung und Rolle auseinanderzusetzen, ist eine der Grundkompetenzen, die helfen, eine »Pädagogik der Mehrfachzugehörigkeit« zu realisieren. Sie hilft, wegzukommen von einem binären Differenzdenken (Nicht-Migranten – Migranten) hin zu einem dekonstruktiven Differenzverständnis, das »Differenz als nicht fixierbar zur Geltung bringt«[13] und dafür sensibilisiert, die mit jeder Differenzsetzung einhergehende Festschreibung kritisch zu hinterfragen. Ein dekonstruktiver Ansatz ist zum Beispiel »an der Frage interessiert, welche Effekte aus dem Engagement für die Anerkennung von Migrant/innen resultieren und welche Ordnungen und Normen im Zuge dieses differenzachtenden Einsatzes (ungewollt) gestützt bzw. produziert werden.«[14] Die dekonstruktive Perspektive kann zu größerer Sensibilität für die Bedeutung von Differenzkategorien selbst führen. Sie ist einerseits mit dem Inklusionsansatz in der Schule und dem Blick auf das Individuum gut zu vereinbaren, lässt aber die Frage offen, wie strukturelle Benachteiligungen erfasst werden können, weil jede Kategorisierung von Differenz notwendigerweise zu Festschreibungen führt.

---

[11] Mebus, Gudula: Anregungen für die Unterrichtsvorbereitung. In: Hartung/Nöllenburg/Deveci: Interkulturelles Lernen. S. 36-41, hier S. 37

[12] Vgl. Antidiskriminierungsstelle des Bundes: Diskriminierung im Bildungsbereich. S. 103ff.

[13] Mecheril u. a.: Migrationspadagogik. S. 188.

[14] Ebd.

2.3 Zum Dialog fähig sein – über mögliche Differenzlinien hinaus

Zum Dialog fähig sein – einer der für trialogisches Lernen[15] relevanten Kompetenzbereiche ist die Basis interkulturellen/transkulturellen Lernens. Sich in andere Perspektiven hineinversetzen zu können, Empathie entwickeln zu können, andere Sichtweisen akzeptieren und aushalten zu können, aber auch eigene Grenzen erkennen, ist nur über dialogische Kommunikation möglich. In den Ergebnissen des Trialog-Konzepts der Herbert Quandt-Stiftung kann anschaulich nachvollzogen werden, welche Bedeutung der Förderung des Dialogs zukommt – auch über die Schule hinaus. Interreligiöse Kommunikationsfähigkeit wird für Lehrkräfte angesichts der gesellschaftlichen Entwicklung zunehmend wichtig – die für Schülerinnen und Schüler formulierten Standards können auch für Lehrende gelten.[16]

Die Pädagogin Hülya Ösun betont die wichtige Rolle der Lehrkräfte mit Migrationshintergrund, wenn es um die dialogische Suche nach schulischen Lösungen für offene Fragen geht, wie zum Beispiel die Gestaltung des Umgangs mit religiöser Vielfalt und grundlegenden Aspekten gleichberechtigten Zusammenlebens: »Denn die Integration ist ein zweiseitiger Prozess, der die Offenheit und Toleranz von allen fordert [...] da gemeinsam und demokratisch nach Lösungswegen gesucht und in einem Prozess des gegenseitigen Verständnisses Möglichkeiten gefunden werden müssen zu arbeiten [...]«[17] Sich in respektvoller Weise austauschen führt dazu, dass Übereinstimmungen entdeckt werden, andere Sichtweisen nachvollzogen werden können, Empathie entstehen kann, aber auch eigene Grenzen erkannt werden.

2.4 Vielfalt wertschätzen – eine interkulturell sensible Streitkultur entwickeln

Multiperspektivität bedeutet nicht Beliebigkeit, interkulturelle Bildung ist eng verknüpft mit »Demokratie lernen und Menschenrechtsbildung in der pluralen Gesellschaft«.[18] Soll sich die Realisierung einer globalen Multiperspektivität im globalisierten Klassenzimmer nicht in ein »internationales Konfliktfeld« verwandeln (zum Beispiel bei Themen wie dem Nahostkonflikt oder Afghanistan), ist die Ent-

---

[15] Sajak, Clauß Peter/Muth, Anne-Kathrin: »Standards für das trialogische Lernen.« In: Herbert Quandt-Stiftung (Hg.): Standards für das trialogische Lernen. Interreligiöse und interkulturelle Kompetenzen in der Schule fördern. Bad Homburg 2011. S. 28f.

[16] Ebd.

[17] Ösün, Hülya: »Vom multikulturellen Klassenzimmer zum multikulturellen Lehrerzimmer. Die besondere Rolle von Lehrkräften mit Migrationshintergrund.« In: Hartung/Nöllenburg/Deveci: Interkulturelles Lernen. S. 183-188, hier S. 186.

[18] Vgl. Kaletsch, Christa: »Demokratielernen und Menschenrechtsbildung in der pluralen Gesellschaft.« In: Niehoff, Mirko/Üstün, Emine (Hg.): Das globalisierte Klassenzimmer. Immenhausen bei Kassel 2011. S. 52-73.

wicklung einer demokratischen Streit- und Auseinandersetzungskultur unabdingbar. Die Auseinandersetzung um Normen im Spannungsfeld von demokratischen Prinzipien und Religion(en) ist notwendiger Bestandteil einer demokratischen multireligiösen Gesellschaft. Die Fähigkeit, sich widersprechende Situationen auszuhalten und keine schnellen Lösungen zu finden (Ambiguitätstoleranz), wird immer mehr zu einer Schlüsselkompetenz in einer globalisierten Welt. Sich respektvoll streiten zu können, will gelernt sei. Als Lehrerin oder Lehrer dafür zu sorgen, dass Kinder und Jugendliche diese Fähigkeit erlangen, und entsprechende Lernsettings zu arrangieren, ist eine weitere Anforderung an Kompetenzen von Lehrenden. Sich im Spannungsfeld von »freier Meinungsäußerung – Pressefreiheit – dem Recht auf freie Religionsausübung, ohne diskriminiert zu werden« bewegen zu können, erfordert von Lehrenden nicht nur Sicherheit in der Verteidigung elementarer Grundrechte, sondern mehr: ihre leidenschaftliche Verteidigung.[19] Dass Lehrkräfte in solchen Konfliktsituationen oft nach Orientierung suchen und unsicher sind, spricht für die Notwendigkeit politischer Bildung als Querschnittsbildung in der Lehrerbildung.

Die Fähigkeit, sich widersprechende Situationen auszuhalten und keine schnellen Lösungen zu finden (Ambiguitätstoleranz), wird immer mehr zu einer Schlüsselkompetenz in einer globalisierten Welt.

2.5 Grenzen ziehen können – handlungsfähig sein

Zu einer Antidiskriminierungskultur in der Schule gehört die »Parteilichkeit« der Lehrkräfte im Sinne der Menschenrechte. Das Recht auf freie Meinungsäußerung findet Grenzen in diskriminierenden und rassistischen Äußerungen. Lehrkräfte sind gefordert, Handlungskompetenz zu entwickeln und in ihrem Schulalltag Rassismus, Sexismus und sonstigen Formen der Diskriminierung entgegenzutreten. Dass dies nicht immer so ist, wird in dem Bericht der Antidiskriminierungsstelle ausgeführt: Schulen seien meist nicht in der Lage, adäquat auf rassistische Vorfälle zu reagieren, sie böten den Schülern und Schülerinnen in Fällen von ethnischer Diskriminierung kaum Unterstützung an. »Negativ wird dabei empfunden, dass Lehrer_innen bei rassistischen Beleidigungen der Schüler_innen untereinander nicht immer intervenieren oder sogar wegschauen.«[20] Besonders problematisch ist, dass Schülerinnen und Schüler, die sich beschweren oder zur Wehr setzen, selbst zum Verursacher oder zur Verursacherin des Problems werden. »Gleichfalls wird beobachtet, dass Schüler_innen, die das Thema Diskriminierung direkt gegenüber Lehrer_innen ansprechen, häufig nicht ernst genommen und in ihrem Wunsch, über ihre Diskriminierungserfahrung zu sprechen,

[19] Vgl. Strenger, Carlo: Zivilisierte Verachtung. Eine Anleitung zur Verteidigung unserer Freiheit. Berlin 2015. S. 94.

[20] Antidiskriminierungsstelle: Diskriminierung im Bildungsbereich. S. 105.

nicht unterstützt werden. Es scheint den Lehrer_innen an Wissen und Erfahrungen zu fehlen, wie diese Schüler_innen im Sinne des ›Empowerment‹-Ansatzes gestärkt werden können.«[21]

Auch Paul Mecheril und Claus Melter betonen die Notwendigkeit, die Handlungskompetenz von Pädagoginnen und Pädagogen zu stärken.[22] Sie skizzieren Grundzüge, die sowohl das Handeln im eigenen Unterricht als auch das in der Institution Schule betreffen. Wissen über Rassismus, die Reflexion rassistischer Zuschreibungsmuster, die Dekonstruktion scheinbar eindeutiger Unterscheidungen, die Reflexion und Modifikation bildungsinstitutioneller Prozesse und Strukturen gehören ebenso dazu wie die Stärkung der Handlungsfähigkeit gegen Rassismus und die rassismuskritische Performanz.[23]

Die oben ausgeführten Kompetenzanforderungen verdeutlichen, dass es neben der Entwicklung konkreter fachlicher und methodischer Fähigkeiten zum Umgang mit kultureller (im weitesten Sinne) und sozialer Heterogenität und neben der Aneignung von migrationspädagogisch relevantem Wissen spezifischer Lernarrangements bedarf, die die Reflexion eigener Haltungen und Einstellungen bezogen auf Grundfragen der Migrationsgesellschaft bieten. Die Relevanz von selbstreflexiven Praktiken im Schulalltag, Anti-Diskriminierungstrainings und Anti-Bias-Workshops lässt sich leicht aus den gemachten Ausführungen ableiten.

3. Exkurs: Schule in der Migrationsgesellschaft als systemisch verstandene Entwicklungsaufgabe

Mit den Empfehlungen zur interkulturellen Bildung und Erziehung in der Schule in der Überarbeitung von 2013 hat die KMK[24] einen klaren Rahmen für die systemische interkulturelle Schulentwicklung in Deutschland gesetzt, aus dem auch deutliche Anforderungen an Fähigkeiten von Lehrkräften hervorgehen. Auf sie wird wegen ihrer länderübergreifenden Relevanz und ihrer wegweisenden Funktion an dieser Stelle eingegangen.

---

[21] Ebd.

[22] Sie verweisen anschaulich auf eine Studie, in denen Teamer von Gewerkschaftsseminaren, die mit rassismuskritischen Materialien ausgebildet wurden, zu rassistischen Äußerungen der Teilnehmer schweigen. Vgl.: Mecheril, Paul/Melter, Claus: »Gewöhnliche Unterscheidungen. Wege aus dem Rassismus.« In: Mecheril u.a.: Migrationspädagogik. S. 174.

[23] Mecheril u.a.: Migrationspädagogik. S. 173f.

[24] Ständige Konferenz der Kultusminister der Länder in der Bundesrepublik Deutschland: Interkulturelle Bildung und Erziehung in der Schule. Beschluss der Kultusministerkonferenz vom 25.10.1996 i.d.F. vom 05.12.2013.

Ausgangspunkt für die aktuellen Empfehlungen stellt die Fassung von 1996 dar, in der in noch immer gültiger Weise erstmalig aus bildungspolitischer Perspektive die Verwirklichung der interkulturellen Bildung gefordert wurde, und zwar zunächst in der gewissenhaften Wahrnehmung des allgemeinen Bildungsauftrags der Schule und mit der klaren Adressierung aller Schülerinnen und Schüler. Interkulturelle Bildung wurde als Querschnittsaufgabe für alle Fächer definiert. Hieran anknüpfend und mit dem Ziel des Abbaus anhaltender Bildungsungleichheit und struktureller Diskriminierung stellen die neuen Empfehlungen von 2013 einen Orientierungsrahmen dar, der die interkulturelle Gestaltung der Schule in der Migrationsgesellschaft als Ganzes im Sinne einer systemisch verstandenen Entwicklungsaufgabe in den Mittelpunkt stellt: »Schulen stehen demnach vor der Aufgabe, allen Kindern und Jugendlichen unabhängig von ihrer Herkunft umfassende Teilhabe an Bildung und Chancen für größtmöglichen Bildungserfolg zu eröffnen, zu einem friedlichen, demokratischen Zusammenleben beizutragen und Orientierung für verantwortungsbewusstes Handeln in der globalisierten Welt zu vermitteln.«[25] Als grundlegende Gelingensbedingung hierfür wird klar die Schule der Vielfalt gefordert, die sich bewusst auf die soziale, kulturelle und sprachliche Heterogenität der Kinder und Jugendlichen einstellt, diese pädagogisch gestaltet und frei von offener und versteckter Diskriminierung ist. Hierfür werden vier konkrete Zielsetzungen genannt:

3.1 Schule nimmt Vielfalt zugleich als Normalität und Potenzial für alle wahr

Schule wird als ein alle gleichermaßen wertschätzender Lern- und Lebensort verstanden, an dem eine interkulturelle sensible Dialog- und Konfliktkultur entwickelt wird. Dabei werden an Schülerinnen und Schüler hohe Erwartungen gestellt, ihre Erfahrungen und Kompetenzen als wichtige Ressource gesehen und individuelle Unterstützung gewährt.

Die Schule tritt aktiv jeder Diskriminierung entgegen und überprüft ihre Traditionen und Routinen kritisch auf entsprechende, auch unbeabsichtigte Wirkungen.

Die sprachlich-kulturelle Vielfalt der Schüler- und Elternschaft wird im Schulprogramm berücksichtigt, ihre entsprechenden Erfahrungen und Kompetenzen als Chance für interkulturelles Lernen einbezogen und umfassende Partizipation ermöglicht.

[25] KMK-Empfehlungen 2013. S. 5.

3.2 Schule trägt zum Erwerb interkultureller Kompetenzen im Unterricht aller Fächer und durch außerunterrichtliche Aktivitäten bei

Schülerinnen und Schüler werden beim Erwerb interkultureller Kompetenzen auf den Ebenen von Wissen und Erkennen, Reflektieren und Bewerten sowie Handeln und Gestalten unterstützt.

3.3 Schule ist zentraler Ort für den Erwerb bildungssprachlicher Kompetenzen

Alle Schülerinnen und Schüler erwerben bildungssprachliche Kompetenzen, indem die durchgängige Sprachbildung als Aufgabe aller Schulstufen und Fächer verstanden und organisiert wird.

3.4 Schule gestaltet aktiv Bildungs- und Erziehungspartnerschaften mit Eltern

Die Schule fördert aktiv die Teilhabe von Eltern auf der Grundlage einer Kultur der Wertschätzung und Anerkennung und berücksichtigt dabei deren sprachliche und kulturelle Heterogenität.[26]

Bereits an dieser Stelle, aber auch weiter ausgeführt in den entsprechenden Maßnahmen in den Kapiteln »Umsetzung in der Schule« und »Unterstützungssysteme«, wird der Anspruch an Schulentwicklung als systemischer Prozess mit den drei ineinandergreifenden Aspekten Organisations-, Personal- und Unterrichtsentwicklung konkretisiert und in den Kontext eines kontinuierlichen Verbesserungsprozesses einer lernenden Institution gestellt. Dabei wird die Steuerungs- und Gestaltungsverantwortung der Schulleitung für den Schulentwicklungsprozess betont. Bildungserfolg und Teilhabe sollen im Kontext von interkultureller Bildung als Schlüsselkompetenz aller auf der Basis eines datenbasierten Monitoringsystems kontinuierlich evaluiert werden.[27]

Der bildungspolitische Wille zur Erreichung dieser Zielsetzungen erfordert eine Neuorientierung der Lehreraus- und -fortbildung auf der Basis klarer Standards und ausformulierter Kompetenzen, wie sie an anderer Stelle in diesem Aufsatz dargestellt werden. Es ist Aufgabe der Bildungsverwaltungen, für geeignete Rahmenbedingungen zu sorgen. Eine entsprechende Verpflichtung stellt der in der Empfehlung genannte »Nationale Aktionsplan Bildung« 2012 dar als eine Selbstverpflichtung der Länder, unter anderem die Erzieher- und Lehrerausbildung bedarfs-

---

[26] Ebd.

[27] Ebd. S. 6f.

gerecht weiterzuentwickeln, die interkulturellen Kompetenzen des pädagogischen Personals zu stärken, den Anteil an Lehrkräften mit Migrationshintergrund zu erhöhen sowie die Zusammenarbeit mit Eltern auszubauen und Unterstützungspotenziale im sozialen Umfeld zu aktivieren.[28] In vielen Bundesländern werden hierzu inzwischen konkrete Maßnahmen umgesetzt, wie zum Beispiel entsprechende Fortbildungen für Lehrkräfte in den Bereichen interkulturelle Kompetenzen und durchgängige Sprachbildung, Projekte zur Gewinnung von mehr Lehrkräften mit Migrationsgeschichte, Netzwerke von Lehrkräften mit Migrationsgeschichte, Migrantenelternnetzwerke usw. Deutlicher Handlungsbedarf besteht nach wie vor sowohl in flächendeckenden und strukturell verankerten Maßnahmen in allen Phasen der Lehrerbildung sowie in systemisch wirksamen Fortbildungen, die Veränderungsprozesse an Schulen initiieren, zum Beispiel durch *Change Agents*, und prozessbegleitend angelegt sind. Als besonders entscheidend für die Umsetzung dieser Empfehlungen in der Schule wird die Aufnahme entsprechender Kriterien in die Orientierungsrahmen für Schulqualität angesehen werden, die in vielen Bundesländern die Grundlage für die Instrumentarien der Schulinspektion darstellen. Was hier nicht in Form von überprüfbaren Kriterien auftaucht, tritt auch an Schulen eher in den Hintergrund. Vor diesem Hintergrund finden sich in der Empfehlung unter der Überschrift »Unterstützungssysteme« wichtige Hinweise auf die Verankerung interkultureller Bildung und Erziehung als Schlüsselkompetenzen und Querschnittsaufgabe in den Bildungsplänen, als ein Ziel von Schulentwicklung in den Orientierungsrahmen Schulqualität und entsprechender Gütekriterien sowie in den Anforderungen für alle Phasen der Lehrerausbildung. In den Empfehlungen für die Weiterentwicklung dieser KMK-Empfehlung wird die Bedeutung von Qualifizierungen des Personals für interkulturelle Schulentwicklungsprozesse betont, insbesondere wird aber auch die Rolle der Schulleitungen hervorgehoben, indem die Aufnahme der Aufgabenfelder »Interkulturelle Bildung und Erziehung« und »Durchgängige Sprachbildung« als Teil des allgemeinen Bildungs- und Erziehungsauftrags der Schule in Schulleitungsqualifizierungen vorgeschlagen wird. Die am Ende der Empfehlung formulierte Aufnahme der Zielsetzungen und Grundsätze in Bildungspläne und Qualitätsentwicklungsmaßnahmen erscheint unabdingbar für deren Wirksamkeit.

Die KMK-Empfehlung stellt damit einen klaren und gut ausgeführten Orientierungsrahmen für eine differenzfreundliche und kompetenzorientierte Organisationsentwicklung einer Schule in der Migrationsgesellschaft dar, der sowohl als Grundlage für Bildungsplanungen als auch als Unterstützungsinstrument bei der

---

[28] Ebd. S. 5.

Schulentwicklung dienen kann. Er verdeutlicht, dass kontinuierlichen interkulturellen Entwicklungsvorhaben für eine diskriminierungsfreie Schule eine Vielzahl miteinander verknüpfter Innovationsmaßnahmen in den Bereichen Unterricht, Organisation und Personal zugrunde liegt, die insgesamt darauf abzielen, die Schule pädagogisch den vielfältigen Schülerinnen und Schülern anzupassen und nicht umgekehrt. Die personalen und fachlichen Kompetenzen der Lehrkräfte stellen hierbei eine zentrale Gelingensbedingung für interkulturellen und diversitätsbewussten Unterricht dar.

4. Beispiele aus der Lehrerbildung

Angesichts der Anforderungen an die Kompetenzen der Lehrkräfte ist die Lehrerbildung gefordert, Strukturen, neue Bildungsformate und Konzepte anzubieten. Inzwischen sind in vielen Bundesländern/Städten entsprechende Beratungs- und Unterstützungsstellen geschaffen worden (zum Beispiel Beratungsstelle Interkulturelle Erziehung/Hamburg; Kompetenzzentrum für Interkulturalität in der Schule/Bremen). Aus den vielen – sich zum Teil auch überschneidenden und ergänzenden – Angeboten werden zwei Beispiele vorgestellt.

4.1 Hamburg

In Hamburg bietet die Beratungsstelle Interkulturelle Erziehung am Hamburger Landesinstitut für Lehrerbildung und Schulentwicklung ein aufeinander abgestimmtes Unterstützungsangebot für die Vielfalt in der Schule. So können pädagogische Fachkräfte Beratung, zentrale und schulinterne Fortbildung und vor allem längerfristige Multiplikatorenqualifizierungen in Anspruch nehmen. Eine breite Palette an Publikationen komplettiert das Angebot. In der Regel nutzen die Kollegen zunächst das Beratungsangebot, um Antworten auf konkrete interkulturelle Fragen zu erhalten. Dabei werden sie auf die Möglichkeit aufmerksam gemacht, durch eine »maßgeschneiderte« schulinterne Fortbildung die von ihnen gestellten Fragen im gesamten Schulkollegium zu bearbeiten – eine gute Möglichkeit für die Schule, sich als Kollegium vertieft mit interkulturellen Fragen zu beschäftigen, auf diese Weise denselben Wissensstand zu erzielen und gemeinsam mögliche Positionen und Haltungen in der Schule zu entwickeln. Zentrale Fortbildungen zu häufig gestellten Fragen komplettieren das Angebot der Beratungsstelle.

In der 40-stündigen Multiplikatorenausbildung »Interkulturelles Kompetenztraining/Anti-Bias-Training« werden pädagogische Fachkräfte zu Trainern ausgebildet, die diese *Diversity*-Trainings dann in ihrer Klasse umsetzen – mit großem Erfolg: Die Ausbildung bietet zunächst für die Lehrkräfte die Möglichkeit, die ganzheitlich angelegten Übungen auf persönlicher Ebene zu erfahren, bevor es um ihren Einsatz im Unterricht geht. Der Großteil der Teilnehmer berichtet dabei von einem veränderten Blick auf die Schülerschaft und dessen Auswirkung auf den eigenen Unterricht. Zugleich bieten die interkulturellen Trainings den Schülerinnen und Schülern einen Raum, Themen zu besprechen, für die sonst kaum Raum in der Schule ist, die jedoch implizit in der Gesellschaft, in den Medien und somit in der Schule eine große Rolle spielen: Wahrnehmung, Vorurteile, Diskriminierung, Identitäten. Die Mehrzahl der Lehrkräfte, die das interkulturelle Kompetenztraining durchführen, berichten von einem veränderten Klassenklima, das sich auch langfristig auf das Schulklima und das Handeln im Kollegium niederschlägt, wie die folgenden Zitate von Lehrkräften belegen:

»Das interkulturelle Kompetenztraining hat sich sofort gelohnt, weil sich dadurch die Beziehungen in der Klasse intensiviert haben. Es gibt inzwischen weniger Hemmungen und Ängste, die eigene Meinung im Klassenverband zu äußern, und die Bereitschaft zur persönlich engagierten Auseinandersetzung mit Themen ist gestiegen.«

»Die Haltung im Kollegium hat sich sehr stark gewandelt. Es gibt mehr Bewusstsein, wie man negativ auf Schüler einwirkt, wenn man eben mal so einen Spruch loslässt – vielleicht auch im Rausgehen noch. Was vielleicht gar nicht so beabsichtigt wurde. Da ist doch ein großes Wachwerden durchs Kollegium gegangen.«

Eine bundesweit einzigartige Multiplikatorenschulung stellt die »Qualifizierung zur Interkulturellen Koordination« dar. Hierbei werden Lehrkräfte in einer 80-stündigen Qualifizierung in zwei Jahren zu interkulturellen Schulentwicklungsberatern und -beraterinnen beziehungsweise *Change Agents* ausgebildet. Dieses vom Landesinstitut und dem Projekt »BQM Beratung Qualifizierung Migration« entwickelte und durchgeführte Konzept, das von Kooperationspartnern wie der ZEIT-Stiftung Ebelin und Gerd Bucerius, der Unfallkasse Nord und anderen unterstützt wird, fußt auf drei Säulen:

- einem ausführlichen Anti-Bias-Training (vorurteilsbewusste Pädagogik);
- Kompetenzvermittlung im Bereich »interkulturelle Schulentwicklung« (interkulturelle Unterrichts-, Organisations-, und Personalentwicklung);
- sowie Vermittlung von Expertise im Bereich Projektmanagement und Veränderungsmanagement.

Während der Qualifizierung beginnen die Teilnehmer bereits mit ihrer Tätigkeit als interkulturelle Koordinatorinnen/Koordinatoren in der Schule und entwickeln Projekte zur interkulturellen Öffnung ihrer Schule, die dann in der Ausbildung reflektiert und unterstützt werden.

Entscheidend bei der Qualifizierung ist unter anderem die fachliche Einbeziehung der Schulleitungen (gemeinsame Planungsgespräche mit den interkulturellen Koordinationen und den Veranstaltern), des Kollegiums durch schulinterne Fortbildungen, aber auch weiteren Kooperationspartnern, die die Schule in ihrem Prozess unterstützen können (zum Beispiel durch öffentliche Veranstaltungen mit Messe-Charakter). Die Evaluation der Qualifizierung durch Professor Mechtild Gomolla von der Helmut-Schmidt-Universität zeigt:

- Es handelt sich um einen neuen praxisrelevanten Handlungsansatz, der sowohl fachlich für den Umgang mit Fragen der Differenz, Heterogenität und Diskriminierung im Schulalltag qualifiziert als auch Kompetenzen vermittelt, die sich auf Steuerung, Beratung und Begleitung von Prozessen interkultureller Schulentwicklung beziehen.
- Die teilnehmenden Lehrkräfte konstatieren eine wesentliche Erweiterung ihres professionellen Handlungsrepertoires.
- Die beteiligten Schulleitungen schätzen das Konzept der Interkulturellen Koordination als Element der regulären Schulentwicklung.[29]

4.2 Lehrerbildung Bremen

Ein wichtiges Anliegen in Bremen in der zweiten Phase der Lehrerbildung und der Lehrerfortbildung am Landesinstitut besteht darin, Raum für Selbstreflexion und Training von Handlungskompetenz zu schaffen. »A World of Difference – Eine Welt der Vielfalt« war das erste Trainingsprogramm, das in das Aus- und Fortbildungsangebot des Landesinstituts Bremen aufgenommen wurde. Ihm folgten weitere wie zum Beispiel »Betzavta« und »Power of Language (sprache-macht-demokratie)«.[30] Diese neuen Bildungsformate, in denen sich interdisziplinäre Ansätze spiegeln, haben sich auch in anderen Bundesländern etabliert.[31] Die besondere Chance dieser Trainingsprogramme liegt (im Gegensatz zu dem, was der Begriff »Training« vermuten lässt) in dem speziellen Lernarrangement, das auf der Grundlage klar skizzierter Settings erfahrungsbezogene Kommunikation fördert, in die biografische Elemente einfließen. Die Anlage der Aktivitäten führt immer zur Multiperspektivität und Wahrnehmung der besonderen Heterogenität der jeweiligen Gruppe. Dieser – immer wieder neue und nicht vorhersehbare – Pro-

[29] Gomolla, Mechtild/Schwendowius, Dorothee/Kollender, Ellen: »Evaluation der Qualifizierungsmaßnahme«. Qualitätsentwicklung von Schulen in der Einwanderungsgesellschaft – Qualifizierung zur Interkulturellen Koordination – Abschlussbericht der wissenschaftlichen Begleitung (unveröffentlicher Bericht). Hamburg 2015.

[30] Ulrich, Susanne/Wenzel, Florian: Praxishandbuch. sprache macht demokratie. Politische Bildung in der Einwanderungsgesellschaft. Schwalbach/Ts. 2006.

[31] So arbeitet z. B. auch Niedersachsen mit dem Trainingsprogamm »Eine Welt der Vielfalt«, das dort auch als Peer-Training implementiert wurde.

zess fördert die Reflexion von gesellschaftlich konstruierten Differenzlinien und ist geeignet, stereotypisierende Zuschreibungen und eigene Vorurteile erkennen zu lassen. In «Betzavta« werden Fragen von demokratischer Entscheidungsfindung und Dilemma-Situationen thematisiert, was zur Wahrnehmung gesellschaftlicher Machtasymmetrien führt. Das Programm »sprache macht demokratie« eignet sich hervorragend, gesellschaftliche Mehrsprachigkeit und Diskriminierung durch Sprache zu betrachten.

5. Fazit

Festzuhalten bleibt, dass die individuellen Fähigkeiten von Lehrkräften nur ein – wenn auch wichtiger – Baustein sind auf dem Weg zu einer diskriminierungsfreien Schule; Lehrer sind die Akteure im Schulalltag. Besondere Bedeutung kommt dabei der von Mecheril geforderten Reflexivität zu, die allerdings eines reflexiven Habitus bedarf: »Reflexivität stellt dann eine fruchtbare Grundlage produktiven und konstruktiven pädagogischen Handelns dar, wenn dieses im und am Ort des Handelns eine Entsprechung findet. Der reflexive professionelle Habitus macht Sinn in einem reflexiven professionellen Feld.«[32]

Ohne den von Mechtild Gomolla betonten strukturellen Aspekt bei der Schulentwicklung zu beachten, bleiben individuelle Handlungsweisen nur bedingt wirksam. »Die Grundlagen für wirksame Strategien zum Abbau ethnischer Ungleichheit können nicht nur in den Schulen gelegt werden. Zielgerichtete Maßnahmen und konzertiertes Handeln sind auf unterschiedlichen Ebenen gleichzeitig erforderlich. Dabei müssen – um eine Bildungs- und Erziehungskultur zu schaffen, die die Auseinandersetzung mit Fragen der ethnischen Gleichheit, des Rassismus und der Diskriminierung fordert und ermutigt – die entsprechenden politischen Instanzen eine führende Rolle übernehmen.«[33] Vernetzung und Kooperation, insbesondere von Nichtregierungsorganisationen sowie staatlichen und privaten Institutionen, helfen, gute Praxisbeispiele in der Lehrerbildung bekannt zu machen und voneinander zu lernen. Die Kooperation der Herbert Quandt-Stiftung sowohl mit INKA als auch mit einzelnen Fortbildungsinstituten hat zu wichtigen Impulsen für die Lehrerbildung geführt.

---

[32] Mecheril u. a.: Migrationspädagogik. S. 191.

[33] Gomolla, Mechtild: Schulentwicklung in der Einwanderungsgesellschaft. Strategien gegen institutionelle Diskriminierung in England, Deutschland und in der Schweiz. Münster/New York/München/Berlin 2005. S. 268.

INKA

Auf Initiative der Anne-Frank-Stiftung Amsterdam im Jahre 1993 gegründet, bietet der Interkulturelle Arbeitskreis ein Netzwerk für Experten der interkulturellen Lehrerbildung. INKA setzt sich dafür ein, dass eine diversitätsbewusste und inklusive Gestaltung von Schule und Unterricht zu selbstverständlichen Prinzipien im Schulalltag werden, um zu mehr Chancengerechtigkeit im Schulsystem beizutragen.

Seit 2014 ist INKA Fachgruppe des Deutschen Verbands zur Förderung der Lehrerfortbildung. Einmal im Jahr führt INKA eine Fachtagung zu aktuellen interkulturellen Fragen rund um das Thema »Schule in der Migrationsgesellschaft« für die Zielgruppe interkulturelle Lehrerbildner und Multiplikatoren durch.

Sprecherteam: Regine Hartung, Regina Piontek, Claudia Schanz, Dieter Schoof-Wetzig

Mehr Informationen zu INKA: www.inka.lehrerfortbildung.de

Haltungen überdenken, Generalisierungen aufbrechen

Gelingensbedingungen und Fallstricke in der gesamtschulischen Aufgabe des interkulturellen und interreligiösen Lernens

VON BERNADETTE SCHWARZ-BOENNEKE

1. Interkulturelle Kompetenzen auf dem internationalen und nationalen Markt

Studienaufenthalte im westlichen Ausland, berufliche Beziehungen in ferne Länder und mehrere Sprachen, auf jeden Fall aber sehr gute Englischkenntnisse gehören für jeden heute dazu, der sich oder seine Kinder in einer globalen Welt erfolgreich verortet wissen will. Schulen und bereits Kindergärten werden von Eltern vor die Aufgabe gestellt, deren Kinder für ein Leben in der globalen Welt vorzubereiten. Interkulturelle Kompetenzen gehören da in dem Sinne dazu, dass die Heranwachsenden schon in jungen Jahren befähigt werden, sich gut und zügig auf neue und fremde Situationen einzustellen. Welche Sprachen sind auf dem Berufsmarkt relevant? Gibt man bei der Begrüßung die Hand und wenn ja, wie und wem? Welche Speisen werden bevorzugt? Wie leben die Menschen im Alltag, und wie wird eine angenehme Gesprächssituation entwickelt? Diese und andere Fragen stehen im Mittelpunkt. Bei Schulaustauschen oder Ferienreisen sammeln viele Kinder und Jugendliche bereits früh Erfahrungen. Sie entwickeln ein Gespür für verschiedene Gesprächskulturen und Lebensweisen und werden sensibler für die eigenen kulturellen Gegebenheiten.

Die in diesen Zusammenhängen gestärkten Kompetenzen beziehen sich auf fremde Länder und Menschen anderer Kulturräume an anderen Orten. Sie sind angesehen und haben einen Marktwert hinsichtlich der zukünftigen Biografie- und Berufschancen der Jugendlichen. Anders dagegen verhält es sich, wenn innerhalb Deutschlands von einer interkulturellen Kompetenzstärkung gesprochen wird. Dann sind zum einen Fachkräfte in pädagogischen oder sozialen Berufen gemeint, die interkulturelle Kompetenzen für den Umgang mit Kindern, Jugendlichen oder Erwachsenen mit Migrationsgeschichte erwerben sollen. Oder zum anderen Kinder und Jugendliche, die interkulturelle Kompetenzen benötigen, um sich in heterogenen Lerngruppen besser eingliedern zu können. Zumeist wird die Forderung nach einer Stärkung der interkulturellen Kompetenzen dort laut, wo es Konflikte im Zusammenleben gibt oder wo Kinder mit Migrationsgeschichte benachteiligt werden. Die Diskussion nimmt in diesem Zusammenhang oft eine defizitäre und nicht eine potenzialorientierte Perspektive ein. Kurz: Wenn von interkultureller Kompetenzstärkung gesprochen wird, dann ist zu prüfen, wer wen und mit welchem Ziel im Blick hat, denn mit dem gleichen Begriff werden unterschiedliche Wertungen je nach Zielgruppe verbunden.

Tatsächlich hat sich in der zehnjährigen Arbeit der Herbert Quandt-Stiftung mit zweihundert Schulen aus Baden-Württemberg, Berlin, Bremen, Hamburg, Hessen, Rheinland-Pfalz, Saarland und Thüringen gezeigt, dass die meisten Schulen sich dem Thema einer interkulturellen und interreligiösen Öffnung von Schule aufgrund einer Problemsituation oder aus einem Problembewusstsein heraus gewidmet haben. Zugleich aber steigt die Zahl der Schulen, für die eine interkulturelle und interreligiöse Kompetenzstärkung aufgrund des demografischen Wandels und der tatsächlichen Zusammensetzung unserer Gesellschaft einen wesentlichen Teil des Bildungsauftrags von Schule in einer heterogenen Gesellschaft darstellt. Anliegen des Artikels ist es, diese gesamtgesellschaftliche Aufgabe von Schule zu stärken und aufgrund der langjährigen Arbeit der Stiftung im Bildungsbereich zu zeigen, welche Fallstricke bei der interkulturellen Öffnung von Schule zu beachten sind und wie Vielfalt gelingen kann.

2. Der »Trialog der Kulturen« – Engagement für eine Gesellschaft der Vielfalt in der Bundesrepublik Deutschland

Islamistischer Terror, Diskussionen über Meinungs- und Religionsfreiheit nach dem Anschlag auf *Charlie Hebdo* und ein zunehmender Antisemitismus aus der Mitte der Gesellschaft sowie vonseiten muslimischer Jugendlicher gehören zu den brisantesten Themen der vergangenen Jahre. Das Thema »Religion« hat im öffentlichen Raum an Aufmerksamkeit gewonnen – allerdings mit einem eingeschränkten und – erneut – problemorientierten Blick. Lange vor dieser Strömung hat sich die Herbert Quandt-Stiftung seit 1996 in ihrem Themenfeld »Trialog der Kulturen« den individuellen und gesellschaftlichen Präge- und Gestaltungskräften von Judentum, Christentum und Islam sowie einer interreligiösen Verständigung gewidmet. Dabei bewies man einen klaren und weitsichtigen Blick

Der »Trialog der Kulturen« fragt danach, welche Werte das Zusammenleben prägen und was die Gesellschaft eint.

auf den demografischen Wandel unserer bundesrepublikanischen Gesellschaft, die nicht nur stetig älter, sondern auch zunehmend heterogener wird. Der »Trialog der Kulturen« bekam den Auftrag, Modellprojekte für ein gelingendes Zusammenleben zu schaffen, diese durch eine wissenschaftliche Begleitung zu analysieren und die Ergebnisse zu transferieren. Der »Trialog der Kulturen« fragt danach, welche Werte das Zusammenleben prägen und was die Gesellschaft eint.

Die Frage nach den tragenden Werten einer Gesellschaft bringt die Unterschrift des »Trialog der Kulturen« zum Ausdruck: »Verständigung zwischen Juden, Christen und Muslimen«. Folgende Thesen beinhaltet dieser Appell: 1) Muslime werden genauso wie Juden, Christen und Menschen anderer Religionen und Weltanschauungen als Teil dieser Gesellschaft und als gesellschaftliche Akteure wahrgenommen. 2) Religion ist nicht nur private Glaubenspraxis; sie wird vielmehr in ihrer kulturellen und gesellschaftlichen Prägekraft gesehen. 3) Gerade auch in säkularen Zeiten sind die Religionen als gesellschaftliche Diskussionspartner und Akteure wahrzunehmen. Basis hierfür bieten die im Grundgesetz festgeschriebenen Rechte und Pflichten aller Menschen. Ausgangs- und Berechtigungsgrund für eine heterogene Gesellschaft bildet die Gleichheit aller Menschen – und der daraus folgende notwendige Aushandlungsprozess der Werte in ihrem Verhältnis zueinander. 4) Eine heterogene Gesellschaft der vor dem Gesetz Gleichen muss Raum für den notwendigen Aushandlungsprozess über das »Wie« des Zusammenlebens bieten. Diese Aufgabe kann von zivilgesellschaftlichen und politischen Akteuren übernommen werden, sei es in Form von Diskussionsveranstaltungen oder Runden Tischen, die anlässlich aktueller Ereignisse vor Ort angeboten werden. 5) Wenn also im »Trialog der Kulturen« von einer Stärkung interkultureller und interreligiöser Kompetenzen gesprochen wird, dann sind Adressaten dieser Kompetenzförderungen alle Menschen, die in Deutschland leben. Es geht um eine gesamtgesellschaftliche Frage und nicht um ein Integrations- oder Migrationsprogramm. 6) Der »Trialog der Kulturen« formuliert den Auftrag zur Verständigung: Diese Verständigung setzt ihrerseits Wissen über sich selbst und den oder die Gesprächspartner voraus. Gerade in einer pluralen Gesellschaft, wie wir sie in der Bundesrepublik Deutschland haben, brauchen wir breit gestreute Diskussionen darüber, was diese Gesellschaft trägt und wie wir das Zusammenleben gestalten wollen. Der »Trialog der Kulturen« hat es sich somit von Beginn an zur Aufgabe gemacht, Begegnungsräume auf Augenhöhe zu schaffen, einen Perspektivwechsel zu ermöglichen und in Projekten gemeinsam zu handeln und zu gestalten. Die Schule ist dabei der entscheidende Lern- und Lebensraum, an dem sich Menschen verschiedenen Alters aus verschiedenen Milieus und Kulturen treffen. Hier ist auch der richtige Ort, um interkulturelle und interreligiöse Kompetenzen einzuüben.

Eine kritische Analyse der Schulcurricula auf europäischer Ebene bot eine Übersicht darüber, inwieweit eine interreligiöse Kompetenzstärkung bereits in den Schulcurricula von England, Frankreich, Finnland, Griechenland, Deutschland, Italien, Spanien und Schweden verankert ist.[1] Die sogenannte Birmingham-Studie untersuchte die Curricula daraufhin, ob und wie Themen der drei monotheistischen Religionen in den Lehrplänen für Geschichte, Sprache und Literatur sowie Religion aufgenommen sind. Neben der Analyse der offiziellen Curricula prüfte die Forschungsgruppe, was tatsächlich gelehrt und wie dies von den Schülern rezipiert wird und von welcher Haltung Lehrkräfte getragen sind.[2] Auf folgende Lücken wies die Studie hin:[3]

1. Es fehlt eine Differenzierung zwischen der religiösen Kategorisierung und den sie mit diesen Kategorien identifizierenden Menschen. So wird keine Unterscheidung vorgenommen zwischen dem Islam und den Muslimen.

2. Die drei Glaubenstraditionen werden allein unter Berücksichtigung ihrer religiösen Perspektive gesehen, nicht aber in ihrer kulturellen Dimension.

3. Die in der europäischen Geschichte bedeutsame Präsenz von Juden und Muslimen wird zu gering berücksichtigt. Sie werden in diesem Kulturraum als fremd und problematisch wahrgenommen.

4. Dies gilt aber in analoger Weise für das Christentum, dessen Einfluss auf das Mittelalter reduziert wird.

5. Dem gegenseitigen Einfluss der Kulturtraditionen aufeinander wird keine Aufmerksamkeit geschenkt.

6. Selten wird der Hybridisierung der Traditionen am Beispiel von Sprache, Kunst und Architektur wahrgenommen.

7. Dies bezieht sich auch auf rituelle Praktiken, Kleidung, soziales Brauchtum und Sprache.

---

[1] Kaul-Seidman, Lisa/Nielsen, Jorgen S./Vinzent Markus: Europäische Identität und kultureller Pluralismus: Judentum, Christentum und Islam in europäischen Lehrplänen. Bad Homburg vor der Höhe 2003. S. 17.

[2] Ebd.

[3] Kaul-Seidman/Nielsen/Vinzent: Europäische Identität und kultureller Pluralismus. S. 32f.

8. Die Studie bemängelt die reduzierte Quellennutzung der drei monotheistischen Religionen im Unterricht sowie eine fächerübergreifende Beschäftigung mit den Religionen.

Die Wissenschaftler entwickelten daraus Handlungsempfehlungen für die Lehreraus- und fortbildung sowie für die konkrete Unterrichtsgestaltung. Zusammengefasst geht es darum, ein grundlegendes, kritisches und differenziertes Wissen über die drei abrahamischen Religionen zu vermitteln, um so die generalisierenden, oberflächlichen und problematisierenden Wahrnehmungen aufzubrechen. Die Herbert Quandt-Stiftung nahm die Richtlinien und Handlungsempfehlungen zum Anlass, den »Trialog der Kulturen«-Schulenwettbewerb zu etablieren.

3. Der »Trialog der Kulturen«-Schulenwettbewerb

Der »Trialog der Kulturen«-Schulenwettbewerb richtete sich an alle weiterführenden Schulen jeglicher Art. In den Jahren 2005-2015 nahmen zweihundert Schulen teil. Zuletzt wurde er in Bremen, Hamburg, Hessen, Rheinland-Pfalz und dem Saarland durchgeführt.[4] Darüber hinaus waren Berlin, einige Schulen in Baden-Württemberg und Thüringen beteiligt. Die Schulen haben sich im Laufe dieses Wettbewerbs mindestens eineinhalb Jahre lang gesamtschulisch dem interreligiösen und interkulturellen Lernen verpflichtet. Ziel des Wettbewerbsjahres war es, interreligiöses und interkulturelles Lernen an der Schule auf curricularer Ebene fächerübergreifend und nachhaltig zu verankern sowie Kooperationen mit externen Partnern aus den Bereichen Religion und Kultur zu etablieren und zu pflegen. Beworben haben sich die Schulen mit einer Projektidee. Von einer externen Jury, zusammengesetzt aus Vertretern der Religionen, der Wissenschaft und der Ministerien, wurde diese anhand folgender, öffentlich zugänglicher Kriterien beurteilt:

- Analyse der Schulgemeinschaft und Bedarfsanalyse in der Schule;
- klarer pädagogischer Ansatz für eine interreligiöse und interkulturelle Öffnung der Schule;
- klar strukturiertes Projektmanagement, getragen von einem Team an Kollegen und aktiv begleitet von der Schulleitung;
- Begegnung und Kooperation mit Experten aus den drei monotheistischen Religionen und kulturellen Institutionen im Stadtteil, um eine Öffnung der Schule in den Stadtteil oder die Ortschaft zu erreichen;
- Verzahnung von Projekt- und Regelunterricht;
- Bewusstsein und Ideen für die Verankerung des Projektes beziehungsweise seiner Ergebnisse im schulischen Alltag und seinen Strukturen.

---

[4] URL: http://www.herbert-quandt-stiftung.de/trialog-schulenwettbewerb/hintergrund_und_ziele/ (04.06.2015).

Anhand dieser Kriterien wurden am Ende des Wettbewerbsjahres auch die preiswürdigen Schulen ausgewählt, die aufgrund der Qualität ihres Projektes, der Verstetigung und der Originalität besonders ausgezeichnet wurden. Entscheidend für die Juroren war also nicht die Brillanz des Projektes, sei es eine öffentlichkeitswirksame Theateraufführung oder eine Ausstellung, sondern stets das Kriterium, inwieweit das Projekt zur Schule und all ihren Beteiligten passt, welche Entwicklungsschritte in dem Jahr gegangen wurden und wie der Weg weitergehen wird.

Die Rolle der Stiftung lässt sich mit folgenden Aspekten beschreiben:

- Die Stiftung unterstützte die Schulen durch ein Startgeld für die Projektdurchführung. Zumeist wurden die Gelder für Exkursionen, künstlerische oder inhaltliche Materialien sowie externe Referenten verwendet.
- Sie unterstützte und begleitete die Schulen intensiv und persönlich von der Bewerbung über die Durchführung bis hin über das aktive Wettbewerbsjahr durch regelmäßige Schulbesuche, Gespräche mit Schülern, Lehrern und der Direktion sowie Rückmeldungen zu den abgegebenen Zwischen- und Abschlussberichten. Ein besonderes Augenmerk richtete die Stiftung dabei auf das verantwortliche Projektteam und die Unterstützung dieser Akteure durch die Schulleitung sowie die Öffnung der Schule nach außen. Das in allen Ländern vorhandene Expertennetzwerk aus Religion, Kultur und Bildung konnte hierbei unterstützend her-

Schüler des Hamburger Margaretha-Rothe-Gymnasiums mit ihrem Wettbewerbsprojekt »Trialogsäule«

angezogen werden. Im Laufe der Jahre wurde dieses externe Netzwerk ergänzt durch das Netzwerk der Alumi-Schulen, die in regelmäßigen Konferenzen zu einem Erfahrungsaustausch und zur eigenen Fortbildung zusammentrafen. In ihren Feedback-Gesprächen und der Evaluation zur Projektentwicklung standen das Projektmanagement, die Steuerung durch die Projektgruppe sowie die angestrebten Wirkungen im Mittelpunkt.

4. Wirkungen und Ergebnisse

Basis für die hier dargelegten Wirkungen sind Beobachtungen aus den Zwischen- und Abschlussberichten der Teilnehmerschulen, Analysen der Gespräche vor Ort sowie Feedback-Bögen, die in den vergangenen drei Jahren jede der teilnehmenden Schulen, 22 pro Jahr, je zweimal ausgefüllt hat, nämlich einmal zur Jahreshälfte und dann nach Abschluss des Wettbewerbsjahres. Die Wirkungen des Schulenwettbewerbs lassen sich sowohl auf der curricularen als auch auf der strukturellen Ebene beobachten.

4.1 Wirkungen auf der curricularen Ebene

Jede Schule hat dem Thema Religion insgesamt und im Speziellen den abrahamischen Religionen ein größeres Gewicht gegeben. Dem Fach Religion kam dabei eine Schlüsselrolle für ein fächerübergreifendes Arbeiten in den Fächern Ethik, Kunst, Geschichte, Deutsch, Politik, Sprachen und Musik zu. Diese fächerübergreifende Arbeit wurde entweder bereits in der Jahresplanung etabliert oder bekam ihren Rahmen durch Projekttage oder -wochen. Den meisten Schulen ist es gelungen, für jede Jahrgangsstufe Module zu entwickeln, die in den Schulalltag aufgenommen wurden. So gibt es zum Beispiel für die Sekundarstufe Module zum Kennenlernen der religiösen Räume oder der verschiedenen religiösen Feste im Jahresverlauf. Einige Schulen haben digitale oder papierene Ideenspeicher für die interreligiöse Projektarbeit an den Schulen angelegt, die unabhängig von der Person eines engagierten Lehrers allen Kollegen zur Verfügung gestellt werden.

Dank einer Kooperation mit dem Hessischen Rundfunk sind aus diesen Modulen zwanzig Radiosendungen im Kinderfunkkolleg Trialog entstanden.[5] In dem Kinderfunkkolleg erklären Kindern Gleichaltrigen ihre Religion und die damit verbundenen Feste, Riten und Regeln. Das Kinderfunkkolleg eignet sich für Kinder in der Grundschule sowie der Sekundarstufe I. Alle Sendungen sind online als Podcast verfügbar. Jede Sendung bietet weitere Materialien und Hintergrundinformationen zu den Themen.

[5] URL: http://www.kinderfunkkolleg-trialog.de/ (04.06.2015).

Für die Sekundarstufen I und II hat die Stiftung in Zusammenarbeit mit Clauß Peter Sajak Projektideenhefte entwickelt.[6] Diese vier Hefte stellen Projekte vor, die in den Schulen erfolgreich erprobt und pädagogisch überarbeitet wurden. Jedes Heft beginnt mit einem theoretischen Teil. Je ein jüdischer, christlicher, muslimischer und zum Teil auch religionswissenschaftlicher oder religionsphilosophischer Autor bringt seinen Standpunkt zu den Themen der Hefte ein. Das erste Heft beschäftigt sich mit Gotteshäusern, das zweite mit Festen, Feiern und Riten, das dritte mit den Heiligen Schriften und das vierte mit der Schöpfung. Der theoretische Teil vermittelt den Lehrkräften Hintergrundwissen, kann aber auch für die Arbeit mit Oberstufenschülern verwendet werden. Der zweite, praktische Teil stellt je drei Projektbausteine auf verschiedenen Lernebenen vor: In jedem Baustein finden sich darüber hinaus Tipps und Hinweise für die erfolgreiche Durchführung des Projektes und Ideen für dessen Abwandlungen. Die vier Hefte greifen die »Standards für das trialogische Lernen« in der Schule auf, die Ann-Kathrin Muth und Clauß Peter Sajak aus den Schulprojekten erhoben und somit als eine Wirkung der Projektarbeit erkannt haben. Muth und Sajak benennen fünf Kompetenzbereiche:

1. Die Relevanz erkennen
2. Den Dialog fördern
3. Den Anderen anerkennen
4. Die eigene Identität weiterentwickeln
5. Über die Schule hinaus wirken.

Diese Kompetenzen wurden seit ihrer Veröffentlichung 2010 sowohl für die Evaluation in Projekten als auch deren Konzeption verwendet.

4.2 Wirkungen auf struktureller und institutioneller Ebene

Fächerübergreifende Arbeit sollte selbstverständlich zum schulischen Alltag gehören. Oft aber scheitert sie am Faktor Zeit und der fehlenden Erfahrung in den Lehrerkollegien. Schulformen und Schulen, die bereits ein projektorientiertes Arbeiten in ihrem Profil verankert haben, waren hier eindeutig im Vorteil, vor allem sind hier die Berufs- und Gesamtschulen zu nennen. Andere Schulen haben den Wettbewerb genutzt, um die Arbeit im Lehrerkollegium und als Team zu verbessern. So nutzten Schulen die Wettbewerbsteilnahme, um ein neues, sowohl inhaltliches als auch pädagogisches Leitbild für die Schule zu entwerfen. Wieder andere stärkten die jahrgangsübergreifende Teamarbeit von Fachlehrergruppen, sei es Religion,

[6] Sajak, Clauß Peter (Hg.): Feste Feiern – Gotteshäuser – Heilige Schriften – Schöpfung. Lernen im Trialog 1-4. Paderborn 2012-2015.

Kunst oder Geschichte. Dank verschiedener Rückmeldungen durch aufsichtführende Behörden kann dieses initiierte Teambuilding als eine Wirkung des Prozesses festgehalten werden.

Auffällig war auch, dass eine große Anzahl der Lehrkräfte die projekt- und damit auch wirkungsorientierte Arbeit lernen musste. Dies zeigte sich vor allem in den Zwischen- und Abschlussberichten, die den Entwicklungsstand und die Ergebnisse der Projekte abfragten. Oftmals war darin zu lesen, was gemacht worden war, welche Exkursionen und Diskussionsrunden stattgefunden hatten und welche Produkte entstanden sind. Auf die Frage, welchen Prozess das Lernteam durchlaufen hat und welche Wirkung auf welcher Ebene erreicht worden ist, konnte nach einigem konkreten Nachfragen eine Antwort gegeben werden. Bewährt hat es sich zu fragen, woran jemand, der fremd in die Schule kommt, merkt, dass die Schule sich einem interreligiösen und -kulturellen Entwicklungsprozess unterzieht. Anhand dieser Frage wird konkret mit Bezug auf die Gestaltung der Räume, zum Beispiel durch mehrsprachige Begrüßungsschilder, die Angebote in der Mensa oder auch die verschiedenartigen Diskussionsforen geantwortet.

Einigen Schulen ist es gelungen, neue Strukturen zu schaffen. So haben die Regenbogenschule in Berlin das Fach »Interkulturelle und interreligiöse Erziehung PriiL« und die Fremdsprachenschule in Hamburg den Wahlpflichtkurs »Trialog« etabliert. Die Brunnenschule in Bad Vilbel hat eine interkulturelle Mensa gebaut; mehrere Schulen, wie die Carl-Benz-Schule in Koblenz oder die Diakonissenfachschule für Sozialwesen in Speyer, haben einen Raum der Stille mit sehr unterschiedlichen Konzepten für das Gespräch zwischen Religionen eingerichtet. Wieder andere Schulen, wie die Dr.-Georg-August-Zinn-Schule in Gudensberg bei Kassel, führen alle zwei Jahre eine trialogische Projektwoche durch. Andere Schulen etablieren intergenerationelle Gesprächscafés für die Bewohner des Stadtteils. Und wieder andere Schulen, wie die St. Angela-Schule, eine katholische Mädchenschule, sind mit anderen Trialog-Schulen wie der jüdischen Lichtigfeldschule in Frankfurt und einer Berufsschule, der Werner-von-Siemens-Schule in Frankfurt, eine mehrjährige Kooperation eingegangen. Diese Beispiele stehen für die vielen Ideen an den Schulen, das trialogische Anliegen durch Strukturen nachhaltig zu verankern und im Schulalltag zu etablieren. Sie alle ermöglichen eine Auseinandersetzung mit dem Thema Religion und Kultur und bieten einen Begegnungsraum auf Augenhöhe. Alle Beteiligten sind eingeladen, sich in diesen Räumen einzubringen. Die strukturelle Verankerung sorgt für Kontinuität, bietet einen gewohnten Rahmen und schafft Vertrauen. Derartige gewohnte und vertraute Räume fehlen viel zu oft, gerade auch für das Gespräch zwischen Eltern und

Lehrern, Jugendlichen und Senioren. Zugleich stärken diese Räume und Diskursräume die Außenwahrnehmung der Schule: Institutionen im Stadtteil erleben die Kontaktaufnahme durch die Schulen als eine Form der Wertschätzung. Es darf nicht verschwiegen werden, dass die Kontaktaufnahme zu den Gemeinden, vor allem den muslimischen und jüdischen, nicht leicht ist. Letztere sind gering vertreten, haben zumeist Scheu vor zu vielen Anfragen oder sind durch interne Herausforderungen absorbiert. Ersteren gegenüber haben einige Lehrkräfte Bedenken, da sie meinen, nicht beurteilen zu können, welche Gemeinde vertrauenswürdig ist. Zumeist kommen die Kontakte über persönliche Verbindungen zustande, sei es über Eltern, Verwandte oder Freunde. Wichtige Türöffner sind die interreligiösen Ansprechpartner in den Gemeinden.

Ein wichtiges Medium für die bessere Wahrnehmung der Schulen ist die Pressearbeit. Natürlich hilft der Name der Stiftung, die Aufmerksamkeit der lokalen Presse zu gewinnen. Es hat sich aber auch gezeigt, dass mehr und mehr Schulen ihre Pressearbeit professionalisieren und selbst über gute Kontakte zu Journalisten verfügen. Anlässe wie ein Projekttag, eine Podiumsdiskussion oder ähnliche Veranstaltungen wurden im Jahr 2014 und 2015 von Journalisten auch gerne genutzt, um positive Botschaften über das Leben in einer heterogenen Gesellschaft zu vermitteln. In Zeiten von *Pegida*, *IS* und *Charlie Hebdo* sind Pressevertreter aktiv mit dem Anliegen an die Stiftung herangetreten, Kontakte zu Schulen zu erhalten, die über das Gelingen des Zusammenlebens berichten und aus ihrer Erfahrung erzählen können, wie dies möglich ist.

5. Herausforderungen in der schulischen Arbeit

Einige Schwierigkeiten oder Fallstricke lassen sich in allen Schulen beobachten und waren dementsprechend auch in der Beratungsphase der Schulen relevant. Während der Durchführung des Wettbewerbs bestätigte sich immer wieder, was die Birmingham-Studie ihrerseits schon als Herausforderung[7] benannt hatte. Jede der drei Religionen wird auf bestimmte Themen reduziert: das Judentum auf die *Shoah* und die israelische Politik im Nahostkonflikt; der Islam wird bleibend als fremd oder gefährlich wahrgenommen; das Christentum wird als bekannt vorausgesetzt und deshalb nicht thematisiert. Mit offenem Interesse nehmen Lehrkräfte, so die Erfahrung der Stiftung, in ihren Lehrerfortbildungsangeboten andere Themen und Methoden zu deren Umsetzung auf. Hier sollten die staatlichen und privaten Institutionen verstärkt Angebote machen.

[7] Kaul-Seidman/Nielsen/Vinzent: Europäische Identität und kultureller Pluralismus.

Neben der thematischen Einengung konnte eine ebensolche Verflachung in den Projekten beobachtet werden: Jede Schule hat sich zu Beginn der Lernphase mit Festen, Feiern und Riten sowie der im Alltag gelebten Glaubenspraxis gewidmet. Diese Themen haben ihren Platz und ihre Daseinsberechtigung in unteren Jahrgangsstufen und bei den ersten Begegnungen mit den Religionen. Allerdings wird nur selten die kulturelle und gesellschaftsprägende Kraft von Religion thematisiert, geschweige denn ihre Interferenz aufgedeckt. Einer Gefahr aber ist keine der teilnehmenden Schulen unterlegen: der Gefahr der Generalisierung. Sehr schnell hat sich bei allen Beteiligten ein Bewusstsein für die Vielfalt in den Religionen entwickelt, das einer medial weit verbreiteten Verallgemeinerung widerspricht. Schwierig gestaltet es sich für alle, mit Unterschieden umzugehen. Die Schüler nehmen positiv die Gemeinsamkeiten zwischen den Religionen und Kulturen wahr. Die Unterschiede werden gesehen, aber zumeist aus Furcht nicht thematisiert, um das erreichte Vertrauen und die Harmonie nicht zu gefährden. In der Begleitung der Schulen konnte die Stiftung vor allem bei den Lehrkräften eine Unsicherheit darüber beobachten, wie mit Unterschieden und Konflikten umzugehen ist. In diese Unsicherheit spielt die Angst, politisch unkorrekt zu werden, genauso hinein wie die eigene diffuse Haltung Religion und religiösen Themen gegenüber. Eine weitere Überforderung entsteht angesichts importierter Konflikte, sei es die Diskussion mit arabischstämmigen Schülern über den Nahostkonflikt oder die Diskussion mit den Eltern, ob deren Tochter an der Klassenfahrt teilnehmen darf. Lehrer werden auch außerhalb des Faches Religion auf religiöse Themen angesprochen und mit religiösen Argumenten konfrontiert. Dadurch bricht die Diskussion um das Fach Religion an den staatlichen und damit weltanschauungsneutralen Schulen erneut auf. Gerade ältere Lehrer äußern hier ihren Wunsch, das Thema sowie das Fach ganz von der Schule zu verbannen und gegen einen verbindlichen Ethikunterricht einzutauschen.

Aufgrund dieser grundlegenden Fragen der Lehrer hat die Stiftung in den vergangenen Jahren ihren Schwerpunkt auf die Lehrerfortbildung gelegt. Schulinterne Lehrerfortbildungen bieten dem gesamten Kollegium den Raum, sich selbst Wissen anzueignen, mit Kollegen Situationen aus dem Schulalltag zu reflektieren und die eigene Haltung in einem geschützten Raum zu überprüfen.

6. Gelingensbedingungen

Der Schlüssel zum Erfolg liegt darin, in der interkulturellen Kompetenzstärkung kein zusätzliches Thema zu sehen, sondern sie als Querschnittsaufgabe zu beschreiben. Bei der religiösen und interkulturellen Kompetenzstärkung handelt es sich um ein überfachliches Thema, das von der Schul- und Fachbereichsleitung gesetzt und gesteuert werden muss. Für eine interkulturelle Öffnung gibt es Richtlinien wie die in diesem Buch bereits erwähnten Richtlinien der Kultusministerkonferenz.[8] Die religiöse Kompetenzstärkung als überfachlicher Kompetenzbereich ist bisher nicht systematisch erarbeitet worden. Ansatz für die Verankerung interkultureller und interreligiöser Kompetenzen ist stets eine Analyse vor Ort. Sie beginnt mit der Zusammensetzung der Schüler- und Lehrerschaft sowie der bereits vorhandenen Bausteine, sei es in den Curricula der einzelnen Fächer oder bestehenden Projekten wie Exkursionen oder Aktionstagen. Diese vorhandenen Elemente gilt es zu bündeln und ihnen strategisch eine gemeinsame Ausrichtung zu geben, um dann die Ergebnisse nachhaltig zu verankern. Ein weiterer Schritt wird sein, Unterrichtsthemen fächerübergreifend problemfeldorientiert und multiperspektivisch zu weiten. Dies gelingt, wenn entweder die Schulleitung die strategische Ausrichtung begleitet oder ein Fachbereich es sich zur Aufgabe macht, das Curriculum, zum Beispiel im Rahmen der kompetenzorientierten Änderungen, zu überdenken. Am Anfang all dieser Schritte steht aber die Frage, welche Vision die Beteiligten von einer interkulturell geöffneten Schule haben. Handlungsrichtlinien gibt es viele, seien es die der Kultusministerkonferenz, von Wissenschaftlern oder Lehrerfortbildungsinstitutionen. Letztlich aber geht es auch um das Selbstverständnis der Schule in der Stadt und im Stadtteil. Es kann nur individuell bestimmt werden, und dieses institutionelle Selbstverständnis bestimmt schließlich auch die Haltung der Beteiligten, seien es Lehrkräfte, Schüler oder Eltern. Das Selbstverständnis der Schule bestimmt, aus welcher Haltung heraus die Schule sich mit interkulturellen und interreligiösen Fragen beschäftigt.

7. Rolle der Stiftung

In diesen Prozessen hat sich die Stiftung in den vergangenen Jahren zu einem Kompetenzzentrum inhaltlicher und formaler Art entwickelt. Sie arbeitet inhaltlich sektoren- und themenübergreifend. Sie verortet sich an der Schnittstelle der politischen Themen um Integration, Interkultur und Religion, weil sie die gesamtgesellschaftspolitische Frage nach dem »Wie« eines gelingenden Zusammenlebens in einer heterogenen Gesellschaft stellt. Strukturell ist sie Mediator zwischen der schulischen Praxis, der Profilierung der Lehrerfortbildung, dem Netzwerk von interreligiösen und interkulturellen Trainern und dem gesellschaftspolitischen Gespräch. Diese Rolle als Netzwerkakteur, der zwischen den Diskursen und verschiedenen Dynamiken übersetzt und vermittelt, entspricht dem Verständnis der Stiftung als Entwicklungspartner. So hat die Stiftung auch zusammen mit den Schulen einen

---

[8] URL: http://www.kmk.org/fileadmin/veroeffentlichungen_beschluesse/1996/1996_10_25-Interkulturelle-Bildung.pdf (09.06.2015).

Feedback-Bogen entwickelt, in dem sie die Partner danach fragte, wie die Stiftung wirkt. Ein Punkt wurde dabei stets wiederholt: die langfristige Begleitung von Projektpartnern. So hat der Verlauf jedes Wettbewerbsjahres gezeigt, dass die Schulen gut drei Monate benötigen, um in das projektorientierte Denken und Arbeiten einzutauchen. Der nächste Schritt führte zu einer inhaltlichen Vertiefung. Das zweite Halbjahr brachte die Öffnung der Schule in den Stadtteil hinein und im vierten Quartal wurden die Projekte fertiggestellt. Es braucht also einen Begleiter, der diese Projektentwicklungsphasen formal mit durchläuft. Das erste Projektjahr war und ist auf der inhaltlichen Ebene geprägt von dem Anliegen, Gemeinsamkeiten zu entdecken und anzuerkennen. Im zweiten Jahr tauchen Konflikte auf beziehungsweise werden diese dann zugelassen. Hier ist es Aufgabe und Rolle der Stiftung, Experten und Vermittler in die Schule zu schicken oder die Schule zu befähigen, eine Kultur der konstruktiven Kritik zu entwickeln. Dazu gehört es, sich kontroverse Meinungen anzuhören, nachzufragen, um sich gegenseitig zu verstehen. Nur so können Vorurteile vermieden und Bedürfnisse der Beteiligten respektiert werden, um daraus gemeinsame Ziele und Anliegen für ein gelingendes Miteinander zu formulieren. Einen wertvollen Dienst für den Erfahrungsaustausch bieten die Angebote der Alumniarbeit und das Stiftungsnetzwerk an Experten. Der Stiftung wurde und wird somit die Rolle zugeschrieben, zivilgesellschaftlicher Akteur mit einer eigenen inhaltlichen Kompetenz zu sein. Sie kennt die interkulturelle, religiöse und pädagogische Landschaft und vernetzt die Akteure untereinander und überwindet damit Grenzen, die sich aus den verschiedenen Interessen der Akteure und der bildungspolitischen Zergliederung im föderalen Staat ergeben.

8. Fazit

So wie Integration und Inklusion gesamtgesellschaftliche Themen sind, ist interkulturelle Öffnung ein gesamtschulisches Projekt – und ein Bildungsauftrag von Schule für alle gleichermaßen! Interkulturelle und religiöse Kompetenzen müssen somit als ein wesentlicher Baustein in der Lehreraus- und fortbildung sowie der Schulleiterbefähigung institutionalisiert werden.

Gerade politische und zivilgesellschaftliche Akteure haben ein waches Bewusstsein für Herausforderungen, die durch extremisierte muslimische Jugendliche gegeben sind. So werden Präventions- und Deradikalisierungsprogramme für Jugendliche finanziell unterstützt und Fortbildungen für pädagogische Fachkräfte angeboten. Diese Maßnahmen sind notwendig für die konkreten Gefahrensituationen, greifen aber nicht an dem Punkt, den die hier vorgestellte interreligiöse und interkulturelle Arbeit benennt. Denn Religion wird in Präventions- und Deradikalisierungsprogrammen allein als ein Sicherheitsproblem und eine Gefahr thematisiert. Dass dies weder für den Islam noch für andere Religionen eine hinreichende Definition ist, muss an dieser Stelle nicht weiter erläutert werden. Ferner reicht es auch nicht aus zu sagen, dass mit dem im Grundgesetz im § 7 Absatz 3 festgelegten Recht auf einen konfessionellen Religionsunterricht und die nun seit einigen Jahren verstärkten Bemühungen, auch einen islamischen Religionsunterricht einzuführen, dem Thema Religion an der Schule ausreichend Raum gegeben wird. In der langjährigen Arbeit, die in politisch aufgeladenen Diskussionen um Religion begonnen hat, konnte die Stiftung die Erfahrung machen, dass religiöse Fragen verstärkt überfachlich zum Thema werden, etwa weil gerade muslimische Jugendliche das Thema setzen und religionsfachfremde Lehrer sich mit der Beantwortung von Fragen konfrontiert sehen und Unterstützung brauchen, um ihrer Rolle gerecht zu werden. Zugleich steigt die Zahl derer, die Religion und Religionen nicht an einer staatlichen Einrichtung vertreten wissen wollen. Schule wird hier oft zu einem Aushandlungsort der Gretchenfrage und somit für die Frage danach, wie der weltanschauungsneutrale Staat die Kooperation mit den Kirchen und den Religionsgemeinschaften zukünftig gestalten soll. Die politische Arbeit ist nicht die Aufgabe der Lehrkräfte, sehr wohl aber sind sie aufgrund der Heterogenität ihrer Klassen mit genau diesen Fragen konfrontiert und benötigen hier in der Aus- und der Fortbildung mehr stärkende Angebote. Es geht also nicht nur um eine Vorbereitung der Jugendlichen auf den internationalen Arbeitsmarkt, sondern vielmehr um deren Vorbereitung darauf, verantwortungsvolle Glieder einer demokratischen Gesellschaft zu sein, die in der Lage ist, Vielfalt zu gestalten. Dafür ist Schule Lern- und Lebensraum par excellence.

Vom Vorzeigeprojekt zum Regelfall: Wie gelingt ein Transfer von Projekten?

Strategisches Nischenmanagement und Innovationsnetzwerke in der Bildungslandschaft

TEILNEHMER

Peter Häßel: *stellv. Direktor der Dr.-Georg-August-Zinn-Schule, Gudensberg (Schwalm-Eder-Kreis)*

Brigitte Hetz: *Referentin für öffentlich-private Kooperationen, Stiftungsangelegenheiten und Wettbewerbe im Hessischen Kultusministerium, Wiesbaden*

Cornelius Schaub: *Geschäftsführer des Decision Institute, Leiter des Beratungsbereichs der Phineo gAG, Berlin*

Ekkehard Thümler: *Projektleiter, Centre for Social Investment (CSI) der Universität Heidelberg*

Bettina Windau: *Leiterin »Zukunft der Zivilgesellschaft« bei der Bertelsmann Stiftung, Gütersloh*

Sabine Hardt: *Landespolitische Korrespondentin, Hessischer Rundfunk, Frankfurt/Main (Moderation)*

SABINE HARDT: Frau Windau, die Bertelsmann Stiftung ist bei Bildungspolitikern etwas gefürchtet, weil sie immer wieder Studien mit unbequemen Ergebnissen veröffentlicht. Andererseits werden diese Studien in der Öffentlichkeit sehr wahrgenommen. Ist es das, was Sie unter Wirkung verstehen?

BETTINA WINDAU: Wirkungen würde ich auf einer anderen Ebene diskutieren. Studien können aber durchaus nützlich sein. Als Impulse, um Bewegung, Nachdenken oder »windows of opportunities« zu erzeugen. Manchmal sind sie der Anlass für Debatten, um Dinge von einer anderen Seite zu sehen, um Menschen eine Stimme zu geben, die man sonst nicht hört. Studien sind eine hilfreiche Basis, aber sie verändern noch nicht die Welt.

SABINE HARDT: Wie man die Welt verändert, können wir vielleicht an einem Beispiel zeigen. Herr Häßel, Sie haben am »Trialog-der-Kulturen«-Wettbewerb teilgenommen und das Projekt dann ausgeweitet. Können Sie uns erklären, was genau Sie gemacht haben?

PETER HÄSSEL: Wir haben als Schule die grundsätzliche Entscheidung getroffen, dass wir nachhaltig und langfristig arbeiten und nicht nur mal eben heiße Luft erzeugen wollen. Ein halbes Jahr nach dem erfolgreichen Abschluss des Wettbewerbs sind wir deshalb in die schulischen Gremien gegangen, haben unser Projekt und die Ergebnisse ausführlich vorgestellt und um die Zustimmung für eine Fortsetzung gebeten.

SABINE HARDT: Wie genau sollte die aussehen?

PETER HÄSSEL: Aus Projekttagen zweier Klassenstufen (Jahrgänge 6 und 9) im Rahmen des »Trialog der Kulturen«-Schulenwettbewerbs wollten wir eine Projektwoche für die ganze Schule ins Leben rufen. 30 einzelne Projekte sind daraus entstanden. Als wir das geschafft hatten, sind wir wieder in die Gremien gegangen, diesmal, um einen zweijährigen Turnus für die Aktion zu vereinbaren. Obwohl unsere Schulgemeinde eher ländlich-bürgerlich geprägt ist und nur 10 bis 15 Prozent unserer Schulen eine Migrationsgeschichte haben, sehen wir Handlungsbedarf. Denn wo man keinen Umgang mit anderen Kulturen hat, entstehen schwer zu bekämpfende Stereotypen.

SABINE HARDT: Frau Hetz, Sie arbeiten im Kultusministerium gewissermaßen an der Nahtstelle. Welche Kooperationsformen haben sich aus Ihrer Sicht bewährt und welche funktionieren nicht?

BRIGITTE HETZ: Kooperationen, die nicht funktionieren, kommen bei uns gar nicht zum Start. Unsere Stiftungsprojekte sind vorab mit Verträgen abgesichert, Eckpunkte und Abläufe stehen lange fest. Das gibt allen Sicherheit. Meistens fängt es damit an, dass Stiftungen auf uns zukommen, uns ihre Idee vorstellen und sich erkundigen, welche Möglichkeiten es gibt, sie im staatlichen Schulsystem zu implementieren. Bewährt hat sich, die Lehrkräfte oder Schulleiter gleich mit ins Boot zu holen. Sie wissen am besten, was Sinn macht und funktioniert. Wesentlich scheint mir auch, dass die Projekte für den Unterricht zugeschnitten sind – und nicht etwa für AGs am Nachmittag, die für alle einen zusätzlichen Zeitaufwand bedeuten. Das war zum Beispiel auch das Erfolgsgeheimnis von »Jugend debattiert«, heute ein Wettbewerb für 54.000 Schüler. Die Lehrkräfte werden dabei vorher gezielt fortgebildet, die Schüler bereiten ihre Teilnahme dann im Unterricht vor.

SABINE HARDT: Aber wie entscheiden Sie, welches Projekt Sie in die Fläche geben?

BRIGITTE HETZ: Da möchte ich die Rolle des Kultusministeriums gar nicht so sehr in den Mittelpunkt rücken. Wenn eine Schule nicht selbst sieht, wo sie Bedarf hat und etwas tun muss, ist es ganz schwer, das von oben zu verordnen. Meist beginnt ein Projekt klein. Beim »Trialog der Kulturen« war das ja auch so. Einzelne Schulen machen sich auf den Weg, Erfolge sprechen sich herum, die Ergebnisse werden öffentlich vorgestellt. Unter den Preisträgern entstehen Netzwerke. Ideen, die sich als besonders nachhaltig erweisen, werden nachgeahmt und wirken so schließlich in der Fläche.

SABINE HARDT: Herr Schaub, als Berater werden Sie gerufen, wenn es irgendwo klemmt, wenn eine gute Idee stecken bleibt. Was braucht es aus Ihrer Sicht für die erfolgreiche Transformation?

CORNELIUS SCHAUB: Ja, ich beschäftige mich viel damit, wie das wünschenswerte Neue in die Welt kommt. Dabei fragen wir uns oft, wie es gelingen kann, dass Menschen mehr miteinander kooperieren. Laut Tony Robbins aus den USA hat der Mensch sechs Grundbedürfnisse. Die ersten beiden sind »Sicherheit« und »Unsicherheit«. Das heißt, wir brauchen zum einen Halt und Stabilität, also ein »Standbein«. Wir brauchen aber auch Abwechslung und Veränderung, also eine Art »Spielbein«. Niemand will zum Beispiel jeden Tag dasselbe essen. Was bedeutet das nun für unser Thema »Interkulturelle Öffnung von Schule«? Ein Beispiel: Gemeinsam in der Schule zu kochen und zu feiern, kann Eltern im Vergleich zu einem Elternabend eventuell mehr Halt bieten und gleichzeitig öffnen für einen neuen Dialog zwischen Eltern und Schule. Denn Eltern bietet sich in diesem Zusammenhang der Einstieg auf einem Gebiet, wo sie sich kompetent fühlen und ihre Kultur leben dürfen. Eine Schule, die Veränderung will, sollte also immer auch reflektieren, was den Menschen, die sie erreichen will, ausreichend Halt gibt und bewahrenswert ist, um sich dann auch für Neues zu öffnen.

SABINE HARDT: Die Dimension dessen, was bewahrt werden muss, ist womöglich überbordend im Verhältnis zur Veränderungsbereitschaft. Gerade bei einem G8-Durchlauf ist die Bandbreite, in der man sich bewegen kann, ja sehr eng. Herr Thümler, ich würde gerne noch mal auf Ihr wissenschaftliches Modell[1] zu sprechen kommen, denn da spielte auch die Zeit eine Rolle. Sind wir vielleicht manchmal zu ungeduldig?

EKKEHARD THÜMLER: Man muss natürlich anerkennen, dass manche Probleme drängend sind und dass gerade die Politik darauf manchmal auch schnell reagieren muss. Was wir brauchen, ist aber vor allem die langfristige Perspektive. Diese aktuell so bestimmende Kultur der vielen Pilotprojekte ist für langfristige Lernprozesse sehr kontraproduktiv. Damit meine ich auch die damit verbundenen privaten und staatlichen Förderstrukturen. Sie reichen in der Regel über drei Jahre nicht hinaus. Und wenn die Mittel ausgelaufen sind, fängt man etwas Neues an.

---

[1] Siehe dazu den Beitrag von Ekkehard Thümler auf Seite 122 in diesem Band.

Teilnehmer v. l.: Cornelius Schaub, Ekkehard Thümler, Bettina Windau, Sabine Hardt, Peter Häßel und Brigitte Hetz

SABINE HARDT: Frau Windau, wie stellen Sie Wirkungen sicher? Was ist Ihr Schlüssel?

BETTINA WINDAU: Auch wir fragen uns, warum viele gut konzipierte und wirkungsvolle Projekte im lokalen Bereich stecken bleiben und nicht ihr volles Potenzial erreichen. Es gibt immer noch sehr wenig Wissen darüber, wie man ein Projekt skaliert und erfolgreich transferiert. Natürlich lässt sich eine erfolgreiche Strategie nicht auf jede Organisation oder jedes Problem anwenden. Unter Umständen braucht man neue Partner, neue Namen, neue Mechanismen. Erfolgreiche Projekte haben aber vier Dinge gemeinsam: Langfristigkeit, Offenheit für Partnerschaften, Anpassungsfähigkeit und eine abgesicherte Finanzierung. Stiftungen können sich ja meist nur schwer auf 20 Jahre Förderung festlegen. Aber es funktioniert auch nicht, nach drei oder sechs Jahren einfach auszusteigen in der Hoffnung, jemand anderes werde schon übernehmen. Derzeit wird auf diesem Feld sehr viel experimentiert, und man kann in dieser Hinsicht von erfolgreichen Projekten lernen: beim Stipendienprogramm START[2] werden zum Beispiel auf sehr kluge Weise viele kleine Beträge bundesweit miteinander kombiniert.

Erfolgreiche Projekte haben vier Dinge gemeinsam: Langfristigkeit, Offenheit für Partnerschaften, Anpassungsfähigkeit und eine abgesicherte Finanzierung.

[2] Siehe URL: https://www.start-stiftung.de/ (01.06.2015).

Auch was Kooperationen angeht, hat sich in den letzten 15 Jahren sehr viel getan. Ich glaube, viele Akteure haben inzwischen verstanden, dass nur gemeinsames Handeln über Sektorengrenzen hinweg nachhaltige Lösungen für komplexe Probleme herbeiführen kann.

SABINE HARDT: Herr Häßel, Sie haben davon gesprochen, dass Sie ziemlich viel reden mussten, bevor das Projekt an Ihrer Schule weiter wachsen konnte. Haben Sie sich gefragt, warum Sie so dicke Bretter bohren mussten?

PETER HÄSSEL: Eigentlich nicht. Es war immer klar, dass es einer großen Kraftanstrengung bedürfen wird. Bis heute kämpfen wir in Gudensberg mit den Folgen, dass die Schule zwischen 2000 und 2007 fünf Schulleiter hatte. Ich habe den Gremien zum Beispiel demonstriert, wo wir 2011 angefangen haben und wo wir heute sind. Langfristige Erfolge und Wirkungen gehen im schulischen Alltag oft unter, werden nicht bemerkt. Ich kann zum Beispiel den Erfolg des Trialogs zwar nicht empirisch belegen, aber jeder spürt, dass er der Schule guttut. Wichtig ist auch, dass wir solche Projekte, wie zum Beispiel das seit Langem installierte Integration- und Demokratie-Lernen, das von Schulsozialarbeitern und Mediatoren getragen wird, systemisch verankern und auf viele Schultern verteilen.

SABINE HARDT: In Hessen gehen rund sieben Prozent der Schüler auf Privatschulen. Haben wir es noch mit einem einheitlichen Schulsystem zu tun? Frau Hetz, wie gelingt es schulpolitisch, ein Aufbrechen zu verhindern?

BRIGITTE HETZ: Ich gehe davon aus, dass es die freie Schulwahl für Eltern immer geben wird in Deutschland. Wir sind auch froh und dankbar, dass es kirchliche und private Schulen gibt. Sie erfüllen ihren Erziehungsauftrag in hervorragender Weise. Unsere Aufgabe ist es, die staatlichen Schulen so zu stärken, dass sie den Herausforderungen standhalten können. Die Schulen brauchen Freiräume und Steuerungsinstrumente, damit sie sich entwickeln können. In Hessen realisieren wir deshalb gerade die »selbstständige Schule« mit einer 105-prozentigen Lehrerversorgung. Staatliche und private Schulen sollen sich keine Konkurrenz machen, sondern sich ergänzen.

SABINE HARDT: Herr Häßel, wie sehen diese Freiräume im Schulalltag aus?

PETER HÄSSEL: Von diesen Freiräumen kann ich noch zu wenig erkennen. Wir sind eine Schule mit 104 Prozent Lehrerversorgung. Davon sollen zwei Prozent für die Schulsozialarbeit (Das waren die damaligen Pläne, inzwischen ist die Landesregierung von diesem Plan abgewichen und zur Drittelfinanzierung zurückgekehrt. Der Landesanteil wird aus der Zuweisung für den Ganztag bestritten beziehungsweise davon abgezogen.) abgezogen werden. Von den restlichen 102 Prozent müssen wir etliche Stunden für die Bürokratie aufwenden. Die Auseinandersetzung zwischen Land und Schulträger um die Sachausstattung beginnt ja schon, sobald ich nur einen Nagel in die Wand haue. Des Weiteren wollten wir im Rahmen der Inklusion eine Rektorenstelle (Schulleitung) mit einer Förderschullehrkraft besetzen – das ist nicht erlaubt. Wir wollten eine Sekretärinnenstelle gegen eine Sachbearbeiterstelle mit mehr Spielraum als die eng gefasste Arbeitsplatzbeschreibung einer Schulsekretärin eintauschen, um die Schulleitung von Verwaltungsaufgaben zu entlasten – auch das ist nicht erlaubt. Solche Dinge behindern uns in der Schulentwicklung …

SABINE HARDT: Ein Thema, das aus Zeitgründen etwas zu kurz gekommen ist, ist die Weiterqualifizierung der Lehrkräfte. Frau Hetz, die Lehrer sind es, die die vielen Ideen umsetzen und Begeisterung dafür entfachen müssen. Können sie das denn?

BRIGITTE HETZ: Es ist ganz wichtig, Lehrkräfte zu begleiten, fortzubilden und schon in der Ausbildung interkulturelle Kompetenz zu vermitteln. Tatsächlich kommt das in der Lehrerausbildung sowohl in der ersten als auch in der zweiten Phase zu kurz. Grundsätzlich weiß das Kultusministerium aber sehr genau um die Professionalität in den Schulen und ihre Fähigkeiten, Entwicklungsprozesse anzustoßen. Der Rahmen für pädagogische Arbeit, den wir setzen, ist ganz sicher nicht zu eng.

III. Schule, Ministerien, Stiftungen – Partner in der Bildungslandschaft

Vernetzte Inseln des Gelingens

Schulreform durch strategisches Nischenmanagement

VON EKKEHARD THÜMLER

Kinder, die als Flüchtlinge nach Deutschland kommen, Jugendliche, die ohne Abschluss die Schule verlassen – welche Probleme eine heterogenere Gesellschaft dem deutschen Schulsystem bereitet, ist allgemein bekannt. Wie aber das inklusive, gerechte und leistungsfähige Schulsystem der Zukunft aussehen wird, ist heute noch ebenso unklar wie der Weg, der dorthin führen könnte. In dieser Situation ist es hilfreich, sich an gelungenen Transformationsprozessen in anderen gesellschaftlichen Bereichen zu orientieren. Die Theorie des strategischen Nischenmanagements, ursprünglich für die Erklärung und Gestaltung von Innovationen im Bereich nachhaltiger Technologien entwickelt, stellt ein Modell zur Verfügung, das sich besonders gut auf die Zusammenarbeit von staatlichen und zivilgesellschaftlichen Akteuren im Schulbereich übertragen lässt. Es legt eine neue, umfassende und langfristige Perspektive auf Schulreformprozesse nahe, die auf der Vernetzung innovativer Nischenvorhaben beruht, und hilft zugleich dabei, weitverbreitete technokratische Irrwege zu vermeiden.

1. Einleitung

Schulen müssen derzeit eine Reihe sehr anspruchsvoller Herausforderungen bewältigen. Dazu gehört insbesondere der Übergang in eine zunehmend heterogene Gesellschaft, in der zum Beispiel Kinder aus bildungsfernen Familien oder Flüchtlingskinder in ein Schulsystem integriert werden müssen, das auf diese Anforderungen nicht ausgerichtet ist. Daher ist der Anteil von Jugendlichen, die mit unzureichenden Fähigkeiten oder ohne Abschluss die Schule verlassen, weiterhin zu hoch. Während diese Probleme bekannt sind, sind nicht nur künftige Lösungen, sondern insbesondere auch geeignete Lösungswege unklar: Der Weg hin zum inklusiven, gerechten und leistungsfähigen Schulsystem der Zukunft zeichnet sich heute bestenfalls in Umrissen ab. Dieser Veränderungsprozess stellt eine enorm anspruchsvolle und überaus komplexe Aufgabe dar, die staatliche

Akteure offenbar nicht alleine und jedenfalls nicht mit ihren herkömmlichen Instrumenten und Methoden bewältigen können.

Akteure der Zivilgesellschaft sind deshalb immer öfter an den Veränderungsprozessen beteiligt, die in den letzten Jahren in Gang gekommen sind. Diese Zusammenarbeit ist im Prinzip sehr vielversprechend, weil sie die anstehenden Aufgaben auf eine breitere Grundlage stellt und neue Ressourcen und Ideen mobilisiert. Festzustellen sind auch eine zunehmende Offenheit auf staatlicher Seite gegenüber privatem Engagement sowie eine wachsende Bereitschaft von Zivilgesellschaft, aktiv zu werden. Allerdings sind die Ergebnisse dieser Zusammenarbeit insgesamt bislang noch keineswegs überzeugend.

So wird dabei oftmals ein weiter Bogen um die eigentlichen Herausforderungen gemacht. Unterstützungsangebote für Schulen sind dann bloße Wohlfühlprojekte, die nicht den Kern der Probleme berühren. Die große Zahl an Wettbewerben in diesem Bereich ist ein deutlicher Beleg für diesen Umstand. Ob Vorhaben tatsächlich etwas verändern, erkennt man jedoch daran, ob sie den Beteiligten in Schulen eine echte Verhaltensänderung abverlangen oder ob sie im Prinzip alles beim Alten lassen – und Letzteres ist noch zu häufig der Fall. Doch selbst wenn drängende Probleme bearbeitet werden, sind die gewählten Ansätze oftmals nicht geeignet, diese auch wirklich zu lösen. Häufig kommen neue Projekte zwar mit systemveränderndem Pathos und weitreichenden Ansprüchen daher, sind faktisch aber eher symbolischer und vor allem viel zu begrenzter und kurzfristiger Natur, als dass sie den langfristigen und komplexen Problemen des Bildungsbereichs wirklich gerecht werden könnten.[1] Aus diesen Gründen gibt es heute noch sehr wenige Beispiele für gemeinschaftliche Initiativen, die die wirklich zentralen Probleme des Schulsystems und nicht lediglich weniger kritische Bereiche bearbeiten, deren Effektivität nachweisbar und nicht lediglich durch Anekdoten belegt ist, und die das Potenzial haben, mehr als nur lokale Wirkung zu entfalten. Allerdings ist es angesichts des Umfangs der Herausforderungen auch nicht mit der Entwicklung einzelner Instrumente getan. Es muss vielmehr darum gehen, eine Vielfalt unterschiedlicher Lösungsmodelle zu entwickeln, die sich als Bausteine eines leistungsfähigen und inklusiven Schulsystems der Zukunft zusammenfügen lassen und so eine echte Alternative zur heutigen Situation darstellen können. Von einer solchen Situation sind wir heute indes noch weit entfernt.

---

[1] Für eine internationale Bestandsaufnahme von Stiftungsprogrammen im Schulbereich siehe Thümler, Ekkehard/Bögelein, Nicole/Beller, Annelie: »Philanthropic Impact and Effectiveness in Education.« In: Ekkehard Thümler/Bögelein, Nicole/Beller, Annelie/Anheier, Helmut K. (Hg.): Philanthropy and Education. Strategies for Impact. Basingstoke 2014. S. 207-235.

Dieser unbefriedigende Befund, so meine These, ist durch den Umstand zu erklären, dass alle Beteiligten an einem fundamentalen Orientierungsmangel leiden: Es ist einfach nicht klar, *wie* Zivilgesellschaft und Staat zusammenarbeiten sollten, um Fortschritte zu erzielen, welche Ergebnisse dabei zu erwarten und welche Grenzen zu berücksichtigen sind. Denn es gibt zwar unzählige Vorschläge, was getan werden müsste, aber kein umfassendes Modell, an dem sich die Handelnden orientieren könnten. Vielmehr wird häufig und womöglich sogar zunehmend genau auf das falsche Pferd gesetzt: Insbesondere die aus dem Bereich der Wirtschaft übernommenen Rezepte der sogenannten strategischen Philanthropie sind Beispiele dafür, wie man es gerade *nicht* machen sollte.

2. Sackgassen der Schulreform

Vertreter strategischer Vorgehensweisen empfehlen üblicherweise ein zweistufiges Vorgehen. In einem ersten Schritt sollen mithilfe von vermeintlich rationalen Modellen wie der »Wirkungstreppe«[2] lokale neue Lösungen geplant und implementiert werden. Sobald sie sich als erfolgreich erweisen, wird skaliert, das heißt, es werden Wachstumsprozesse in Gang gesetzt, die, einen entsprechenden Umfang vorausgesetzt, systemische Veränderung entfalten können. Bill Clinton hat diesen Ansatz angeblich auf die ebenso schneidige wie irreführende Formel gebracht: »Nearly every problem has been solved by someone, somewhere. The challenge of the 21st century is to find out what works and scale it up.« Das Problem ist jedoch, dass dieses Modell von der empirischen Bildungsforschung schon vor Jahrzehnten und seitdem immer wieder als Illusion erkannt worden ist.[3] Und dafür gibt es eine Reihe guter Gründe. Prozesse sozialer Innovation, wie sie für die Bearbeitung von Problemen im Bildungsbereich charakteristisch sind, sind zunächst einmal durch ein hohes Maß an Unsicherheit charakterisiert. Diese Unsicherheit kann nicht durch Planung und Kontrolle reduziert werden: Wenn einfach nicht bekannt ist, welche Instrumente welche Veränderungen bewirken beziehungsweise ob sie überhaupt etwas bewirken oder sogar unerwünschte Nebenwirkungen haben, kann daran kein noch so guter Plan und keine noch so feste Überzeugung etwas ändern. Gefragt ist vielmehr ein ausgesprochen experimentelles Vorgehen, das eine hinreichend klare Vorstellung vom angestrebten Ziel mit einem überaus flexiblen und langfristigen Vorgehen verbindet und so *trial-and-error*-Prozesse zulässt, die das erforderliche Lernen überhaupt erst ermöglichen. Sehr treffend lässt sich dieser Umstand mit der

---

[2] Kurz, Bettina/Kubek, Doreen: Kursbuch Wirkung: Das Praxishandbuch für Alle, die Gutes noch besser tun wollen. Berlin 2013.

[3] Für eine kurze Übersicht siehe Rowan, Brian/Camburn, Eric/Barnes, Carol: »Benefiting from comprehensive school reform: A review of research on CSR implementation.« In: Cross, Christopher T.: Putting the pieces together: Lessons from comprehensive school reform research. National Clearinghouse for Comprehensive School Reform. Washington D.C. 2004. S. 1-52.

Metapher illustrieren, dass in solchen Fällen die »Innovationsreise« durch unbekanntes Terrain führt[4] und die Orientierung in Richtung des Ziels deshalb mittels eines Kompasses und nicht anhand einer Landkarte erfolgen muss.[5]

Der zweite Irrtum bezieht sich auf die Annahme, dass lokal erfolgreiche Modelle möglichst zügig und umfangreich skaliert werden müssen, um auf diese Weise umfassende systemische Wirkung zu erzielen. Dadurch gehen jedoch die Vorteile lokaler Reformansätze verloren, die auf eine ganz bestimmte Problemsituation hin maßgeschneidert und deshalb häufig auch nur sehr schwer übertragbar sind, ein Phänomen, das in der Forschung als »klebriges« Wissen bekannt ist.[6] Hinzu kommt der Umstand, dass Innovationen nicht als abgeschlossene Produkte angesehen werden dürfen, die nach einer zeitlich begrenzten Entwicklungsphase flächenhaft verbreitet werden, und so ihre Wirkung vervielfachen. Vielmehr sind Innovationen als »dauerhafte Betaversionen«[7] zu begreifen: Eine kontinuierliche Unterstützung und Weiterentwicklung muss gewährleistet sein, um Schwächen beheben, die volle Wirksamkeit entwickeln und auf Veränderungen der Umwelt flexibel reagieren zu können. Oftmals ist auch der genaue Anwendungsbereich neuer Lösungen nicht genau zu bestimmen. Ein Beispiel für diesen Befund sind regionale Bildungslandschaften, die derzeit weite Verbreitung erfahren, obwohl aus wissenschaftlicher Sicht durchaus unklar ist, wie Reichweite und Grenzen dieser Arrangements einzuschätzen sind.

Und schließlich darf bei aller erforderlichen Aufmerksamkeit auf effektive Lösungen der Umstand nicht vergessen werden, dass Systemveränderung niemals nur eine rein rationale Angelegenheit ist, sondern ein wesentlich politischer Prozess. Bessere Alternativen werden sich nicht von alleine und aufgrund des Umstands überlegener Leistungsfähigkeit verbreiten (wer könnte diese auch zuverlässig beurteilen?), sie bedürfen vielmehr der Unterstützung durch mächtige Fürsprecher und Koalitionen, die Veränderungen auch gegen Widerstände durchsetzen können. Mit anderen Worten: Schulreform ist nicht als das Äquivalent eines iPhones zu begreifen, das heißt im Sinne eines Produkts, das zielgerichtet entwickelt wird, das jeder haben möchte und das jede kauft,

Schulreform ist nicht als das Äquivalent eines iPhones zu begreifen.

[4] Van de Ven, Andrew H./Polley, Douglas E./Garud, Raghu/Venkataraman, Sankaran: The Innovation Journey. Oxford, New York 2008.

[5] Kania, John/Kramer, Mark/Russell, Patty: »Strategic Philanthropy for a Complex World.« In: Stanford Social Innovation Review 2014. S. 26-33.

[6] Hippel, Eric von: »›Sticky Information‹ and the Locus of Problem Solving: Implications for Innovation.« In: Management Science, 40 (4)1994. S. 429-439.

[7] O'Reilly, Tim: What Is Web 2.0. URL: http://www.oreilly.com/pub/a/web2/archive/what-is-web-20.html?page=4. (19.11.2014).

die es sich leisten kann. Aus wissenschaftlicher Sicht lassen sich Prozesse sozialer Innovation überzeugender auf Grundlage eines Entwicklungs- und Wachstumsmodells erklären, das auf der Entwicklung, Verbreitung und Vernetzung lokaler Problemlösungen beruht. Es geht darum, dezentrale Vorhaben – seien es eigene oder fremde – ins Leben zu rufen, dauerhaft am Leben zu halten und sie durch intelligente Formen der Vernetzung miteinander zu verknüpfen.

3. Nischen als Bausteine systemischer Innovation

Dieser Befund beruht auf den Ergebnissen der Projekte »Strategies for Impact in Education«[8] und »Staatlich-Philanthropische Bildungspartnerschaften«[9], die vom Centrum für soziale Investitionen und Innovationen der Universität Heidelberg von 2009-2014 durchgeführt wurden. Beide Vorhaben beruhten auf der Identifikation und Analyse effektiver Stiftungsvorhaben im Bildungsbereich. Dabei stellte sich heraus, dass es bislang nur sehr wenige nachweislich wirksame Schulreformmodelle und keine überzeugende Beispiele für die aktive Übernahme der neu entwickelten Modelle durch staatliche Partner mit dem Ergebnis einer »flächendeckenden« und nachweislich effektiven Verbreitung gibt. Die erfolgreichsten Vorhaben ließen sich vielmehr als innovative Nischen charakterisieren, das heißt als geschützte und begrenzte soziale Räume sehr unterschiedlicher Größe, die als Orte für die langfristige experimentelle Neu- und Weiterentwicklung von Problemlösungen dienen. Eine solche bloß nischenhafte Innovation scheint jedoch angesichts der Größe und Komplexität der Probleme des deutschen Schulsystems wenig auszurichten. Dieses Phänomen wird deshalb häufig in kritischer Absicht mit dem Begriff »Inseln des Gelingens« bezeichnet. Wenn sich jedoch ein »flächenhafter« Transfer neu entwickelter Lösungen im Sinne einer Verbreitung in die Mehrzahl oder doch eine systemrelevant hohe Zahl der Schulen eines Landes faktisch nicht realisieren lässt, entsteht scheinbar ein Dilemma: Ansätze, die auf umfangreiches Wachstum beziehungsweise den flächendeckenden Transfer neuer Lösungen setzen, funktionieren nicht, bloß insulare Lösungen sind hingegen auf die Dauer den Größenordnungen der bearbeiteten Probleme nicht adäquat und bleiben bloße Tropfen auf dem heißen Stein.

Als Antwort auf dieses Dilemma schlage ich ein alternatives Modell sozialer Innovation vor, das auf die Rehabilitation und Neubewertung von ›Inseln des Gelingens‹ als wichtigen Orten und grundlegenden Einheiten sozialer Innovation setzt. Ich gehe dabei von der Annahme aus, dass derartige Nischen, wenn sie richtig kon-

[8] URL: https://www.csi.uni-heidelberg.de/projekte_sie.htm (27.05.2015).

[9] URL: https://www.csi.uni-heidelberg.de/projekte_spbp.htm (27.05.2015).

zipiert werden, nicht als Sackgassen, sondern als unverzichtbare Bestandteile der Innovationsreise anzusehen sind. Dieses Vorgehen knüpft an den Umstand an, dass unsere Interviewpartner regelmäßig Skepsis gegenüber der Sinnhaftigkeit kurzfristigen Engagements zum Ausdruck brachten, wohingegen das Erfordernis eines Handelns in langfristiger Perspektive als wesentliche Bedingung für erfolgreiches Handeln im Bildungsbereich hervorgehoben wurde:
»[w]enn wir am Thema Bildungsgerechtigkeit arbeiten, dann arbeiten wir wirklich fast an einer Jahrhundertaufgabe, ja. Und mit diesem Bewusstsein muss man da auch rangehen und sagen, ›das war jetzt einer der vielen Steine auf dem Weg‹. Also der Projektdruck [...] der ist für jede Art von Lernen [...] vollkommen destruktiv.«

Zugleich wurde festgestellt, dass staatliche Akteure oftmals zu flächendeckendem Handeln *gezwungen* sind, was seinerseits für die Entwicklung von Innovationen als überaus nachteilig angesehen wurde. Eines der wichtigsten Argumente für die Zusammenarbeit von Zivilgesellschaft und Staat ist daher in dem Umstand zu sehen, dass solche Arrangements das Entstehen langfristiger jedoch begrenzter Nischenlösungen begünstigen. Einer unserer Interviewpartner sagte:
»Vom Staat aus gesehen [...] ist es schon interessant, mit Stiftungen zusammenzuarbeiten, weil sie dann auch in Themengebiete hineingehen können, etwas ausprobieren können, was sie selber mit ihrer Verpflichtung zur Flächenversorgung nicht anpacken würden und nicht anpacken könnten.«

Die Pointe des hier vertretenen Ansatzes besteht dabei in der Annahme, dass systemische Relevanz weder aus bloß pilothaften »Impulsen« noch der Etablierung einzelner Modelle, sondern vielmehr aus der *Vernetzung* einer größeren Zahl nischenhafter Akteure erwächst, die ähnliche Probleme im Rahmen vorwiegend lokaler, ihrem Umfang nach zunächst begrenzter, Vorhaben langfristig bearbeiten.

4. Die Relevanz innovativer Nischen für den Prozess sozialer Innovation

Die folgenden Überlegungen beruhen maßgeblich auf der wissenschaftlichen Literatur zum sogenannten strategischen Nischenmanagement. Dieser Forschungsansatz konzentriert sich auf die Beschreibung, Modellierung und Erklärung von radikalen Prozessen sozio-technischer Innovation. Er geht dabei von dem Problem des Wandels dominanter technologischer ›Regimes‹ aus. Damit ist das komplexe Gefüge aus Infrastruktur und Organisationen, Techniken und Wissen, Akteuren in unterschiedlichen Positionen und Funktionen sowie ihrer denk- und handlungsleitenden Normen, Praktiken, Vokabulare und Motive gemeint, das jedem funktionierenden technologischen System zugrunde liegt und das auch für das Schulsystem charakteristisch ist. Die komplexen Bestandteile solcher Systeme haben sich über lange Zeiträume hinweg aufeinander eingespielt und entwickeln daher eine hohe Beharrlichkeit gegenüber gezielten Eingriffen.

Dieser Umstand lässt sich gut anhand der technologischen Entwicklung des Automobils illustrieren.[10] Dabei entstand während einer Phase intensiver Entwicklungsaktivitäten im Zeitraum von 1890 bis 1920 ein »dominantes Design«, das unter anderem aus einem Verbrennungsmotor, einem Metallrahmen und einem Steuerrad besteht und seitdem keine wesentlichen Veränderungen mehr erfahren hat.[11] Um dieses Design herum entwickelte sich ein komplexes System, das eine umfangreiche Infrastruktur (wie etwa Automobilfabriken, Zulieferer, Werkstätten und ein Tankstellennetz) ebenso umfasst wie Anreize durch staatliche Regulierung oder Vorstellungen von Herstellern und Kunden davon, wie ein »richtiges« Auto auszusehen hat.[12]

Solche Systeme entwickeln aus drei Gründen ein hohes Maß an Beharrlichkeit. Zum einen, weil die Vielfalt unterschiedlicher Komponenten sich gegenseitig stabilisiert und so zu Entwicklungspfaden führt, die nicht leicht zu verändern sind.[13] Derartige stabile technologische Pfade und Regimes machen zweitens die Entwicklung von Alternativen selbst dann problematisch, wenn grundlegende Probleme unübersehbar sind. Neue Technologien wie zum Beispiel Elektroautos haben es unter diesen Umständen schwer, sich zu behaupten, geschweige denn in größerem Umfang durchzusetzen: Weil der Aufbau von entsprechenden Produktionskapazitäten teuer und risikoreich ist, die technische Umwelt herkömmliche Fahrzeuge begünstigt, sie sich gegen mächtige Interessen der Industrie behaupten müssen und weil nicht klar ist, ob Elektrofahrzeuge hinreichend zuverlässig und funktionsfähig sind und welche Nachteile mit der umfangreichen Einführung solcher Technologien verbunden sind.[14] Es kommt drittens der Umstand hinzu, dass sich solche komplexen Systeme umfangreicheren zielgerichteten Eingriffen widersetzen, denn deren Entwicklungsprozess »strebt nicht etwa zielgerichtet und linear immer besseren Funktionalitäten entgegen, sondern kann mit dem Wachstum von Hefe verglichen werden, ›with developments branching off in different directions, and cross-connections and inter-

---

[10] Wenngleich die Merkmale von Innovationsprozessen im Automobilbereich natürlich nicht unmittelbar auf das Schulsystem übertragbar sind, sind die Ähnlichkeiten zwischen beiden *Systemen* doch unübersehbar.

[11] Kemp, René/Schot, Johan/Hoogma, Remco: »Regime Shifts to Sustainability Through Processes of Niche Formation: The Approach of Strategic Niche Management.« In: Technology Analysis & Strategic Management, 10 (2)1998. S. 175-195.

[12] Ebd.

[13] Ebd.

[14] Ebd.

actions complicating the picture further‹«.[15] Wie kann unter Bedingungen hoher Stabilität des existierenden Regimes und hoher Unsicherheit und geringer Planbarkeit von Innovationen dennoch mit Aussicht auf langfristigen Erfolg agiert werden? Die Forschung geht davon aus, dass Innovationen sich zunächst nur in geschützten Nischen, das heißt »neuartigen, zunächst lokalen, spezifischen Anwendungsbereichen, die nicht den Regeln und der Grammatik des dominanten technologischen Regimes entsprechen«[16], entwickeln können. Die Bedeutung solcher Nischen für die Entwicklung radikaler, das heißt stark von den vorherrschenden Praktiken abweichenden Innovationen wurde zunächst in der Ökonomie hervorgehoben. Nischen werden dabei als Orte angesehen, in denen die verbreiteten Anforderungen an routinehaftes, »richtiges« Handeln außer Kraft gesetzt sind, was das Entstehen von substanziellen Innovationen im Laufe der Zeit allererst ermöglicht.[17] Nischen stellen einen geschützten Raum zur Verfügung, der es ermöglicht, noch unfertige Ansätze auszuprobieren, zu stabilisieren und weiterzuentwickeln. Sie sind daher wesentlich Orte des Lernens und Experimentierens. Zugleich haben sie die Funktion, das *valley of death* von Innovationen zu überbrücken und neue Instrumente so weit zu stabilisieren und auszubauen, bis diese konkurrenzfähig sind, sodass die Nischen unter günstigen Umständen aufgelöst und die neu entwickelten Technologien sich innerhalb herrschender Regimes verbreiten oder diese sogar grundsätzlich transformieren können.

Dafür ist zum einen eine dynamische Entwicklung der Nischen in quantitativer und qualitativer Hinsicht erforderlich: Im Laufe der Zeit entstehen immer neue, immer besser aufeinander abgestimmte lokale Aktivitäten, wobei einzelne Nischenvorhaben durchaus auch ein stärkeres Wachstum aufweisen können. Je nach Entwicklungsstadium können Nischenakteure bloß lokale »Bastler« sein oder im Laufe der Zeit auch eine beträchtliche Größe erreichen. Als einschlägiges Beispiel für einen solchen Entwicklungsprozess ist etwa das US-amerikanische Programm »Success for All« zu nennen, das in bis zu zweitausend Schulen verbreitet ist und somit die Größe des Schulsystems eines kleinen Bundesstaats erreicht.[18] Parallel findet eine

---

[15] Ilten, Carla: Strategisches und soziales Nischenmanagement. Zur Analyse gesellschaftspolitisch motivierter Innovation. Wiesbaden 2009. S. 16. An diesem Beispiel wird zugleich deutlich, dass organisationale Trägheit und Resistenz gegenüber Veränderung keineswegs charakteristische Eigenschaften des Schulsystems im Besonderen oder staatlicher Organisationen im Allgemeinen sind. Im Gegenteil liegen Stabilität und Trägheit in der Natur von Systemen, die aus einer Vielzahl aufeinander abgestimmter Elemente bestehen, die im Laufe eines langen Entwicklungsprozesses entstanden sind.

[16] Ilten, Carla: Strategisches und soziales Nischenmanagement. S. 17.

[17] Levinthal, Daniel A.: »The Slow Pace of Rapid Technological Change: Gradualism and Punctuation in Technological Change.« In: Industrial and Corporate Change, 7 (2) 1998. S. 217-247.

[18] Peurach, Donald J.: Seeing Complexity in Public Education. Problems, Possibilities, and Success for All. Oxford, New York 2011.

qualitative Entwicklung statt. Sie kommt zum Ausdruck in besser funktionierenden Technologien, vermehrtem Wissen über Anwendungsbedingungen, billigeren und zuverlässigeren Produktionsverfahren und dergleichen. Abbildung 1 stellt dar, wie einzelne Nischenaktivitäten zu einem nischenhaften Subsystem zusammenwachsen, das als Voraussetzung einer umfassenderen Transformation des dominanten Regimes angesehen wird.

Abbildung 1: Wachstum durch Vernetzung von Nischenaktivitäten[19]

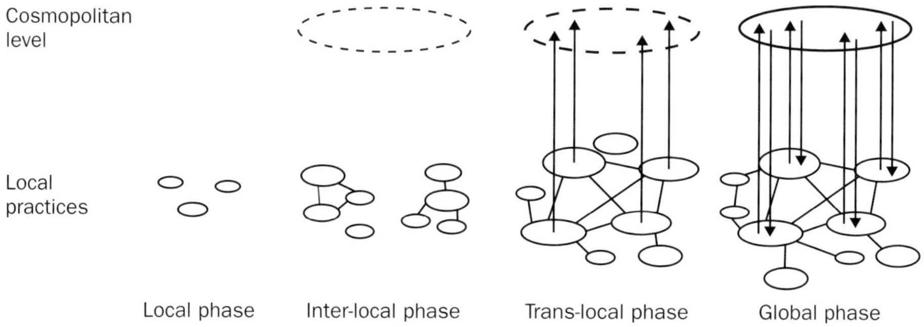

Auch hoch entwickelte Nischenpraktiken migrieren allerdings nur dann in größerem Umfang in das dominante Regime, wenn dieses durch Krisen destabilisiert wurde, die durch innere Konflikte, in erster Linie aber durch Veränderungen auf gesamtgesellschaftlicher Ebene (der sogenannten »Landschaft«) ausgelöst werden.[20] Die Energiewende in Deutschland infolge des Reaktorunfalls in Fukushima ist ein besonders drastisches Beispiel für diese Konstellation: Während sich in der Nische des Sektors erneuerbarer Energien über Jahrzehnte hinweg eine, wie sich heute zeigt, funktionsfähige Alternative zu Kernkraft und konventionellen Energieträgern entwickelt hatte, bedurfte es doch einer fundamentalen Krise, um die Umstellung in Gang zu setzen. Im Bildungsbereich wäre als entsprechendes Beispiel der PISA-Schock von 2001 zu nennen – nur lag zu diesem Zeitpunkt entweder keine überzeugend ausgearbeitete nischenhafte Alternative zum dominanten System vor oder die einschlägigen Nischenakteure waren nicht in der Lage, die Gelegenheit zu ergreifen.

[19] Quelle: Geels, Frank W./Deuten, J. Jasper: »Local and global dynamics in technological development: a socio-cognitive perspective on knowledge flows and lessons from reinforced concrete.« In: Science and Public Policy, 33 (4)2006; Copyright © von OUP, Reprint by permission of Oxford University Press.

[20] Geels, Frank W.: »Technological transitions as evolutionary reconfiguration processes: a multi-level perspective and a case study.« In: Research Policy, 31 (8-9)2002. S. 1257-1274.

Abbildung 2 illustriert dieses Zusammenspiel von Nischen, Regimes und Landschaft (Letztere werden hier als »Megatrends« bezeichnet). Sie macht deutlich, dass Nischenlösungen nur infolge des Entstehens von *windows of opportunity* im Sinne von Instabilität auf Landschafts- und Regimeebene migrieren und auf diese Weise sowohl Regime als auch Landschaft verändern können.

Abbildung 2: Dynamische Mehrebenen-Perspektive technologischer Transformation.[21]

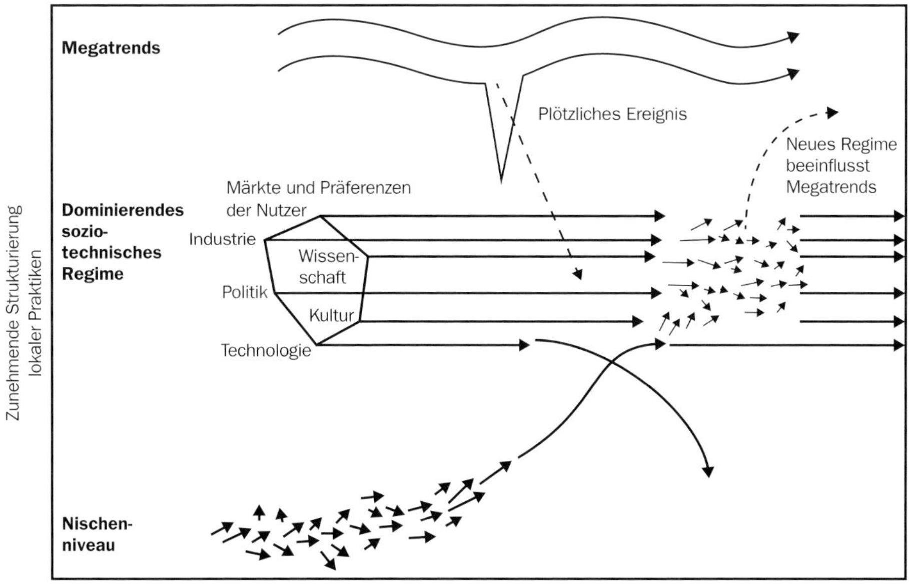

Innovative Nischen müssen also nicht notwendigerweise für immer aufrechterhalten werden. Denn in erfolgreichen Fällen kann es zum Transfer beziehungsweise Aufgehen der Nischentechnologie im dominanten Regime kommen. Es ist jedoch wichtig, Nischen nicht vorzeitig aufzulösen, sondern so lange zu stabilisieren, bis sichergestellt ist, dass sich die neuen Lösungen tatsächlich fest innerhalb des Regimes etabliert haben.

5. Strategisches Nischenmanagement: Spielarten und Handlungsoptionen

Auf Grundlage dieser Überlegungen lässt sich nun ein alternatives Handlungsmodell für die Zusammenarbeit staatlicher und zivilgesellschaftlicher Akteure im Bereich der Schulreform formulieren. Es setzt auf die gemeinsame, langfristige und

[21] Quelle: WBGU – Wissenschaftlicher Beirat Globale Umweltveränderungen: Welt im Wandel: Gesellschaftsvertrag für eine Große Transformation. Hauptgutachten. Berlin 2011.

experimentelle Entwicklung neuer nischenhafter Lösungsansätze sowie auf Wachstumsprozesse, die wesentlich auf der Ausbreitung und Vernetzung solcher vorwiegend lokaler Nischenaktivitäten beruhen. Je nach Fähigkeiten, Ressourcen und eigenen Ansprüchen können die handelnden Akteure sich für einen oder mehrere der folgenden drei Ansätze entscheiden.

1. Nischenentwicklung
   Im Bereich der Schulreform gibt es noch nicht für jedes mögliche Problem auch schon eine passende Lösung. Das Ziel muss in diesen Fällen sein, effektive neue Ansätze zu entwickeln und zu etablieren. Dies kann etwa durch eigene Tätigkeit oder aber durch die Unterstützung anderer bei der Entwicklung neuer, effektiver Problemlösungen geschehen. Je komplexer die zu lösenden Probleme sind, desto eher scheinen sich dabei solche Netzwerke als Instrumente der Problemlösung zu bewähren, die sowohl staatliche als auch zivilgesellschaftliche und wissenschaftliche Akteure umfassen. Instrumente wie Wettbewerbe oder *seed funding* sind hier weitere Mittel der Wahl, um neue Vorhaben ins Leben zu rufen, aber auch die Übernahme von erfolgreichen Modellen aus dem Ausland (das bereits oben genannte *Success for All*-Programm etwa wäre ein vielversprechender Kandidat) liegt nahe.

2. Nischenmanagement
   Nischenentwicklung macht überhaupt nur dann Sinn, wenn sichergestellt ist, dass die neuen Ansätze dauerhaft weiterentwickelt und gegebenenfalls verbreitet werden können. Das Ziel des Nischenmanagements ist es daher, einmal entwickelte Lösungen am Leben zu erhalten und ihnen dabei den nötigen Spielraum zu gewähren, um die neuen Lösungsansätze weiter zu verfeinern und auszubauen, dabei zugleich aber auch Wissen über deren Schwächen und die Grenzen ihres Anwendungsbereichs zu sammeln. Förderorganisationen, die sich in dieser Phase engagieren, können effektive oder zumindest vielversprechende Lösungsmodelle mit finanziellen oder anderen Ressourcen unterstützen. Wichtig ist jedoch, dass diese Förderung langfristig erfolgen muss: Die beliebten Projektzeiträume von ein bis wenigen Jahren Dauer sind den Anforderungen dieser Phase völlig inadäquat.

3. Nischenvernetzung
   Eine weitere, bislang noch zu wenig beachtete Option besteht in der Vernetzung und Stärkung einer größeren Zahl von Nischenakteuren, die in der Absicht geschieht, Bausteine für systemischen Wandel zu entwickeln. Auch diese Aufgabe erfordert die Bereitschaft zu sehr langfristigem Engagement. Wesentliche

> Beiträge bestehen in der Vernetzung ansonsten singulärer Akteure, um einen Prozess gegenseitigen Lernens in Gang zu setzen, ein gemeinsames Selbstverständnis herauszubilden und politische Mobilisierung zu ermöglichen. Geels und Deuten betonen dabei insbesondere die Bedeutung von intermediären Organisationen für die Gewinnung von global relevantem, transferierbarem Wissen. Denn dies geschieht eben nicht auf lokaler Ebene, nicht spontan und nicht nebenbei, sondern erfordert gezielte Anstrengungen, die durch den Aufbau einer eigenen Infrastruktur für die Diskussion von Erfahrungen und die Zirkulation von Wissen ergänzt und unterstützt werden sollten.[22]

Die Umsetzung dieser Empfehlungen erfordert offenbar eine veränderte Ressourcenverteilung. Strategisches Nischenmanagement läuft auf die Durchführung weniger, dafür aber besser ausgewählter, aufwendiger begleiteter und langfristiger angelegter Vorhaben hinaus. Konkret würde dies bedeuten, dass zivilgesellschaftliche, staatliche und wissenschaftliche Akteure in einem ausgewählten Feld – etwa der Unterstützung von *failing schools* oder der Förderung von Kindern, die Probleme mit der deutschen Sprache haben – gemeinsam und über einen langjährigen Zeitraum hinweg tätig werden. Dabei könnte entweder ein neues Programm ins Leben gerufen oder aber an bereits existierende Vorhaben angeknüpft werden. Für ersteres Problem sind etwa die Vorhaben »School Turnaround – Berliner Schulen starten durch« (durchgeführt von der Berliner Bildungsbehörde und der Robert Bosch Stiftung) und »Ein Quadratkilometer Bildung in Neukölln« (ein Projekt der Freudenberg Stiftung und der Karl-Konrad-und-Ria-Groeben-Stiftung, ebenfalls in Partnerschaft mit der Berliner Bildungsbehörde) zu nennen. Für den Bereich der Sprachförderung wäre etwa an die zahlreichen Sommercamps zu denken, die in Folge des Jacobs-Sommercamps, eines Gemeinschaftsprojekts der Bremer Schulbehörde, der Jacobs Stiftung und des Max-Planck-Instituts für Bildungsforschung, initiiert worden sind. Die Etablierung und Weiterentwicklung solcher Nischen erfordert eine langjährige Förderung und Vernetzung, die insbesondere auch die Generierung von Wissen über die Effektivität dieser Programme in den Mittelpunkt stellen sollte. Ein besonderer Mehrwert könnte daher darin bestehen, nach dem Vorbild von US-amerikanischen Programmen wie *Title 1*[23] insbesondere die evidenzbasierte Neu- und Weiterentwicklung innovativer Vorhaben zu fördern. Zum einen, weil es bislang noch zu wenige Programme gibt, die ihre Effektivität nicht nur behaupten, sondern anhand unabhängiger Evaluationen auch überzeugend nachweisen können. Zum anderen, damit diese sehr langfristige Perspektive

---

[22] Geels/Deuten: »Local and global dynamics in technological development« S. 273.
[23] URL: http://www2.ed.gov/programs/titleiparta/index.html (27.05.2015).

»Trialog der Kulturen«-Projekt »Zeitkapsel« der Bremer Oberschule Lehmhorster Straße

nicht in erster Linie denjenigen Akteuren zugutekommt, die ihre Vorhaben am geschicktesten verkaufen können, obwohl sie keinen nachweisbaren Mehrwert für Schülerinnen und Schüler beziehungweise Schulen schaffen.

6. Fazit

Der Ansatz des strategischen Nischenmanagements ist für die Gestaltung von systemverändernden Prozessen, wie sie im Bereich der Schulreform auf der Tagesordnung stehen, besonders vielversprechend. Er setzt auf die Entwicklung, Etablierung und Vernetzung einer Vielzahl innovativer Nischen. Darunter sind geschützte Räume unterschiedlicher Größe zu verstehen, in denen neuartige Problemlösungen experimentell entwickelt, langfristig betrieben, weiterentwickelt und ausgebaut werden. Solche Nischen werden oftmals abwertend als »Inseln des Gelingens« bezeichnet und als Sackgasse sozialer Innovation angesehen. Wenn es um die Veränderung komplexer Systeme in umfangreicheren Prozessen sozialer Innovation geht, spielen Nischen jedoch eine unverzichtbare Rolle. Denn solche Entwicklungen gehen nicht direkt von der Erfindung und Implementierung neuer Instrumente zu deren flächendeckender Verbreitung und Wirkung über. Neue Lösungen müssen im Anschluss an die Entwicklungsphase zunächst als innovative Nischen stabilisiert und dauerhaft ausgebaut werden. Optimalerweise entsteht dabei eine Vielzahl verschiedener Ansätze und somit eine hohe Variationsbreite, was für Innovationsprozesse günstig ist. Durch die Vernetzung solcher Nischenvorhaben kann Wissen geteilt, ein gemeinsames Selbstverständnis wachsen und politische Schlagkraft aufgebaut werden.

Unter günstigen Umständen – in der Regel im Falle von Krisen des Systems – können sich im Laufe der Zeit *windows of opportunity* eröffnen, die es erlauben, dass aus den vernetzten Nischen heraus breitere Systemveränderungen angestoßen werden. Die Gestaltung eines solchen Prozesses erfordert von den handelnden Akteuren strategisches Nischenmanagement – und eine gehörige Portion Glück und Geschick, denn eine Garantie für den Erfolg dieser Herangehensweise kann es naturgemäß nicht geben.

Dieser Befund sowie die Komplexität des vorgestellten Ansatzes sollten staatliche und zivilgesellschaftliche Akteure jedoch nicht entmutigen. Ganz im Gegenteil: Dieses Modell betont die neuen und sehr hoffnungsvollen Handlungsmöglichkeiten, die sich aus dem gemeinschaftlichen Handeln einer Vielzahl engagierter Akteure innerhalb und außerhalb von Schulen ergeben. Insofern erscheint die aktuelle Situation nicht zuletzt als die große Gelegenheit, ein besseres, inklusiveres und leistungsfähigeres Schulsystem auf Grundlage staatlich-zivilgesellschaftlicher Zusammenarbeit zu entwickeln. Dabei handelt es sich freilich um eine Generationenaufgabe – aber eben auch um eine Generationenchance.

Erfolgreiche Partnerschaften zwischen Schule, Verwaltung und Stiftungen

Wie gelingen sektorübergreifende Partnerschaften?

VON CORNELIUS SCHAUB

1. Komplexe Probleme lassen sich am besten in Partnerschaft lösen

Wenn sich Schulen, Bildungsverwaltung und Stiftungen verbünden, lassen sich Initiativen ins Leben rufen und stemmen, zu denen die jeweils einzelne Organisation nicht in der Lage gewesen wäre. Auch in Deutschland gibt es eine Reihe intersektoraler Partnerschaften, die sich beispielsweise zum Ziel setzen, den Zugang zu Bildung zu verbessern oder den Bildungserfolg junger Menschen und damit die Perspektive auf ein erfülltes Leben zu erhöhen. Auch wenn es zunächst einfacher erscheint, Projekte ohne komplizierte Abstimmungen mit anderen voranzutreiben: Die komplementären Perspektiven, Erfahrungen, Kompetenzen und nicht zuletzt Ressourcen der Partner sind unschätzbar wertvoll für das Gelingen von Projekten. Gerade diese Unterschiedlichkeit kann starke Synergien hervorbringen. Gleichzeitig sind solche Kooperationen nicht immer von Erfolg gekrönt. Vor allem zwei Faktoren erschweren diese Art von Partnerschaften: Zum einen die Komplexität der Fragestellungen im Bildungssystem. Zum anderen der nicht immer einfache Umgang mit der Unterschiedlichkeit der Akteure, die sich zu solchen Bündnissen zusammenschließen.

2. Probleme im Bildungsbereich sind oft adaptiver Natur

Speziell im Bildungsbereich begegnen uns häufig Herausforderungen, die von hoher Komplexität geprägt sind und einen eher adaptiven Charakter haben. *Leadership*-Professor Ronald Heifetz aus Harvard differenziert in seinem Buch »Leadership Without Easy Answers«[1] zwischen »technischen« Problemen – wie zum Beispiel der Planung und dem Einbau eines neuen IT-Servers – und »adaptiven« Problemen, wie wir sie beispielsweise häufig in Bildungssystemen antreffen. Bei »technischen«

[1] Heifetz, Ronald A.: Leadership Without Easy Answers. Cambridge, Mass. 1994.

Problemen sind sowohl das Problem als auch die Lösung an sich weitgehend klar und die Anzahl der Akteure und *Stakeholder* ist überschaubar. So geht es dabei vor allem um eine möglichst effiziente Umsetzung des bereits bekannten Lösungsweges. Im Gegensatz dazu zeichnen sich »adaptive« Probleme dadurch aus, dass in der Regel weder die Problemstellung noch der Lösungsansatz klar sind. Das gewohnte »Lernen aus der Vergangenheit« kommt hier schnell an seine Grenzen. Wenn Neuland betreten wird, geht es vielmehr um ein Lernen aus der sich entwickelnden Zukunft, wie es Professor Otto Scharmer vom Massachusetts Institute of Technology in seinem Buch zur Theorie U umschreibt[2]. Als Bündnis von Partnern mit dieser Unsicherheit umzugehen, kann viele Initiativen vor große Herausforderungen stellen. Zumal sich in Zeiten von zunehmender Globalisierung und Beschleunigung sowie von Informations- und Entscheidungsüberfluss viele Menschen mehr Sicherheit und Halt wünschen.

3. Viele Köche und der Bildungsbrei

Die Komplexität von Aktivitäten im Bildungskontext wird noch verschärft, wenn eine Vielzahl von Akteuren aus unterschiedlichen Sektoren mit ihren sehr unterschiedlichen Perspektiven, Erwartungen und Zielen mitmischt. Beispielsweise bei Partnerschaften zwischen Schulen, Schulverwaltung und Stiftungen. Oft haben die Partner zu Beginn noch kein gemeinsames Verständnis darüber, was das genaue »Problem« ist, wo die gemeinsame Reise genau hingehen soll und wie die Zusammenarbeit dabei idealerweise aussehen kann. Entsprechend sorgfältig sollten sich die Partnersuche und die Zusammenarbeit gestalten.

4. Was macht erfolgreiche Partnerschaften aus?

Auf die Frage, was eine über Jahrzehnte erfolgreiche Beziehung ausmache, antwortete ein Bekannter vor einigen Jahren: Gute Kommunikation und ein gemeinsames Verständnis darüber, wie man die Kinder in ihrer Entwicklung begleiten möchte. Bei den Bildungspartnerschaften zwischen zivilgesellschaftlichen und staatlichen Akteuren sind oft mehr als »zwei Elternteile« involviert. Häufig sind zudem bereits die zukünftigen Adoptiveltern für die »Transfer- oder Skalierungsphase« eingeplant. Und das »Kind« ist häufig nichts Geringeres als eine ganze Schule, wenn nicht sogar gleich das Bildungssystem einer ganzen Stadt. Was sind also im Kontext dieser Herausforderungen Gelingensbedingungen von sektorübergreifenden Partnerschaften? Dieser Beitrag wagt im Folgenden den Versuch – in Anerkennung der Einzigartigkeit von Partnerschaften und der Menschen, die sich in diesen engagieren – eine Auswahl typischer Erfolgsfaktoren und Gelingensbedingungen für

[2] Scharmer, Otto: Theorie U. Von der Zukunft her führen: Presencing als soziale Technik. Heidelberg 2009.

erfolgreiche sektorübergreifende Partnerschaften zu skizzieren. Dabei geht es vor allem darum, sich in der Partnerschaft gegenseitig aktiv zuzuhören und gemeinsam die wichtigen, oft nicht einfachen Fragen auf dem Weg zu einer gelungenen Kooperation zu adressieren.

5. Typische Erfolgsfaktoren von Partnerschaften

Wie lassen sich nachhaltige Partnerschaften über Sektorgrenzen hinweg aufbauen und nachhaltig mit Leben füllen, scheitern oder versanden doch zunächst manche vielversprechende Kooperationen, bevor sie wirklich gestartet sind? Ursache sind häufig unklare oder unerfüllte Erwartungen, speziell wenn es im Kontext neuer Partnerschaften an Erfahrung im Umgang miteinander fehlt.
Erfolgreiche Partnerschaften zeichnet somit aus, dass die Partner ein ausreichend gemeinsames Verständnis darüber erlangen,

- worin sie zu Beginn der Partnerschaft das genaue »Problem« sehen,
- wo die Reise hingehen soll, also was genau der Erfolg der Partnerschaft wäre, und
- wie ein für alle gangbarer Weg aussehen kann.

Bedingungen für Veränderung

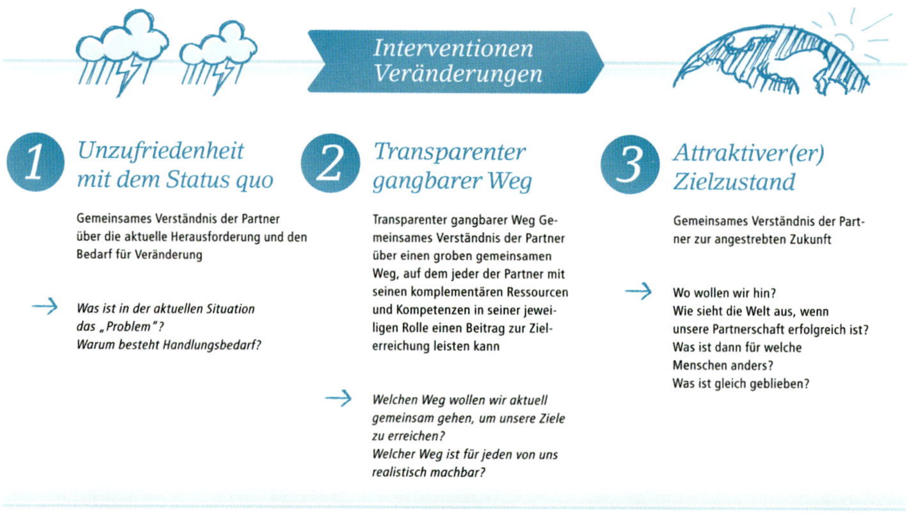

6. Wo drückt eigentlich welcher Schuh?

Zunächst braucht es für eine erfolgreiche Partnerschaft ein gemeinsames Verständnis der Partner über die aktuelle Herausforderung und den Bedarf für Veränderung im spezifischen Bildungskontext. Worin sehen die jeweiligen Partner in der aktuellen Situation das »Problem«? Warum besteht aus ihrer Sicht Handlungsbedarf? Vertreter von Schulen, Verwaltung und Stiftungen tun gut daran, sich zu Beginn einer Partnerschaft ausreichend Zeit zu nehmen, dieses gemeinsame »Problembild« zu malen. Über den Dialog zwischen den Partnern hinaus lohnt sich in der Regel auch die Einbindung der direkten und indirekten Zielgruppen, indem beispielsweise auch die Schülerinnen und Schüler sowie deren Eltern gefragt werden, was ihr konkreter Bedarf ist und worin aus ihrer Sicht genau das »Problem« besteht. Der Traum eines türkischen Mädchens geht eventuell durch einen Studien- oder Ausbildungsplatz in Erfüllung. Doch deckt sich diese Leidenschaft mit den Zielen der Eltern und Großeltern? Und was würden die Lehrer dieser Schülerin empfehlen? Was ist aus Sicht der Hochschule sinnvoll? Diese unterschiedlichen Sichtweisen auf »das Problem« können schnell im Konflikt zueinander stehende Ziele in einer Gruppe von Partnern zutage bringen. Speziell in harmoniebedürftigen Organisationskulturen, wie sie in der Zivilgesellschaft und in Bildungsorganisationen häufig vorkommen, kann diese »Aushandlung des Problems« ein mühsamer Weg sein. Gleichzeitig erfordert eine erfolgreiche Partnerschaft ein gemeinsames Verständnis darüber, von wo aus man sich auf die gemeinsame »Veränderungsreise« macht, sodass sich eher die Frage stellt, wann die unterschiedlichen Perspektiven abgestimmt werden, und nicht ob.

7. Wo soll die Reise hingehen? Was ist die »Sinnbasis« unserer Partnerschaft?

Neben einem gemeinsamen Verständnis der Partner über die aktuelle Herausforderung, die es zu adressieren gilt, sollte die gemeinsam angestrebte Zukunft möglichst klar formuliert werden. Partner sollten zu Beginn der Kooperation offen über die Ziele der Partnerschaft sprechen und darüber, woran jeder einzelne den Erfolg dieser festmacht. Folgende Fragen stehen dabei im Fokus:

- Wie soll die Welt aussehen, wenn unsere Partnerschaft erfolgreich ist?
- Was soll im Fall einer erfolgreichen Partnerschaft für wen konkret anders sein?
- Was hat sich dann idealerweise für genau welche Zielgruppen (zum Beispiel Schüler, Eltern) in der Gesellschaft verändert?
- Wann ist die Kooperation ein Erfolg für die jeweilige Partnerorganisation? Woran werden die verschiedenen Hierarchieebenen (zum Beispiel Leitungs- und Arbeitsebene) den Erfolg der Kooperation festmachen?

Voraussetzung für das Formulieren eines solchen gemeinsamen Zukunftsbildes der Gesellschaft und der Partnerorganisationen ist empathisches Zuhören und die Anerkennung und Wertschätzung der unterschiedlichen Perspektiven. Dabei zeichnen sich Gemeinsamkeiten ab, also Ziele, bei denen sich die jeweiligen Interessen der

Partner überlappen. Diese bilden für die Partnerschaft typischerweise die gemeinsame »Sinnbasis«, einen gemeinsamen Kompass, auf den sich die Beteiligten – speziell im Fall von Konflikten oder unerwarteten Hindernissen – »besinnen« können. Neben den gemeinsamen Zielen zeigen sich bei einem ehrlichen Austausch auch die individuell unterschiedlichen Motive. Eine nachhaltige Partnerschaft adressiert gerade diese ganz eigenen Ziele und Bedürfnisse der einzelnen Partner von Beginn an. Die folgende Abbildung zeigt beispielhaft verschiedene mögliche Ziele und Interessen von Partnern einer sektorübergreifenden Kooperation im Schul- beziehungsweise Bildungskontext:

Erfolgreiche Partnerschaften erzielen Mehrwert für alle Beteiligten

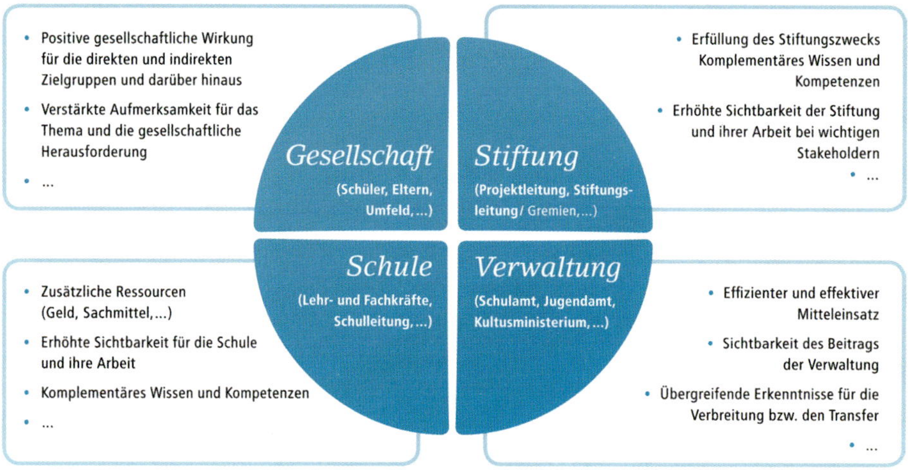

Deutlich wird, dass eine Partnerschaft nur dann »Sinn« für die Beteiligten macht, wenn neben den gesellschaftlichen Zielen, die meist allen Partnern am Herzen liegen, auch die individuellen Ziele und potenzielle Interessenkonflikte innerhalb des Bündnisses frühzeitig adressiert werden. Im Umkehrschluss bedeutet dies, dass sich hier auch zeigt, welcher Akteur aktuell eventuell nicht ganz in die Gruppe der Partner passt, da die spezifischen Ziele (so berechtigt sie im eigenen Organisationskontext sein mögen) nicht ausreichend mit den Zielen der anderen Partner übereinstimmen. Im Grunde geht es – wie bei so vielen Beziehungen – um die Frage: Wieso passen wir zusammen und wieso glauben wir, gemeinsam erfolgreicher zu sein als einzeln? Ein Beispiel: Gerade im Bildungsbereich und speziell wenn es um »kulturelle« Themen geht, erfordern Veränderungsprozesse einen langen Atem. Oft zeigen sich die angestrebten Bildungserfolge erst nach einigen Jahren (beispielsweise der Abschluss einer Ausbildung und der erfolgreiche Übergang in den Beruf einer Schülerin, die in den sechs Jahren vorher im Rahmen eines gelungenen sektorübergreifenden Bildungsprogramms inner- und außerschulisch unterstützt wurde). Auch der Transfer von erfolgreich erprobten Pilotprojekten in den »Regelbetrieb« eines Schulsystems lässt sich typischerweise nicht kurzfristig erzielen. Daher wünschen sich Schulen und gesellschaftliche Zielgruppen meist keinen zeitlich befristeten Lösungsweg, sondern eine nachhaltige kontinuierliche Initiative über einen längeren Zeitraum hinweg. Für die Projektleitung in einer der beteiligten Förderstiftungen kann es dagegen potenziell sehr wichtig sein, nach der für sie typischen Förderperiode aus der finanziellen Projektförderung auszusteigen, da die internen Richtlinien und die Erwartungen der Stiftungsgremien vorgeben, dann ein neues »innovatives« Projekt zu starten. Es hat noch kaum ein Stiftungswettbewerb das Licht der Welt erblickt, der bei der Projektauswahl ohne das Kriterium »innovativ« ausgekommen wäre. Dies kann durchaus der gesellschaftlichen Rolle einer Stiftung entsprechen, die – anders als manche Verwaltungsorganisation – auch neuartige »experimentelle« Programme in einer Pilotphase testen kann. Zudem bedient eine solche Vorgehensweise unser menschliches Grundbedürfnis nach »Neuem« und »Abwechslung«. Das Ziel einer Verstetigung und Verbreitung solcher Programme passt somit häufig nicht ganz zu den oft eher kurzen »Innovations- und Förderzyklen« mancher Stiftung.

Das Ziel einer Verstetigung und Verbreitung solcher Programme passt somit häufig nicht ganz zu den oft eher kurzen »Innovations- und Förderzyklen« mancher Stiftung.

So kann also direkt zu Beginn ein Zielkonflikt zwischen eher kurzfristiger »Pilotförderung« und dem Streben nach nachhaltigen Veränderungen in Schulsystemen sichtbar werden. Ein solcher »Konflikt« muss nicht per se zum Problem werden, solange sich alle Partner wissentlich auf diese Rahmenbedingungen, die unterschiedlichen Zeithorizonte und die damit verbunden Auswirkungen einlassen. Beispielsweise kann gerade durch den offenen Umgang mit unterschiedlichen Zeithorizonten der Bedarf für ein breiteres Finanzierungsbündnis und das Einplanen potenziell frühzeitiger *Exits* einzelner Partner deutlich werden. Der nächste sinnvolle Schritt ist dann eventuell nicht, sich quasi »frisch verliebt« in die operative Umsetzung der Partnerschaft zu werfen, sondern zuerst nach weiteren Finanzierungspartnern mit längeren Zeithorizonten zu suchen. Oder über andere nachhaltigere Finanzierungsmodelle nachzudenken (zum Beispiel Mentoringmodelle für Schüler, die von Beginn an nur geringe finanzielle Kosten produzieren und damit eventuell nachhaltiger zu »skalieren« sind).

8. Woran würden wir konkret merken, dass unsere Partnerschaft erfolgreich ist?

Neben diesen eher allgemein formulierten Zielen ist es dabei genauso wichtig, konkrete Erfolgsindikatoren abzustimmen, anhand derer die Zielerreichung festgestellt werden kann. Anhand der PHINEO Wirkungstreppe[3] (siehe Abbildung) lassen sich in der Entwicklung von Bildungsprogrammen beispielsweise konkrete Indikatoren für die Erreichung der gesellschaftlichen Ziele entwickeln. Gerade hier bietet sich die Einbindung der direkten und indirekten Zielgruppen an, wofür leider noch zu häufig weder Zeit noch Ressourcen eingeplant werden.

Die Wirkungstreppe

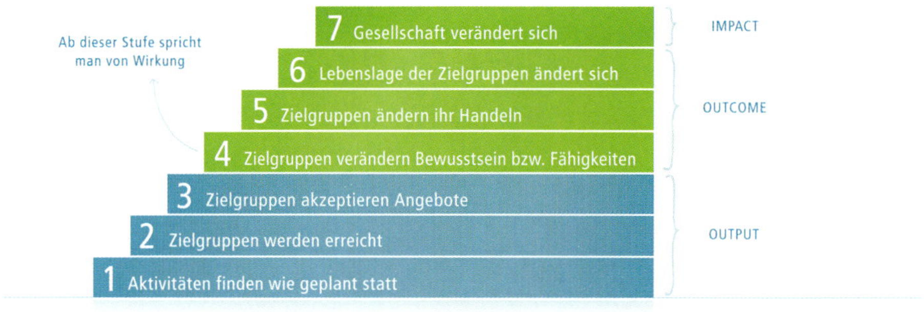

Für die partnerspezifischen Ziele ist die Abstimmung konkreter Erfolgsindikatoren ebenso hilfreich. Beispielsweise können diese Orientierung für die laufende Datenerhebung, Wirkungsanalyse und Berichterstattung geben. So lassen sich bereits während der Umsetzung des Kooperationsprojektes entsprechende Informationen zu (Zwischen)Erfolgen sammeln, die sowohl für eine adressatengerechte Kommunikation innerhalb der jeweiligen Partnerorganisation als auch zur gemeinsamen Außenkommunikation effektiv genutzt werden können. Je nachdem, ob die Partner im Rahmen der Kooperation mit am Programm teilnehmenden Schülern, deren Eltern, Lehrkräften, Abteilungsleitern der Schulverwaltung oder Mitgliedern des Kuratoriums einer Förderstiftung über den Erfolg der Initiative sprechen werden, unterscheiden sich eventuell die dafür sinnvollen Informationen.

---

[3] Kurz, Bettina/Kubek, Doreen: Kursbuch Wirkung – Das Praxishandbuch für alle, die Gutes noch besser tun wollen, PHINEO gAG. Berlin 2013.

9. Was ist für uns ein gangbarer Weg?

Ist die Zielrichtung ausreichend klar, fehlt »nur« noch das Verständnis über einen gemeinsamen Weg, auf dem jeder der Partner in seiner jeweiligen Rolle mit den komplementären Ressourcen und Kompetenzen einen Beitrag zur Zielerreichung leisten kann. Die Partner sollten daher von Beginn an – und auch immer wieder im Laufe der Kooperation – folgende Fragen adressieren:

1) Welchen Weg wollen wir gemeinsam gehen, um unsere gemeinsamen und jeweils individuellen Ziele bestmöglich zu erreichen?
2) Was braucht jeder von uns für diesen gemeinsamen Weg? Welches Tempo ist für jeden von uns realistisch machbar?
3) Wer trifft in der Partnerschaft welche Entscheidungen?
4) Wie kommunizieren wir miteinander und mit anderen?

10. Welchen Weg wollen wir gemeinsam gehen? Was kann jeder von uns einbringen?

Mit Blick auf den gemeinsam definierten Zielkorridor sollten die Partner einen gemeinsamen gangbaren Weg abstimmen. Idealerweise verstärken sich die Aktivitäten der Partner gegenseitig. Mit Blick auf die angestrebten Ziele sollte im Kreis der Kooperationspartner regelmäßig reflektiert und überprüft werden, ob man sich noch auf dem richtigen Weg befindet oder ob der gemeinsame Kompass justiert werden sollte. Im Dialog lassen sich wertvolle Ressourcen der Partner entdecken und gezielt einsetzen. Dabei sollten die Partner offen abstimmen, welche Ressourcen und Kompetenzen jeder einzelne Partner einbringen wird. Hier geht der Trend bei Stiftungen weg von reinen Geldspenden hin zu mehr Ressourcenvielfalt. Eventuell ist es sogar wertvoller, wenn eine Stiftung durch ihren Namen und ihr komplementäres Netzwerk Türen zu weiteren Unterstützern öffnet oder ihr langjähriges Know-how im Bereich Projektmanagement zur Verfügung stellt.

11. Was braucht jeder von uns für den gemeinsamen Weg? Welches Tempo ist für jeden von uns realistisch machbar?

Damit der Partnerschaft auf dem Weg nicht der Atem ausgeht, sollten sich die Beteiligten offen dazu abstimmen, was jeder Einzelne auf dem Weg braucht und welcher Grad und welches Tempo von Veränderung realistisch machbar sind. Alle Partner sollten für sich eine angemessene Balance von »Bekanntem« und »Neuem« finden, die ausreichend Halt und damit den erforderlichen Freiraum für Veränderung bietet. Nur dank eines festen Standbeines kann das Spielbein beim »Lernen aus der sich entwickelnden Zukunft« frei genug schwingen. Was den jeweiligen Partnern Halt und Sicherheit bietet, hängt stark vom konkreten Kontext der Initiative und der

Gedankenaustausch in einer Arbeitsgruppe bei der »Trialog der Kulturen«-Jahreskonferenz 2014

jeweiligen Organisationskultur ab. Für manchen bieten Verträge oder schriftliche Zielvereinbarungen ein angemessenes Maß an Verbindlichkeit. Für andere dagegen ist es vielleicht die gemeinsame Kommunikation des Vorhabens nach außen oder regelmäßige persönliche Treffen der Projektverantwortlichen.

Partnerschaften wachsen und entwickeln sich, oft auch in unvorhersehbarer Weise, und die Qualität der Beziehung misst sich vor allem daran, wie Partner in Zeiten unerwarteter Herausforderungen und Konflikte miteinander umgehen. Wichtig ist daher eine partnerschaftliche Grundhaltung, die auf gegenseitigem Vertrauen, Offenheit und Lernbereitschaft basiert. Alle Seiten sollten sich von Beginn an offen mit ihren Werten und Zielen in der Partnerschaft einbringen und diesen treu bleiben. In guten Partnerschaften ist so auch ein »Nein in der Liebe« möglich.

12. Wer trifft in der Partnerschaft welche Entscheidungen?

Einer der wichtigsten Faktoren für gelungene Partnerschaften ist die Klärung einer zur Zielerreichung passenden Governance und Rollenverteilung. Wer trifft in der Partnerschaft welche Entscheidungen und mit welchem Mandat? Welche Hierarchien sind an welchen Stellen erforderlich, um entscheidungs- und handlungsfähig zu sein? Hierfür eine gute Regelung zu finden, ist nicht trivial. Ist eine »Partnerschaft auf Augenhöhe« angestrebt, stellt sich beispielsweise schnell die Frage, wie Partner damit umgehen, dass zwischen Geldgebern und Geldempfängern typischerweise ein Gefälle und damit ein Abhängigkeitsverhältnis entsteht, was wiederum eine offene Lern- und Feedbackkultur verhindern kann. Die offene Anerkennung aller Partner, dass finanzielle Ressourcen nur einer von vielen notwendigen Beiträgen für das Gelingen der Initiative sind und dass Geldgeber an anderer Stelle gleichermaßen von den Beiträgen der Geldempfänger abhängen (beispielsweise vom Zugang zur Zielgruppe oder dem Wissen über den lokalen Bildungskontext), kann derartig einseitige Abhängigkeiten entkräften.

13. Wie kommunizieren wir miteinander und mit anderen?

Häufig leiden Kooperationen darunter, dass nicht ausreichend Raum und Zeit für einen regelmäßigen Austausch besteht. Hapert es an einer effektiven internen Kommunikation, fehlt häufig erst recht eine gute gemeinsame Außenkommunikation. Die regelmäßige Kommunikation zwischen den Partnern ist daher einer der entscheidenden Erfolgsfaktoren. Gerade bei sektorübergreifenden Partnerschaften erfordert dies eine »gemeinsame Sprache« und die Kompetenz, sich gegenseitig empathisch zuzuhören.

14. Fazit

Nur im Zusammenspiel der Sektoren lassen sich die komplexen gesellschaftlichen Herausforderungen unserer heutigen Zeit wirkungsvoll und nachhaltig angehen – speziell im Bildungsbereich, der durch eher adaptive Probleme und die Vielzahl der Akteure und *Stakeholder* gekennzeichnet ist. Erfolgreiche Partnerschaften basieren auf einem offenen Austausch aller Partner, bei dem bereits zu Beginn einer Kooperation die jeweilige Wahrnehmung der Ausgangssituation, die gemeinsame Zielrichtung und ein gangbarer Weg für alle Beteiligten abgestimmt werden. Die Gemeinsamkeiten der Partner bilden die »Sinnbasis« und bieten als gemeinsamer Kompass Orientierung und Halt. Unterschiede sollten wertgeschätzt und als komplementäre Stärken genutzt werden, um das gemeinsame Vorhaben zum Erfolg zu bringen.

Gemeinsam handeln, gemeinsam wirken

Strategien zur Lösung komplexer Probleme

VON BETTINA WINDAU

1. Einleitung

»Wenn du schnell gehen willst, gehe allein. Wenn du weit gehen willst, gehe gemeinsam.«
Afrikanisches Sprichwort

Inklusiv und chancengerecht: So soll das Umfeld von Kindern und Jugendlichen sein, damit sie ihre Potenziale bestmöglich entfalten können. Dies ist eine gesellschaftliche Aufgabe, deren Bewältigung die Zukunftsaussichten jedes einzelnen jungen Menschen ebenso prägt wie die Leistungsfähigkeit unserer Gesellschaft als Ganzes. Das Verständnis für die Bedeutung dieser Aufgabe und der Wille zur Investition von Geld, Zeit und Ideen für diesen Zweck wird in Deutschland von vielen Akteuren aus staatlichen, zivilgesellschaftlichen und privatwirtschaftlichen Organisationen geteilt: Das Engagement in diesem Feld ist seit Jahren steigend. Doch für komplexe Herausforderungen dieser Art gibt es keine einfachen Rezepte oder Lösungen, die immer und überall funktionieren. Vielmehr bestimmen viele Akteure und Einflussfaktoren, ob und wie die zukunftsentscheidende Entwicklung hin zu inklusiver Bildung und zu einem gelingenden Aufwachsen junger Menschen gelingen. In den vergangenen Jahren hat sich vielerorts die Einsicht durchgesetzt, dass kooperative Ansätze wirksamer sein können als das unverbundene und unabgestimmte Handeln einzelner Akteure.

In der Theorie von vielen akzeptiert, ist konsequentes gemeinsames Wirken in der Praxis jedoch noch selten zu finden. Einige Faktoren, die gemeinsame Strategien und abgestimmtes Handeln erschweren, sind zu beobachten:

- *Das Rad wird immer wieder neu erfunden:* Viele erfolgreiche Ansätze und Projekte sind nicht allgemein bekannt, sodass die Skalierung guter Ideen erschwert wird. Zudem haben zahlreiche Organisationen – unter ihnen auch zivilgesellschaftliche und öffentliche Geldgeber – die Tendenz, sich als besonders innovativ darstellen zu wollen. Daher werden immer wieder neue Projekte ins Leben gerufen, die vermeintlich neue Ansätze testen und in kurzer Zeit Erfolge zeigen sollen. Dies führt im besten Fall zu vielen kleinen Inseln sozialer Wirkung – verhindert jedoch, dass komplexe Aufgaben systematisch und über einen längeren Zeitraum bearbeitet werden.

- *Das Streben nach Autonomie:* Sowohl staatliche als auch zivilgesellschaftliche Organisationen folgen ihrem jeweiligen individuellen Auftrag und handeln gemäß ihrer Rolle. Ebenso sind einzelne Menschen darauf bedacht, den eigenen Handlungsraum individuell zu gestalten, und haben den sehr verständlichen Wunsch, sich in ihrem Tun selbst zu verwirklichen. Dies führt zu einem Anspruch auf Gestaltungsfreiheit und öffentliche Sichtbarkeit, dem starken Vertreten eigener Interessen und zu Konkurrenz um immer knappere Ressourcen. All dies steht langfristigen Kooperationen oft im Wege.

- *Wirkungsanalysen konzentrieren sich auf Einzelleistungen anstatt auf den gesamtgesellschaftlichen Fortschritt:* Der wachsende Rationalisierungsdruck und der Wettbewerb um finanzielle Mittel führen dazu, dass Akteure in staatlichen wie in gemeinnützigen Einrichtungen als auch in CSR-Abteilungen von Unternehmen versuchen, sich zu differenzieren und ihren eigenen Beitrag von anderen isoliert sichtbar zu machen. Geldgeber wollen oft vor allem wissen, was genau eine einzelne Organisation unternommen hat – sie fragen aber nicht, ob die gesellschaftliche Herausforderung tatsächlich gelöst wurde.

- *Nur selten entstehen sektorübergreifende Kooperationen:* Trotz einiger ermutigender Beispiele von Kooperationen zwischen Staat, Zivilgesellschaft und Unternehmen sind der Umfang, die Nachhaltigkeit und die Dauer dieser Art der Zusammenarbeit immer noch zu gering. Viele Kooperationen sind punktuell, kurzfristig und formlos, ohne verbindliche gemeinsame Ziele und Aktionspläne.

Das Resultat ist eine Vielzahl parallel nebeneinander operierender Akteure, die sich mit Teilbereichen komplexer Probleme beschäftigen. Auch wenn es immer wieder gut gemeinte Programme zum Spracherwerb, zur Lernförderung, zur Persönlichkeitsbildung, zur Elternarbeit oder Stipendien aller Art gibt – um nur einige zu nennen – diese für sich genommen löblichen Initiativen stehen oft unverbunden nebeneinander und sind nicht in der Lage, eine weitreichende Lösung für eine komplexe Herausforderung wie Chancenungerechtigkeit und Bildungsarmut zu entwickeln. Ein breit geteiltes öffentliches Interesse am guten Aufwachsen aller

Kinder ist unbestritten. Ebenso ist oft zu hören, dass der Wille zur Zusammenarbeit wächst – aber dennoch kommen viele Kooperationen und Netzwerke über das Bekunden des gemeinsamen Anliegens und dem gegenseitigen Austausch von Informationen nicht hinaus. Eine konsequente Koordination ihrer Aktivitäten und vor allem die Übernahme einer gemeinsamen Verantwortung für die Lösung des Problems finden in der Regel nicht statt. Wie müssen also Kooperationen strukturiert sein, die darauf abzielen, komplexe gesellschaftliche Herausforderungen nachhaltig und großflächig zu lösen? Insbesondere auf der Basis von jüngeren internationalen Forschungsergebnissen zu *collective impact* durch ein Forschungs- und Beratungshaus für gemeinnützige Organisationen mit Büros in USA, Europa und Asien[1] konnten fünf Erfolgsfaktoren für wirkungsvolle Kooperationen identifiziert werden: die Entwicklung gemeinsamer Zielsetzungen, gemeinsame Erfolgsindikatoren und Messsysteme, sich gegenseitig verstärkende Aktivitäten, kontinuierliche Kommunikation und eine gut ausgestattete Geschäftsstelle.

1.1 Gemeinsame Zielsetzung

Erfolgreiche Kooperationen zeichnen sich dadurch aus, dass alle Akteure an einem Strang ziehen und ihr Know-how und ihre Ressourcen so einsetzen, dass Synergien entstehen und eine Wirkung erreicht wird, die einer allein nie erreichen könnte. Um eine langfristige, wirkungsvolle Kooperation zu ermöglichen, bedarf es eines gemeinsamen Ziels, das von allen getragen und unterstützt wird. Ideal wären ohne Zweifel ein gemeinsames Problem- und Lösungsverständnis und dadurch das Sprechen einer gemeinsamen Sprache. Diese beiden Aspekte führen wiederum dazu, dass leichter konkrete Zielsetzungen formuliert werden und schneller eine Einigung über die notwendigen Maßnahmen zum Erreichen des gemeinsamen Ziels getroffen werden können. Hiermit unterscheidet sich dieser Prozess grundlegend von der einfachen Bekundung eines gemeinsamen Interesses beziehungsweise Festlegung eines gemeinsamen Tätigkeitsbereichs, wie es so häufig bei Kooperationen der Fall ist. Die Formulierung eines konkreten gemeinsamen Ziels nimmt meist lange Zeit in Anspruch. Ist dieser Prozess jedoch einmal durchlaufen worden, so wird die Koordination der Kooperation erheblich erleichtert, Ressourcen effizienter verteilt und die verschiedenen Akteure können tatsächlich abgestimmt arbeiten. Die Natur der Kooperation verändert sich vollkommen: Sie ist nicht mehr eine zusätzliche Aufgabe, sondern ein zentraler Bestandteil der Strategie aller Beteiligten. Wenn sich jeder mit dem Ziel identifizieren kann, wird auch jeder sein Bestes tun, dieses zu erreichen und nach außen für Unterstützung zu werben.

---

[1] Vgl. URL: http://www.fsg.org/OurApproach/CollectiveImpact.aspx (26.03.2015).

1.2 Gemeinsame Erfolgsindikatoren und Messsysteme

Ist ein gemeinsames Ziel formuliert und ein gemeinsames Verständnis erreicht, können gemeinsame Erfolgsindikatoren identifiziert werden. Es liegt auf der Hand, dass dann ein regelmäßiges Monitoring Auskunft über die Wirkungen der unterschiedlichen Maßnahmen und der Gesamtleistung eines kooperierenden Systems geben kann. Obwohl solche gemeinsamen Erfolgsindikatoren implizit in vielen der gemeinsamen Ziele vorhanden sind, so werden sie doch selten explizit festgehalten und kontinuierlich gemessen. Gemeinsames Wirken ist dadurch charakterisiert, dass Datenerhebung und Fortschrittsanalyse synchronisiert von den Mitwirkenden unternommen werden. So können sie sicherstellen, dass die unterschiedlichen Maßnahmen stetig auf ihre Wirkung überprüft und gegebenenfalls angepasst werden, dass die Beteiligten informiert bleiben und die Maßnahmen laufend abgestimmt werden können. Dies ermöglicht einen kontinuierlichen Lernprozess. Auch eine faktenbasierte interne und externe Rechenschaftslegung wird so erleichtert.

1.3 Sich gegenseitig verstärkende Aktivitäten

Wurden gemeinsame Ziele vereinbart, gilt es – unter Wahrung der Autonomie der einzelnen Organisationen und Personen – konkrete Angebote zur Zusammenarbeit zu machen und die Aktivitäten der einzelnen Akteure zu koordinieren. Das heißt, alle Akteure sollen eine klare Vorstellung erlangen, wie und wo sie ihre Stärken am besten einbringen können, um die größtmögliche Wirkung zu erzielen, indem sie gleichzeitig die Aktivitäten der anderen verstärken. So weiß jeder Akteur, wie und wo er zum Erfolg aller beiträgt. Gleichzeitig wird deutlich, wo es Lücken und Entwicklungsbedarf gibt. In Kenntnis der jeweiligen Stärken und Aktivitäten der einzelnen Organisationen können Ressourcen zielgerichtet gesteuert und Förderlücken geschlossen werden. Gleichzeitig ist es wichtig zu erkennen, welchen Beitrag andere Akteure leisten, um so ein besseres Verständnis der gemeinsamen Schnittstellen zu entwickeln. Darüber hinaus können Unterstützung bei Engpässen, Abbau von eventuellen Parallelstrukturen und vor allem gemeinsames Lernen der handelnden Personen besser organisiert werden.

1.4 Kontinuierliche Kommunikation

Für eine erfolgreiche Kooperation ist gegenseitiges Vertrauen unerlässlich. Dies ist fast ein Gemeinplatz, aber dennoch eine der größten Hürden: Es erfordert erfahrungsgemäß einige Zeit, bis sich gemeinnützige Organisationen, Verwaltungen und Unternehmen gegenseitig respektieren und offen miteinander diskutieren. In der Regel bedarf es einer erfahrenen Moderation, damit die verschiedenen Akteure erkennen können, dass ihre eigenen Interessen berücksichtigt werden und dass in der Kooperation faire Entscheidungen getroffen werden. Die untereinander geteilten Informationen verschaffen den Akteuren eine gemeinsame Sprache und vereinfachen die Entwicklung eines übergreifenden Problem- und Lösungsverständnisses ebenso wie den regelmäßigen Austausch in den verschiedenen Lenkungsgremien der beteiligten Organisationen. Regelmäßige Kommunikation trägt dazu bei, dass die Kooperation und die gemeinsame Zielsetzung bei allen hohe Priorität hat. Allein die Frequenz der Kommunikation ist jedoch kein Erfolgsgarant, effektiv gemeinsam zu wirken. Der Austausch muss sich auf die Wirkung und die Zielführigkeit der verschiedenen Maßnahmen einer Kooperation beziehungsweise eines Netzwerks konzentrieren, um diese immer wieder ins Bewusstsein aller zu rufen und gegebenenfalls Verbesserungsmaßnahmen zu initiieren.

1.5 Gut ausgestattete Geschäftsstelle

Es ist eher unwahrscheinlich, dass eine Kooperation ohne kompetentes Management tatsächlich systematisch eine positive Wirkung erzielt. Die beteiligten Akteure werden wohl kaum zusätzliche Ressourcen und Zeit haben, die vielen Aufgaben zu übernehmen, die für eine effektive Koordination vonnöten sind. Hierzu zählen zum Beispiel die Koordination der Aktivitäten, die Datenerfassung und Berichterstattung, die interne und externe Kommunikation, die Verwaltung und Logistik sowie die Wirkungsanalyse. Langfristig erfolgreiche Kooperationen benötigen umfangreiche Koordination und Unterstützung, die in den einzelnen Organisationen konkret als nutzbringend und entlastend wahrgenommen werden. Im besten Fall wird diese Aufgabe von einer unabhängigen und kompetenten Geschäftsstelle wahrgenommen. Die Geschäftsstelle spielt eine entscheidende Rolle bei allen bisher beschriebenen Kriterien erfolgreicher Kooperation. Sie sollte daher entsprechend ausgestattet sein und von einer Person geleitet werden, die über die notwendigen Kompetenzen und Erfahrungen verfügt, um bei der Vielzahl verschiedener Akteure Aufmerksamkeit und Vertrauen zu gewinnen und einen Sinn für die Brisanz eines bestimmten Themas zu entwickeln. Darüber hinaus sollte die Person die Möglichkeit besitzen, im Konfliktfall als Moderator zu agieren und bei den Akteuren an die Einhaltung von Vereinbarungen zu appellieren und diese notfalls durchzusetzen.

2. Wann sind systematische Kooperationen sinnvoll?

Der Ansatz des »gemeinsam wirken« ermöglicht es, komplexe gesellschaftliche Herausforderungen erfolgreicher anzugehen – jedoch ist er nicht für jedes Thema und für jeden Ort der richtige. Besonders weil solche Initiativen hohe Investitionen in die Projektinfrastruktur erfordern, ist es wichtig, vorab zu prüfen, ob das Konzept tatsächlich sinnvoll ist. Zentrale Faktoren sind beispielsweise:

- *Es handelt sich um ein komplexes Problem:* Benachteiligung von Kindern, Bildungsarmut, Jugendarbeitslosigkeit, Suchtmittelmissbrauch, Klimaschutz oder demografischer Wandel sind nur einige Beispiele komplexer Probleme. Sie sind vielschichtig, umfassen viele Faktoren und Akteure, die ineinandergreifen. Die Probleme können nicht einfach in unabhängige Teilstücke aufgelöst werden. Keine einzelne Organisation, Person oder staatliche Einrichtung kann diese Probleme allein flächendeckend und nachhaltig lösen. Sie betreffen Akteure aus mehreren Sektoren, die zur Lösung beitragen müssen. Es gibt keine Zauberformel, die nur entdeckt und skaliert werden muss. Es ist schwierig, genau vorauszusagen, wann und wie Erfolg kommen wird, denn es sind viele unkontrollierbare Faktoren im Spiel. Ebenso ist es schwierig zu erkennen, ob und wie einzelne Interventionen oder Maßnahmen einen Wandel bewirken können, der die Gesamtdynamik im System maßgeblich beeinflussen würde.

- *Es gibt einen »Eigner«,* das heißt eine oder mehrere einflussreiche Organisationen oder Personen, die sich der Lösung des komplexen Problems verschrieben haben. Diese Akteure wollen ihre Ressourcen, ihr Ansehen, ihren Einfluss und ihre Netzwerke für das Thema einsetzen. Darüber hinaus haben sie einen sehr langen Atem bei der Einbindung von beteiligten Personen und Organisationen. Die Entwicklung von Infrastruktur ist ihnen vertraut, oder sie sehen mindestens die Notwendigkeit dafür. Beispiele für solche Eigner sind häufig Personen des öffentlichen Lebens wie Bürgermeister, angesehene Kommunalpolitiker, Leiter von wichtigen gemeinnützigen Organisationen oder auch hochkarätige Akademiker oder Manager von lokalen Unternehmen.

- *Das Thema ist brisant:* Das Thema wird von der Öffentlichkeit als gravierendes Problem angesehen, für das es dringenden Handlungsbedarf gibt. Dies wird häufig durch die Veröffentlichung von Daten und Fakten, durch die Häufung relevanter Vorfälle, durch eine breite Berichterstattung in den Medien oder auch durch einen gezielten Aufruf hervorgerufen. Bei manchen Themen ist es einfacher, eine Brisanz zu entwickeln, als bei anderen.

- *Förderungspotenzial ist bereits vorhanden:* Für das Thema gibt es bereits Förderer, die Ressourcen unterschiedlicher Art bereitstellen. Zumindest sollten Förderer ein generelles Interesse oder – besser – einen Auftrag haben, sich mit dem Thema zu befassen, und generell in der Lage sein, dies zu tun. Sollte für ein bestimmtes Thema jedoch bisher keine Finanzierung durch die öffentliche Hand oder andere Geldgeber existieren, so wird es schwieriger werden, die notwendigen Fördermittel für gemeinsames Wirken zu erlangen. Manchmal ist jedoch auch eine systematische Analyse des Umfeldes zu empfehlen, um bisher verborgenes Förderpotenzial zu identifizieren.

- *Ressourcen für Infrastruktur/Prozesskoordination:* Um »gemeinsam wirken« umzusetzen, ist es unabdingbar, gezielt in die Prozessplanung, Einbindung der Anspruchsgruppen, Geschäftsstelle sowie die Entwicklung gemeinsamer Kommunikations- und Messsysteme zu investieren. Nur wenn Geldgeber zu solchen langfristigen Investitionen in die Infrastruktur bereit sind, wird es möglich sein, gemeinsames Wirken in die Wege zu leiten und erfolgreich durch die Startphasen zu bringen.

- *Bestehende Kooperationen:* Erfolgreiches gemeinsames Wirken kann besonders gut auf bereits vorhandene Initiativen aufbauen. Je mehr Kooperationen und Netzwerke in einem Feld und einer Region bereits bestehen, desto einfacher ist es, die verschiedenen Akteure einzubinden. Es ist besonders hilfreich, wenn die Verwaltungen und Politik, die gemeinnützigen Organisationen und die Unternehmen bereits Erfahrung mit Kooperationen gemacht haben. Auf diese Erfahrung kann dann aufgebaut werden. Die Erfahrungen mit Kooperationen und die Professionalität der größeren Organisationen spielt eine entscheidende Rolle bei der Koordinierung dieser großen Anzahl von Beteiligten.

- *Bestehende gut ausgestattete Geschäftsstelle beziehungsweise Leiter(in) der Geschäftsstelle:* Die Geschäftsstelle ist ein wichtiger Faktor für den Erfolg gemeinsamen Wirkens. Diese sollte von einer starken, charismatischen Führungspersönlichkeit geleitet werden. Existiert eine solche Person bereits beziehungsweise gibt es eine Organisation, die die Rolle der Geschäftsstelle übernehmen könnte, so wird die Entwicklung natürlich sehr erleichtert. Für ein gemeinsames Wirken müssen diese spezifische Kompetenzen haben: ein Verständnis für die Handlungslogiken der beteiligten Organisationen und Persönlichkeiten, um auf einem schmalen Grat zwischen der nötigen Führung der Akteure und der Wahrung der Autonomie der Beteiligten balancieren können. Ob Geldgeber, neue oder bestehende gemeinnützige Organisationen, Stiftungen oder auch Stabstellen in Verwaltungen, sie alle können die Rolle der Geschäftsstelle übernehmen.

3. Wie entstehen Kooperationen, die gemeinsam wirken?

Erfolgreiches gemeinsames Wirken entfaltet sich in der Regel in drei Phasen. In jeder dieser drei Phasen wird an wichtigen Bausteinen der Initiative gearbeitet: die Steuerung und Infrastrukturentwicklung, die strategische Planung, die Einbindung der relevanten Anspruchsgruppen, die Wirkungsanalysen und das Qualitätsmanagement.

- *In Phase I wird die Initiative gestartet.*
  Diese erfordert ein gutes Verständnis der Landschaft der Schlüsselakteure, die sich mit dem Problem bereits beschäftigen, sowie der bereits existierenden Initiativen. Außerdem bedarf es verlässlicher Daten, um die Ausganglage abzuschätzen, das Problem zu beschreiben und einzugrenzen und seine Brisanz aufzuzeigen. Darüber hinaus müssen Strukturen und Prozesse geschaffen werden, die es den Eignern erlauben, für ihr Vorhaben zu werben und den ersten Austausch zwischen Anspruchsgruppen zu koordinieren.

- *In Phase II beginnt die Gestaltung gemeinsamen Wirkens.*
  Sie erfordert, dass die Beteiligten zusammenarbeiten, um gemeinsame Ziele und Erfolgsindikatoren festzulegen, eine unterstützende Infrastruktur zu schaffen und damit zu beginnen, die vielen beteiligten Organisationen mit ihren gemeinsamen Zielen und Maßnahmen zu koordinieren.

- *Phase III ermöglicht dann in verschiedenen Prozessen die adaptive Umsetzung.*
  Die beteiligten Personen und Organisationen setzen den in Phase II entwickelten gemeinsamen Fahrplan um, sammeln systematisch Daten und entwickeln pragmatische Prozesse, die beim Verfolgen ihrer gemeinsamen Ziele aktives Lernen und Kurskorrekturen ermöglichen.

Eine realistische Vorstellung über die benötigte Zeit dieser ersten Entstehungsphasen ist überaus hilfreich. Es erfordert Zeit, eine Infrastruktur zu schaffen, in der die Partner zusammenarbeiten können und mit der ein vielschichtiges System wirklich verbessert werden kann. Die ersten beiden Phasen allein können sechs Monate bis zwei Jahre dauern. Das Ausmaß des anzugehenden Problems, der Grad der bestehenden Zusammenarbeit und die Breite des Engagements in den Kommunen wirken sich alle auf den Zeitbedarf aus. Durch eine Bewertung der vorher benannten Voraussetzungen für »gemeinsam wirken« kann man den Zeitbedarf besser abschätzen. Ist die Initiative einmal etabliert, kann Phase III ein Jahrzehnt oder mehr dauern.

Selbstverständlich ist die Entstehungsgeschichte einer jeden Kooperation anders. Dennoch gibt es bestimmte Erfolgsfaktoren für alle vier Bausteine.

1. *Steuerung und Infrastruktur entwickeln:* In den ersten beiden Phasen werden die Basis für die Infrastruktur und die Koordinationsprozesse für gemeinsames Wirken aufgebaut. Die Grundbausteine dieser Infrastruktur sind das gemeinsame Ziel, das durch gemeinsame konkrete Erfolgsindikatoren definiert wird, sowie die Einbindung der Akteure, die gemeinsam wirken sollen. Die Struktur erfolgreicher Initiativen ist natürlich immer etwas unterschiedlich, jedoch kann man

durchaus wiederkehrende Muster beobachten: Jede Kooperation beginnt mit der Einrichtung eines Aufsichtsgremiums, welches sich in der Regel aus Führungskräften auf der Vorstandsebene der Schlüsselorganisationen der verschiedenen Sektoren zusammensetzt. Dieses Gremium wird häufig als Lenkungsausschuss oder Steuerungsgruppe bezeichnet. Im besten Fall werden auch Vertreter der von dem Problem betroffenen Personen in das Aufsichtsgremium mit aufgenommen. Diese Steuerungsgruppe arbeitet daran, eine gemeinsame Zielsetzung zu erstellen, die die Grenzen der Initiative definiert und einen strategischen Rahmen festlegt, der es erlaubt, einen gemeinsamen Fahrplan für die Kooperation zu entwickeln. Danach trifft sich die Steuerungsgruppe regelmäßig, um die Fortschritte der gesamten Initiative zu beaufsichtigen. Sobald man sich auf den strategischen Rahmen geeinigt hat, werden für alle wesentlichen Ansatzpunkte oder Strategien verschiedene Arbeitsgruppen gebildet. Komplexere Initiativen haben möglicherweise Untergruppen, die sich mit speziellen Zielen im Rahmen der priorisierten Strategien befassen. Obwohl sich jede Arbeitsgruppe allein trifft, kommunizieren sie miteinander und stimmen sich auf mehreren Ebenen ab. Eine effektiv agierende Geschäftsstelle kann die koordinierte Aktion von mehreren Hundert verschiedenen Akteuren bewirken, die sich alle gleichzeitig mit Lösungen für viele verschiedene Ausprägungen eines komplexen Problems befassen.

2. *Strategisch planen:* Trotz eines gemeinsamen Anliegens fällt es Akteuren oft schwer, sich auf klare konkrete Ziele auf der Basis gemeinsamer Erfolgsindikatoren und auf abgestimmte Aktivitäten zu einigen. Hilfreich ist das Vorgehen in zwei Schritten: Erst muss das zu behandelnde Problem genau eingegrenzt werden (Phase I); dann muss ein gemeinsamer Fahrplan für die Steuerung der Aktivitäten der Initiative verabredet werden (Phase II). Die Formulierung eines gemeinsamen Ziels und die Entwicklung eines gemeinsamen Problemverständnisses werden durch die Verfügbarkeit von Daten vereinfacht, sie sind aber dennoch eine Ermessensfrage und basieren auf den jeweiligen Gegebenheiten. Grenzen können und werden sich im Laufe der Zeit verschieben, sodass flexibles Reagieren und Weiterentwicklungen immer möglich sein sollten. Sobald die ersten Systemgrenzen gezogen sind, wird ein gemeinsamer Fahrplan für die Kooperation entwickelt. Dieser sollte kein komplizierter Plan mit starren Vorgaben sein, sondern muss einerseits dem Erfordernis für ein umfassendes Verständnis sowohl des Problems als auch aller Aktivitäten der Beteiligten gerecht werden (Phase II), soll aber dennoch einfach und verständlich für alle bleiben. Gleichzeitig muss er flexibel genug gestaltet sein, um einen organischen Lern- und Entfaltungsprozess der Initiative zu erlauben (Phase III). Belastbare Fahrpläne umfassen eine daten- und faktenbasierte Beschreibung des Problems; klare Ziele für die angestrebte

Veränderung; ein Portfolio von Schlüsselstrategien, um Veränderungen voranzutreiben; verabredete Prinzipien, die das Verhalten der Gruppe lenken und einen Ansatz zur Wirkungsanalyse, mit dem die Initiative Rückmeldungen zu ihren Bemühungen erhalten und beurteilen wird.

3. *Einbinden der Beteiligten:* Anfangs ist es besonders wichtig, die relevanten Akteure für das Thema und die Notwendigkeit gemeinsamen Wirkens zu gewinnen. Diese können durch persönliche Gespräche, Nutzen von vorhandenen Netzwerken, Organisation von Impuls-Veranstaltungen erreicht werden. Schließlich bieten Studien, welche die Brisanz aufzeigen, die Möglichkeit zu einer *Roadshow*, bei der Akteure mit dem Problem und möglichen Lösungswegen konfrontiert werden. Die beteiligten Gruppen können dann bei der Entwicklung gemeinsamen Wirkens verschiedene Rollen spielen: zum Beispiel können sie Eigner, Geldgeber, Mitentwickler des gemeinsamen Ziels und des gemeinsamen Fahrplans und vor allem Teilnehmende einer Arbeitsgruppe sein. Die Arbeitsgruppen entwickeln üblicherweise eigene Fahrpläne (Phase II), um ihre Unterziele zu erreichen, und treffen sich regelmäßig, um Daten und Fakten über erreichte Fortschritte auszutauschen. Darüber hinaus machen Arbeitsgruppen ihre Aktivitäten bei anderen Organisationen und Anspruchsgruppen besser bekannt, damit der Kreis der Beteiligten an der Initiative wachsen kann (Phase III). Die Anzahl der Arbeitsgruppen und die diversen Ebenen der Zusammenarbeit können sich also je nach Bedarf im Laufe der Zeit ändern. Ein zusätzlicher Vorteil gemeinsamen Wirkens ist, dass das gemeinsame Ziel kohärent allen Akteuren gegenüber kommuniziert wird. So wird es immer bekannter, findet neue Förderer und selbst Organisationen, die nicht von Anfang an unmittelbar beteiligt sind, haben die Möglichkeit, ihre Aktivitäten besser mit der Initiative abzustimmen. Schließlich können die Beteiligten ihre politische Kraft bündeln und für Themenanwaltschaft und langfristiges Agendasetting nutzen.

4. *Wirkungsanalyse und Qualitätsmanagement:* Ein aufwendiger, aber unerlässlicher Aspekt ist die Entwicklung eines gemeinsamen Messsystems – der Gebrauch gemeinsamer Indikatoren, um Fortschritte auf dem Weg zum Ziel zu verfolgen und um zu lernen, was funktioniert und was nicht. Die klassische Wirkungsanalyse, die sich darauf konzentriert, die Wirkung einzelner Organisationen zu isolieren, findet hier keine Anwendung. Die Herausforderung besteht vielmehr darin, die Wirkung von mehreren kooperierenden Organisationen zu analysieren. Verständlicherweise erschweren es konkurrierende Prioritäten und Ängste, als leistungsschwach beurteilt zu werden, sich auf Maßnahmen zur Transparenz zu einigen. Der erste Schritt ist daher sehr eng mit dem Prozess der Entwicklung

einer gemeinsamen Zielsetzung und Erfolgsindikatoren verbunden. Hilfreich ist es, einen kleinen, aber umfassenden Satz von Erfolgsindikatoren zu haben, denn so wird eine gemeinsame Sprache etabliert, die die Entwicklung eines gemeinsamen Fahrplans erleichtert und Fortschritte bei der Erreichung der gemeinsamen Zielsetzung sichtbar macht. Gemeinsame Erfolgsindikatoren ermöglichen eine bessere Anpassung der Ziele verschiedener Organisationen und bieten eine Plattform für eine beständig lernende Gemeinschaft, die schrittweise ihre Wirkungseffizienz erhöht. Sich gegenseitig verstärkende Aktivitäten können eindeutiger identifiziert werden. Wie bei der gemeinsamen Zielsetzung müssen alle beteiligten Akteure für die Entwicklung eines gemeinsamen Messsystems mit an Bord gebracht werden. Hierbei muss offen über die verschiedenen Erwartungen diskutiert werden: Besonders wichtig ist erfahrungsgemäß die Balance zwischen Vertraulichkeit im Umgang mit den gewonnenen Daten und der notwendigen Transparenz. Dies auszuhandeln und zu gestalten, bedarf Zeit und Ressourcen. Eine kompetente Geschäftsstelle spielt bei diesem Prozess eine Schlüsselrolle.

Gemeinsames Wirken muss in jedem Anwendungsfall individuell entwickelt werden.

4. Ein langer Atem

Die Lösung eines komplexen Problems wie die Gestaltung eines inklusiven Bildungssystems ist kein Kurzstreckenlauf, sondern eher ein Marathon: Es dauert lange, ist mühsam und Abkürzungen gibt es nicht. Es kann durchaus mehr als ein Jahrzehnt dauern, bevor das Gesamtziel einer Initiative erreicht wird – gleichzeitig gibt es jedoch einen systemischen Wandel, der die nachhaltige Lösung eines Problems ermöglicht. Gemeinsames Wirken ist kein Patentrezept. Es wirkt im Laufe der Zeit durch viele kleine Verbesserungen, die stufenweise stattfinden, während die verschiedenen Akteure lernen, wie sie sich besser miteinander abstimmen und effektiver zusammenarbeiten können. Zum Glück macht man auf dem Weg Fortschritte. Frühe Erfolge sind wichtig, denn sie zeigen den Wert der Zusammenarbeit und halten alle Beteiligten zusammen. Allein die Einigung auf ein gemeinsames konkretes Ziel fühlt sich für die Beteiligten oft schon wie ein wichtiger Erfolg an. Doch um erfolgreich gemeinsam komplexe soziale Probleme zu lösen, muss sich einiges ändern: Vor allem Geldgeber sollten bereit sein, einen Prozess mit offenem Ende über viele Jahre hinweg zu unterstützen. Sie sollten akzeptieren, dass sie zu einer nachhaltigen gesellschaftlichen Wirkung beitragen, ohne dass sie allein dafür große Anerkennung erhalten. Es kann nämlich hierbei kein einzelnes Ergebnis direkt ihrer Finanzierung zugeschrieben werden. Gemeinnützige Organisationen werden erkennen, dass sie durch gemeinsames Handeln die Wirkung steigern können. Dies bedeutet aber auch eine Umstellung vom Insel-Denken zum Netzwerk-Denken. Das Erreichen des Gesamtziels muss wichtiger werden als das Image des eigenen Programms. Hierzu gehört viel Vertrauen, das langsam und gezielt kultiviert werden muss. Zudem muss sich die Einstellung der Beteiligten zum Thema Wirkungsanalyse verändern. Statt sich auf die Messung von Einzelleistungen zu konzentrieren, sollte der Fokus eher auf dem Fortschritt im Hinblick auf die Lösung des Gesamtproblems liegen. Statt als lästige Pflicht muss Evaluation und Wirkungsanalyse als Hilfsmittel zur gemeinsamen Wirkungssteigerung verstanden werden. Schließlich muss die Förderung von Prozessen und Infrastruktur als lohnenswert angesehen werden. Gut ausgestattete Geschäftsstellen spielen für gemeinsames Wirken eine Schlüsselrolle. Doch leider werden diese oft als genau die Art von Kosten betrachtet, die Geldgeber zu vermeiden suchen. Effektive Geschäftsstellen haben eine außergewöhnliche Hebelwirkung: Die notwendige Finanzierung beträgt üblicherweise weniger als ein Prozent des Gesamtbudgets der Organisationen, die sie koordiniert, kann jedoch die Effektivität der anderen 99 Prozent der Aufwendungen enorm erhöhen.

Diese Veränderungen in die Wege zu leiten, wird nicht einfach sein. Aber um es der Politik, Verwaltung, Zivilgesellschaft und Wirtschaft zu ermöglichen, komplexe Herausforderungen tatsächlich zu lösen, sind sie essenziell.

Schülerinnen der Erich-Kästner-Schule Baunatal stellen ihr Projekt »Mosaik der Religionen« vor

Erfolgreiche Kooperationen mit Stiftungen im Bildungsbereich

Kriterien aus ministerieller Perspektive

VON BRIGITTE HETZ

Stiftungen stellen besondere Organisationen der Zivilgesellschaft dar und erfüllen wichtige Rollen und Funktionen. Alleine 20.784 rechtsfähige Stiftungen des bürgerlichen Rechts bestanden nach Angabe des Bundesverbandes Deutscher Stiftungen Ende 2014 in Deutschland. Sie übernehmen gesellschaftliche Verantwortung in den unterschiedlichsten Bereichen und beschränken sich dabei häufig nicht nur auf eine reine Fördertätigkeit, sondern entwickeln eigene Programme und Projekte, um ihren Stiftungszweck zu verwirklichen. Sie bringen sich dabei mit Fachexpertise und einem beachtlichen Finanzvolumen auch in das Bildungsgeschehen ein. In ihrer professionellen Ausrichtung suchen sie bei ihrem Engagement die Abstimmung, Unterstützung und Zusammenarbeit mit staatlichen Institutionen. Dabei können sie in staatlich-privater Kooperation als Impulsgeber und verlässlicher Partner wirken, Innovationen gemeinsam vorantreiben, diese in der Praxis erproben und mithelfen, erfolgreiche Konzepte nachhaltig zu etablieren. Diese staatlich-privaten Partnerschaften sind eine flexible Möglichkeit, auf neue und bestehende Herausforderungen zu reagieren. Welche Voraussetzungen müssen gegeben sein, damit Kooperationen zwischen staatlichen Institutionen und Stiftungen gelingen und erfolgreich an Schulen wirken? An drei Beispielen staatlich-privater Kooperationen in Hessen, einem Schülerwettbewerb, einem Stipendienprogramm und einem Programm zur Leseförderung soll dies exemplarisch dargestellt werden.

1. Schülerwettbewerbe in staatlich-privater Kooperation

Viele, auch bundesweit aktive Wettbewerbsausrichter beklagen sehr niedrige Teilnehmerzahlen und ein aus ihrer Sicht mangelndes Interesse der Schulen an neuen Wettbewerben. Woher kommt dieses Desinteresse? Warum gelingt es nicht, Schulen für eine Teilnahme an Wettbewerben zu begeistern? Welche Wettbewerbsformate sind an Schulen erfolgreich? Dies soll am Beispiel des Wettbewerbs »Jugend präsentiert« deutlich werden.

1.1 Der Wettbewerb »Jugend präsentiert«

Die Klaus Tschira Stiftung gGmbH fördert Kompetenzen, vor allem in den mathematisch-naturwissenschaftlichen Fächern, und hat hierzu den Schülerwettbewerb »Jugend präsentiert« entwickelt. Kern des Wettbewerbs ist es, Wissen und Ideen verständlich zu vermitteln und bei der Präsentation sicher und überzeugend aufzutreten. Diese Kompetenz gehört zu den zentralen Anforderungen des schulischen und beruflichen Alltags. Der noch junge Wettbewerb startete 2013. Bis 2014 beteiligten sich bundesweit 650 Schülerinnen und Schüler. 400 Lehrkräfte wurden als Multiplikatoren aus- und fortgebildet.

Das Hessische Kultusministerium hat die Entwicklung des neuen Wettbewerbsformates von Anfang an eng begleitet. In einem Pilotvorhaben wurden die vorbereitenden Lehrermaterialien und das Wettbewerbsformat auch an ausgewählten hessischen Schulen getestet. Die Rückmeldungen aus der Praxis waren hilfreich, um Schüler- und Lehrermaterialien zu verbessern und die Durchführung des Wettbewerbs zu optimieren. Die Ausbildung der Multiplikatoren (Lehrkräfte im Schuldienst) ermöglicht, dass Teilnehmende vorbereitet in den Wettbewerb starten und alle Schülerinnen und Schüler, also nicht nur Wettbewerbsbeteiligte, von der Ausbildung der Multiplikatoren und den besonderen Unterrichtseinheiten profitieren. Die Stiftung hat sich mit dem umfassenden Unterrichtsmaterial einem konkreten Bedarf an den Schulen angenommen und ermöglicht den Jugendlichen einen niedrigschwelligen Einstieg in den Wettbewerb. Ein kurzes Bewerbungsvideo reicht aus.

In Hessen wurde der Wettbewerb von Beginn an durch eine Landeskoordination begleitet. Die vom Hessischen Kultusministerium beauftragte Lehrerin stellt sicher, dass das Wettbewerbsformat hessenweit bekannt wird, unterstützt Schulen bei der Implementierung eines schuleigenen Curriculums, motiviert durch Vorträge einen großen Teilnehmerkreis zur Wettbewerbsbeteiligung und gewinnt Lehrkräfte für die Fortbildung als Multiplikator.

Ein jährlicher Austausch der hessischen Wettbewerbskoordinatoren führt zu Synergieeffekten für die Unterrichtsentwicklung und Wettbewerbsvorbereitung. Diese Fachkonferenz informiert über die jeweiligen Wettbewerbe, vernetzt die Koordinatoren untereinander und macht mögliche Synergien zwischen den Wettbewerben sichtbar und nutzbar. Eine gute Präsentationskompetenz beispielsweise ist Grundlage für viele Kernbereiche des Unterrichts und für eine erfolgreiche Teilnahme an unterschiedlichen Wettbewerbsformaten.

Das angebotene professionelle Unterrichtsmaterial unterstützt die Lehrpersonen in besonderer Weise und ermöglicht einen breitenwirksamen Einsatz im Unterricht aller Fächer und Jahrgangsstufen. Es wird damit ein deutlich größerer Kreis erreicht als nur die am Wettbewerb teilnehmenden Schülerinnen und Schüler. Besonderen Begabungen steht die Bewährung im Wettbewerb offen. Talentierte und motivierte Teilnehmerinnen und Teilnehmer können sich in ihren Präsentationstechniken weiterentwickeln und sich in ihrem Können mit anderen messen.

Der Wettbewerb verläuft mehrstufig. Zunächst reichen die Jugendlichen eine kurze Präsentation als Video ein. Die Besten werden zu einer eintägigen Qualifikation eingeladen, die sich durch ein Präsentationstraining und eine zu lösende Aufgabe auszeichnet. Die Erfolgreichsten qualifizieren sich für die Teilnahme am Finale und werden zu einer mehrtägigen Präsentationsakademie eingeladen. Für das Finale wird ein Thema vorgegeben, zum Beispiel Luft. Zu diesem Thema wählen die Finalisten dann eine Frage, beispielsweise »Wie atmen Fische unter Wasser?«, und erarbeiten hierzu eine Präsentation. Die Teilnehmerinnen und Teilnehmer bereiten ihren Vortrag analog und mit digitaler Medienunterstützung vor.

Die Ausbildung der Präsentationskompetenz ist für alle Schulformen und alle Fächer bedeutsam, denn in Hessen sind Präsentationen in allen Abschlussprüfungen der Haupt-, Realschulen und Gymnasien vorgesehen. Das Thema ist damit von hoher Relevanz für die Unterrichtspraxis. Lehrkräfte und Schülerinnen und Schüler profitieren gleichermaßen von dem Breitenangebot für Schulen. Der Wettbewerb selbst führt zu einer weiteren Professionalisierung der Jugendlichen, da Vorbereitungsseminare und Feedbackrunden den individuellen Lernerfolg weiter stützen.

1.2 Fazit

Unterrichtsmaterialien und Wettbewerbsformat müssen gut vorbereitet und exemplarisch in der Praxis getestet sein. Für die Weiterentwicklung des Formats müssen Lehrpersonen aktiv eingebunden und für die Umsetzung im Unterricht ausgebildet werden.

Lehrer- und Schülermaterialien, Schülerworkshops und professionelle Fortbildungsformate für Lehrkräfte unterstützen unmittelbar die Unterrichtspraxis und bereichern die Unterrichtsentwicklung. Die Angebote für Lehrkräfte führen zu einer höheren Bereitschaft, das Thema im Unterricht aufzugreifen und den Wettbewerb in der Schule anzubieten. Die Kaltakquise eines neuen Wettbewerbs hat in der Regel keine Aussicht auf Erfolg, da die Schulen mit Wettbewerbsangeboten überfrachtet werden.

Eine Landeskoordinatorin öffnet den Zugang zu Schulen, informiert, berät und unterstützt Schulen und Wettbewerbsausrichter.

Die Förderung und Empfehlung des Wettbewerbs durch das Hessische Kultusministerium gibt den Schulen Sicherheit und Orientierung bei der Auswahl lohnender Wettbewerbe.

Über die Zahl der eigentlichen Wettbewerbsbeteiligten hinaus profitieren Lehrkräfte, Schülerinnen und Schüler von dem Kompetenzzuwachs und den besonderen Wirkungen auf den Unterricht und gegebenenfalls auch auf das Schulcurriculum.

Nachfolgend nun das zweite Praxisbeispiel. Die Lektüre wird zeigen, dass sich bestimmte erfolgssichernde Bedingungen für staatlich-private Kooperationen wiederholen und neue interessante Aspekte hinzukommen, wie zum Beispiel die qualitätssichernde Vernetzung der Programmangebote oder die enge Einbindung lokaler Partner.

Schülerinnen und Schüler der berufsbildenden Schule Gemersheim präsentieren ihr Projekt »Kräuter aus aller Welt«

2. Stipendienprogramme in staatlich-privater Kooperation

Stipendienprogramme zielen in der Regel auf eine besondere Einzelförderung begabter oder talentierter Personen. Stiftungen investieren in die Zukunft junger Menschen durch materielle und finanzielle Unterstützung sowie durch darüber hinaus bereitgestellte Unterstützungsprogramme, die auf die Kompetenzentwicklung und Bedürfnisse der Stipendiaten abgestimmt sind. Sie sind damit eine wichtige Ergänzung im Bereich der Bildungsförderung und ermöglichen eine kostenintensive und lohnende Unterstützung in der Ausbildung ausgewählter Personen, wie sie staatliche Institutionen in der Regel für Einzelne nicht leisten.

Was macht nun diese Förderprogramme so interessant für staatlich-private Kooperationen? Wie gelingt es, dass Stipendienprogramme nicht isoliert als Einzelmaßnahmen der individuellen Förderung wirken, sondern auch Rückwirkungen auf schulische Institutionen und die Schulentwicklung haben? Am Beispiel des mehrfach ausgezeichneten »Diesterweg-Stipendiums« wird dies im Folgenden dargestellt.

2.1 Das »Diesterweg-Stipendium« für Kinder und ihre Eltern

Das »Diesterweg-Stipendium« der Polytechnischen Gesellschaft Frankfurt am Main begleitet Kinder in einem zweijährigen Programm beim Übergang von der vierten in die fünfte Klasse. Gefördert werden Kinder Frankfurter Grundschulen mit gutem Leistungspotenzial, aber förderbedürftigen Deutschkenntnissen. Die teilnehmenden Familien erhalten eine finanzielle Förderung für bildungsbezogene Anschaffungen und Maßnahmen. Kinder und Eltern nutzen Akademietage und Exkursionen zu Bildungsorten in Frankfurt am Main und Umgebung. Kindertreffs zur Deutschförderung und Elterntreffs zu aktuellen Bildungsthemen runden das Programm ab. Das »Diesterweg-Stipendium« ist ein Kooperationsprojekt der Stiftung Polytechnische Gesellschaft mit dem Hessischen Kultusministerium, dem Hessischen Ministerium für Soziales und Integration, dem Dezernat für Bildung und Frauen der Stadt Frankfurt am Main und dem Amt für multikulturelle Angelegenheiten Frankfurt am Main. Auch in diesem Programm hat sich der enge Praxisbezug bewährt. Eine erfahrene Lehrerin einer Frankfurter Grundschule wurde für die Begleitung und Entwicklung der Kooperation vom Hessischen Kultusministerium als Leiterin des Projekts eingesetzt.

Über die Verknüpfung mit der Deutsch-Fördermaßnahme »Deutsch-Sommer« in den Sommerferien und »Endspurt« in den Weihnachtsferien gelingt der enge Austausch mit den Grundschulen vor Ort. Beide Maßnahmen gelten als schulische Veranstaltungen und werden vom Hessischen Kultusministerium zur Teilnahme empfohlen. Lehrkräfte entsenden Kinder für die Deutsch-Ferien und profitieren im eigenen Unterricht von den Fortschritten in der sprachlichen und persönlichen Entwicklung der Schülerinnen und Schüler. Durch Rückmeldungen der unterrichtenden Lehrkräfte der teilnehmenden Schulen ist eine besondere Form der Wirkungsanalyse möglich.

Aus dem Teilnehmerkreis des Deutsch-Sommers wiederum empfehlen sich Familien, die sich im Deutsch-Sommer engagiert für den Bildungserfolg ihrer Kinder eingebracht haben, durch ihr gezeigtes Interesse für eine Aufnahme in das Diesterweg-Stipendienprogramm.

Parallel zum Stipendien-Programm wurde die »Diesterweg-Schulwerkstatt« eingerichtet. Die im Stipendium gewonnenen Erkenntnisse werden durch Fortbildungsveranstaltungen in die Kollegien der Frankfurter Schulen getragen. Die Lehrkräfte erhalten praktische Anregungen und Unterstützung zur Verbesserung der interkulturellen Elternarbeit, der Sprachförderung und Unterrichtsentwicklung, der Begabungsförderung und dem Übergangsmanagement. Abrufangebote für die Einzelschule werden zahlreich genutzt.

Bausteine des Fortbildungsangebotes sind hier beispielhaft gelistet:
- Schulbegleitende Gespräche zu dritt: Lehrer – Eltern – Schüler
- Elterngespräche erfolgreich führen
- Eltern besser erreichen
- Elternabende neu gestalten
- Eltern in den Berufsorientierungsprozess ihrer Kinder einbeziehen
- Deutsch als Zweitsprache
- Sprachsensibler Fachunterricht
- Mathematik und Sprache
- Sprachförderung im Rahmen von Vorlaufkursen und Vorklassen
- Seiteneinsteiger in der Grundschule
- Erarbeitung eines Sprachförderkonzeptes
- Leistungspotenziale diagnostizieren
- Heterogenität und individuelle Förderung
- Gemeinsam lernen – individuell fördern
- Potenzialorientierung in der Klasse
- Hochbegabung und Underachievement
- Regeln, Routinen, Rituale – Übergangsmanagement für 5. Klassen

Die Wirkung des Stipendienprogramms geht damit weit über die Einzelförderung der Stipendiaten hinaus und bereichert die Schulentwicklung der Einzelschule. Kinder, die keine Stipendien erhalten, profitieren über die fortschreitende Professionalisierung der Lehrkräfte und die damit einhergehenden bereichernden Einflüsse auf die Didaktik und Methodik des Regelunterrichts. Die Bildungspartnerschaft zwischen Schule und Elternhaus wird gelebt und auf die Bedürfnisse der Schulgemeinde abgestimmt.

Diese gelungene staatlich-private Kooperation steht Pate für die Übertragung der Programmidee in andere Städte. Dabei ist die Stiftung Polytechnische Gesellschaft Unterstützer und Berater zugleich und hat eine Handreichung für den Transfer des »Diesterweg-Stipendiums« an andere Standorte erstellt. Stiftungen in Partnerschaft mit operativ arbeitenden Vereinen oder Institutionen wirken schon heute in erfolgreichen staatlich-privaten Kooperationen in den Städten Hannover, Hamburg, Darmstadt, Kirn an der Nahe und Dortmund. 2015 ist die Übernahme des Programms in Offenbach gelungen und in zwei weiteren Städten geplant.

2.2 Fazit

Stiftungen ergreifen die Initiative zu innovativen Projekten und gewährleisten eine professionelle Umsetzung und Evaluation. Die besondere finanzielle Unterstützung und das bereitgestellte fachliche Know-how der Stiftungen erlaubt Maßnahmen, die die öffentliche Hand in diesem Umfang nicht leistet. Frei von gesellschaftlichen Strömungen und politischen Zwängen erproben sie Neues und erarbeiten bestmögliche Lösungen. Dabei nutzt die Stiftung Polytechnische Gesellschaft ihr Privileg als unabhängige Stiftung und profitiert von der Zusammenarbeit mit staatlichen Institutionen. Auch in diesem Fall ist die enge Einbindung und Rückkopplung mit den Akteuren in und im Umfeld von Schulen unbedingte Voraussetzung für den Erfolg des Programms. Fortbildungsveranstaltungen für Lehrkräfte sind eng an den Bedürfnissen der Praxis ausgerichtet, werden zahlreich nachgefragt und sichern damit die Breitenwirkung. Abrufangebote für Fachschaften oder gesamte Kollegien der Einzelschule ermöglichen eine nachhaltige Wirkung für die Schulentwicklung. Eine ganze Schule macht sich auf den Weg. So bleibt beispielsweise Sprachförderung nicht auf den Deutschunterricht beschränkt. Das Stipendienprogramm ist keine isolierte Einzelmaßnahme, sondern – im Gegenteil – mit ineinandergreifenden Förder- und Unterstützungsmaßnahmen verzahnt.

Stiftungen ergreifen die Initiative zu innovativen Projekten und gewährleisten eine professionelle Umsetzung und Evaluation.

Die Kooperation mit den staatlichen Institutionen öffnet den Zugang zu Schulen, erleichtert die Öffentlichkeitsarbeit und hilft bei der Suche nach finanziellen und operativen Unterstützern. Die Verbreitung und Adaption des innovativen Programmes gelingt, da bei der Implementierung starke, regional wirkende Partner eingebunden werden und durch ihre Mitwirkung passende Standortlösungen generiert werden können.

Es folgt die Darstellung des dritten und damit hier letzten Praxisbeispiels für gelungene staatlich-private Kooperationen. Beschrieben ist eine zunächst außerunterrichtliche Maßnahme, die den Unterricht bereichert und zu besonderen Lernarrangements innerhalb und außerhalb der Schule führt.

3. Leseförderung in staatlich-privater Kooperation

Das dritte Praxisbeispiel beschreibt eine Maßnahme zur Leseförderung, die in enger Kooperation zwischen dem Land Hessen und der Stiftung Lesen entwickelt wurde. Erfolgreiche Leseförderung geht über die reine Vermittlung der Lesefähigkeit hinaus, sie vermittelt auch Freude am Lesen und weckt Interesse an der Literatur. Damit dies dauerhaft gelingt, sind entsprechende Angebote in allen Altersstufen erforderlich. Darüber hinaus verweist die zunehmende Zahl der schulischen Seiteneinsteiger aus anderssprachigen Ländern in allen Jahrgangsstufen sämtlicher Schulformen darauf, dass Spracherwerb und Leseförderung in allen Altersstufen im schulischen Alltag berücksichtigt werden müssen.

3.1 »Lesescouts in Hessen«

Die Projektidee: Jugendliche der weiterführenden Schulen ab Klasse 5 engagieren sich als Lesescouts und teilen ihre Lesebegeisterung mit anderen Kindern und Jugendlichen. Interessierte ab Klasse 8 werden für das Vorlesen für ältere Menschen geschult. Auf die Tätigkeit als Lesescout werden die Schülerinnen und Schüler in Basis- und Aufbauworkshops mit jeweils drei Zeitstunden intensiv vorbereitet. Begleitend finden Informationsveranstaltungen und Austauschtreffen der Lehrkräfte der beteiligten Schulen statt.

Im Rahmen des Projektes sollen neue Lesescouts an den Schulen gewonnen und aktive Lesescouts zur weiteren Mitwirkung als Multiplikatoren motiviert werden. Das Engagement junger Vorleser wirkt in besonderer Weise als Lesemotivation für jüngere oder gleichaltrige Kinder und Jugendliche. Die aktiven Lesescouts erhalten zur Anerkennung ihres Engagements eine schriftliche Bescheinigung als Anlage zum Schulzeugnis.

Das Projekt bietet leistungsstarken Schülerinnen und Schülern und guten Lesern besondere Entwicklungsmöglichkeiten. Die auszubildenden Lesescouts profitieren durch die vorbereitenden und begleitenden Schulungen durch die Zunahme:

- der personalen Kompetenz, durch die Erfahrung des intergenerativen Dialogs;
- der sozialen Kompetenz, verbunden mit der Bereitschaft zu gesellschaftlichem Engagement;
- der kommunikativen Kompetenz, durch den Austausch zu Texten mit Senioren und jüngeren Menschen;
- der Sprechkompetenz, durch das lebendige Vorlesen.

Das Programm Lesescouts gibt es auch in anderen Bundesländern. Die Besonderheit des intergenerativen Dialogs, Jugendliche lesen für Senioren, wurde an einigen ausgewählten hessischen Schulen erprobt und zu einem tragfähigen hessenweiten Modell ausgebaut.

Vorbereitende und begleitende Veranstaltungen für Lehrkräfte ermöglichen auch in diesem Programm eine nachhaltige Verankerung im Schulalltag. An jeder Schule kann das Projekt individuell, orientiert an den Interessen der jungen Lesescouts und den Initiativen der Schule, ausgestaltet werden. Die Ausbildung der Lehrkräfte wirkt nachhaltig, es können immer wieder junge Menschen für das Vorlesen begeistert und darauf vorbereitet werden. In den schulübergreifenden Workshops für die angehenden Lesescouts werden Erfahrungen ausgetauscht, Ideen gesammelt und Anregungen für die Aktivitäten in und außerhalb der Schule gewonnen. Die Lesescouts werden damit aktiv in die Entwicklung eines lesefreundlichen Schulumfeldes eingebunden. Gemeinsam werden Schulbibliotheken errichtet oder umgestaltet, Thementische angeboten, Lesenächte organisiert und vieles andere mehr.

Die Stiftung Lesen übernimmt die operative Ausgestaltung des Programms und bringt sich mit ihrer besonderen Fachexpertise ein. Die Koordination der Maßnahme ist über eine Kooperationsvereinbarung und einen detaillierten Projektlaufplan zwischen der Stiftung Lesen und dem Hessischen Kultusministerium abgestimmt. Eine Landeskoordination ist deshalb nicht erforderlich. Das Hessische Kultusministerium bewirbt das Programm öffentlichkeitswirksam durch die Teilnahme des Ministers an Schülerworkshops, gemeinsame Anschreiben an die Schulen und gemeinsame Pressemitteilungen mit der Stiftung Lesen. Rückmeldungen aus der Praxis, hier über die Auswertung der Fragebogen an teilnehmende Lehrkräfte und Schülerinnen und Schüler, helfen das Format weiterzuentwickeln. Wichtig für den Erfolg des hier skizzierten Programms sind die besonderen Gestaltungsspielräume für die Einzelschule und die professionelle Aus- und Weiterbildung der Lehrkräfte und der Lesemotivatoren gleichermaßen.

3.2 Fazit

Ein Programm, in der Praxis für die Praxis entwickelt, das sowohl für Unterricht als auch für außerunterrichtliche Aktivitäten genutzt werden kann. Schülerinnen und Schüler übernehmen besondere Verantwortung und bringen sich aktiv gestaltend in Schulprogramm und Schulleben ein. Kernkompetenzen für Schule und Unterricht werden in besonders motivierender Weise geschult und gefestigt. Auch hier bleibt die Wirkung der Maßnahme nicht auf die teilnehmenden Kinder und Erwachsenen beschränkt, Kollegium und Schulgemeinde nutzen die gewonnene Professionalität auch zur Öffnung der Schule. Zuhörer und Gesprächsgelegenheiten bieten sich in Kitas und Seniorenheimen gleichermaßen.

Mit dem operativen Know-how der Stiftung werden einfache Modelle der unterrichtlichen und außerunterrichtlichen Leseförderung verbreitet und können leicht von den Schulen übernommen und an die Gegebenheiten und Interessen vor Ort angepasst werden.

Die gemeinsame Kooperation mit dem Hessischen Kultusministerium unterstützt die landesweite Verbreitung des Angebotes, sie hat empfehlenden Charakter. Begleitende Wirkungsanalysen und Rückkopplungen bezüglich der Akzeptanz der Maßnahme an hessischen Schulen sind ein Baustein bei der Weiterentwicklung hessenweiter Lesefördermaßnahmen.

4. Schlussbemerkung

Die Beispiele zeigen, dass das wachsende Stiftungsengagement und das gesteigerte Interesse an verlässlichen öffentlich-privaten Kooperationen positiv für den Bildungsbereich genutzt werden kann. Es werden vorzugsweise Initiativen aufgegriffen und ausgestaltet, die nach fachlicher Einschätzung geeignet sind, landesweit in Schulen erfolgreich zu wirken. Den Erfolg der Programme bestimmen dabei die Destinatäre, in unseren Beispielen Schülerinnen und Schüler, Lehrerinnen und Lehrer und Eltern, die von der Wirksamkeit der Maßnahmen unmittelbar profitieren.

Was macht nun aber den besonderen Erfolg der Programme aus? In enger Zusammenarbeit externer Unterstützer, administrativer und schulischer Akteure können bedarfsgerechte Formate entwickelt und angeboten werden. Bereichernd in allen benannten Kooperationen ist der externe Blick der privaten Partner. Themen- und zielgruppenfokussiert können besondere Bedarfe ermittelt sowie unbürokratisch und effektiv professionelle Partner eingebunden werden. Entscheidungen in solchen Partnerschaften können in der Regel schneller umgesetzt werden als in rein administrativ gesteuerten Prozessen. Mit Mut zu neuen Formaten können sich Handlungsspielräume erweitern, Hindernisse gegebenenfalls überwunden werden und erfolgversprechende Ansätze eine Chance zur Entfaltung erfahren.

Schulen können Bedarfe klar benennen, können den praxistauglichen Transfer sichern, haben allerdings alleine nicht die finanziellen Mittel und können nicht in jedem Programm die notwendige Prozessunterstützung aus eigenen Ressourcen leisten.

Die administrative Ebene gerät bei einzelnen Fördermaßnahmen leicht unter Rechtfertigungsdruck, mutige Ansätze können durch bürokratische Schleifen und einen nicht enden wollenden Begründungs- und Genehmigungsmarathon im Anfangsstadium gebremst oder gar erstickt werden. Auch die Bedenken vor intensiven politischen Diskussionen, regionalen Sonderinteressen und notwendigen Priorisierungen für Ausgaben können lähmend wirken. Maßnahmen, die nicht in alleiniger Verantwortung der administrativen Ebene und im Zusammenhang mit einer entlastenden, den Steuerzahler nicht belastenden Finanzplanung starten, sind damit leichter auf den Weg zu bringen.

Es drängt sich die Frage auf, weshalb überhaupt eine staatliche Einbindung für den schulischen Erfolg anzustreben ist. Die Unterstützung durch das Hessische Kultusministerium als Kooperationspartner steht für die Einhaltung von Qualitätsstandards, für die Übertragbarkeit der Modelle an andere Standorte und im besten Fall auch für eine nachhaltige und kontinuierliche Begleitung. Eine öffentliche Würdigung und Unterstützung des Stiftungsengagements seitens der administrativen Ebene gibt den Schulen Orientierung und hilft diesen bei der Entscheidung, sich an einem Programm, einer Initiative oder einem Wettbewerb zu beteiligen. In Kooperationsvereinbarungen werden gegenseitige Leistungen beschrieben und Verbindlichkeiten festgelegt. Hierbei können im Idealfall auch langfristige Projektsicherungen angebahnt und ausgehandelt werden. So zum Beispiel durch klar ausgewiesene Anschubfinanzierungen oder anzustrebende Multiplikatorenwirkungen.

Das Hessische Kultusministerium hat auch eine weitere wichtige Rolle, denn Stiftungen verfolgen ihre eigenen Agenden. Sie entscheiden, was gefördert wird und was nicht, und setzen auf diese Weise den Stifterwillen um. Die entwickelten Programme und Projekte entsprechen allerdings nicht in allen Fällen dem, was Schule wirklich braucht. Orientierung und Empfehlung ist bei der Vielzahl der Angebote notwendig. Ein partnerschaftliches, aber auch kritisches Miteinander zwischen staatlichen Institutionen und Projekt- und Programmanbietern ist notwendig, damit gute Ideen wirken und Finanzmittel sinnvoll für den Bildungserfolg junger Menschen eingesetzt werden können.

Von besonderem öffentlichen Interesse sind vor allem Maßnahmen, die neben der Begabten- und Einzelförderung als Breitenförderung wirken. Die genannten Beispiele machen dies deutlich. Der Gewinn für die Schul- und insbesondere die Unterrichtsentwicklung ist für die Beteiligung der Schulen ausschlaggebend. Kernkompetenzen für den unterrichtlichen Erfolg werden ausgebildet und gefördert. Dabei zielen die Maßnahmen nicht alleine auf die Ausbildung der Kinder und Jugendlichen, sondern gleichermaßen auf die Unterstützung der Lehrkräfte und Eltern. Die systemische Wirkung ist von Beginn an in diesen Projekten und Programmen angelegt. In den Kooperationen gewonnene Erkenntnisse finden Eingang in die Curricula und Empfehlungen des Hessischen Kultusministeriums.

Anhang

Die Autoren

ZAHIDE DOĞAÇ: Geboren 1982 in Hamburg. 2002-2008 Lehramtsstudium für Grund- und Mittelstufe mit den Fächern Chemie, Gesellschaft und Religion. 2009-2010 Referendariat. Seit 2010 unterrichtet sie an der Stadtteilschule Mümmelmannsberg, einer Ganztagesschule im Osten von Hamburg. Als Sprecherin des Hamburger Netzwerks »Lehrkräfte mit Migrationsgeschichte« leitet sie dessen Steuerungsgruppe »Interkultureller Fachunterricht«. Vom Sommer 2012 bis Winter 2013 Teilnahme an der bundesweit ersten Qualifikation zur Interkulturellen Koordination des Trägers BQM und des Landesinstituts für Lehrerbildung. Seitdem ist sie die »Interkulturelle Koordinatorin« der Stadtteilschule Mümmelmannsberg. Im Fokus ihrer Arbeit steht die interkulturelle Öffnung der Schule und die Förderung der Teilhabe der Eltern im Schulalltag.

CHRISTOF EICHERT: Geboren in Bochum, aufgewachsen auf der schwäbischen Alb. Studium der Rechts- und Staatswissenschaften in Heidelberg, Erlangen und Freiburg. Promotion zum Thema »Obdachlosigkeit und polizeiliche Intervention«. 1981-1985 tätig als Jurist auf allen Ebenen der baden-württembergischen Landesverwaltung. 1985-2003 parteiloser Bürgermeister in Isny im Allgäu und Reutlingen sowie Oberbürgermeister der Stadt Ludwigsburg. 2003-2007 erst in der Geschäftsleitung der Bertelsmann Stiftung, dann der Gemeinnützigen Hertie-Stiftung. 2007-2010 Abteilungsleiter im nordrhein-westfälischen Ministerium für Generationen, Familie, Frauen und Integration. Seit Dezember 2010 Vorstand der Herbert Quandt-Stiftung.

HAVVA ENGIN: 1987-1995 Studium »Lehramt an Gymnasien für die Fächer Deutsch und Biologie« an der Technischen Universität Berlin. Anschließend Magisterabschluss in Neuerer Deutscher Philologie. 2000-2005 Wissenschaftliche Mitarbeiterin am Institut für Erziehungswissenschaft der Technischen Universität Berlin und Lehrbeauftragte für »Deutsch als Zweitsprache« am Institut für Sprache und Kommunikation Berlin. Bis 2005 war sie Lehrbeauftragte für »Deutsch als Zweitsprache« und »Interkulturelles Lernen« an der Freien Universität und am Pädagogischen Zentrum Berlin. 2005-2009 Juniorprofessorin für den Bereich »Sprachförderung für Kinder mit und ohne Migrationshintergrund« an der Pädagogischen Hochschule Karlsruhe. 2009 bis März 2010 Professorin für Elementarpädagogik mit dem Schwerpunkt kindliche Sprachentwicklung an der Fachhochschule Bielefeld. Seit April 2010 Professorin für Allgemeine Pädagogik mit dem Schwerpunkt Interkulturelle Pädagogik an der Pädagogischen Hochschule Heidelberg; außerdem leietet sie das Heidelberger Zentrum für Migrationsforschung und Transkulturelle Pädagogik. Ihre Lehr- und Forschungsschwerpunkte: Inter-/transkulturelle Bildungskonzepte für Institutionen in sozial benachteiligten Stadtgebieten; Transkulturelles Lehren und Lernen; Religion und Schule: Bildung und Erziehung im Kontext (trans)religiöser Heterogenität; kindlicher Spracherwerb unter den Bedingungen von Migration und Mehrsprachigkeit; Entwicklung zwei-/mehrsprachiger Lesebücher für Familien mit Migrationshintergrund.

PETER HÄSSEL: Studium »Lehramt für Gymnasien« in Heidelberg und Kassel, seine Lehrfächer sind Deutsch, Politik und Wirtschaft sowie seit 2008 Darstellendes Spiel. Seit 1999 ist er im hessischen Schuldienst tätig. Sein Beruf führte ihn nach Bad Wildungen, Treysa und Ziegenhain (Schwalmstadt). 2007 erwarb er das Zertifikat »Qualifizierung von Multiplikatoren für Lehrerfortbildung im Bereich Lese- und Sprachförderung in der Sekundarstufe I« (Strategisches Ziel 2 beim Hessischen Kultusministerium). Seit Sommer 2008 ist er stellvertretender Schulleiter der kooperativen Gesamtschule in Gudensberg, Dr.-Georg-August-Zinn-Schule. Seine Arbeitsschwerpunkte sind Unterrichtsentwicklung (insbesondere Leseförderung) und Schule als Lebensraum. Im Schuljahr 2011/2012 nahm er mit seiner Schule am Schulenwettbewerb »Trialog der Kulturen« der Herbert Quandt-Stiftung teil. 2014 konnte erstmals eine trialogische Projektwoche durchgeführt werden.

SABINE HARDT: 1983-1989 Magisterstudium in Tübingen der Fächer Deutsch, Englisch und Geschichte. In dieser Zeit war sie zu einem Auslandssemester in Newcastle upon Tyne in England. Sabine Hardt ist seit 25 Jahren beim Hessischen Rundfunk tätig. Zunächst arbeitete sie fünf Jahre lang im Regionalprogramm von hr4. Sie berichtete aus der Mainmetropole und war in der Regionalsendung »Rhein-Main-Journal« als Reporterin, Redakteurin und Moderatorin tätig. Danach war sie einige Jahre Moderatorin im Programm von hr1 und dort zuletzt Moderationsleiterin (bis 2010). Seit Januar 2011 landespolitische Korrespondentin beim Hessischen Rundfunk. Für hr-info und die anderen Radioprogramme des hr berichtet sie über die politischen Diskussionen und Entscheidungen des Landtags und der Landesregierung. Schwerpunkt ihrer Arbeit ist die Bildungs- und Integrationspolitik.

REGINE HARTUNG: 1988-2005 Studium der Sprachlehrforschung, Germanistik und Slavistik an der FU Berlin und Universität Hamburg. Langjährige freiberufliche Tätigkeit als Dozentin für Deutsch als Fremd-/Zweitsprache und ihrer Didaktik sowie für interkulturelle Bildungsprojekte im In- und Ausland (u. a. für das Goethe-Institut, die Körber-Stiftung, den DAAD auf dem Balkan, in Russland und Indonesien). Seit 2000 Leiterin der Beratungsstelle Interkulturelle Erziehung am Hamburger Landesinstitut für Lehrerbildung und Schulentwicklung und seit 2006 Fachreferentin für Interkulturelle Erziehung an der Hamburger Behörde für Schule und Berufsbildung.

MARCUS HASSELHORN: Studium der Psychologie mit Nebenfach Pädagogik an den Universitäten Göttingen und Heidelberg. 1983 Diplom im Fach Psychologie an der Universität Heidelberg. 1983-1985 Promotionsstipendiat am Max-Planck-Institut für Psychologische Forschung in München (Arbeitsgruppe Franz E. Weinert). 1985-1993 Wissenschaftlicher Mitarbeiter am Institut für Psychologie der Universität Göttingen. 1986 Promotion, 1993 Habilitation im Fach Psychologie. 1993-1997 Professor für Entwicklungspsychologie an der TU Dresden, 1997-2007 Professor für Pädagogische Psychologie und Entwicklungspsychologie an der Universität Göttingen. Seit Oktober 2007 Professor für Psychologie mit dem Schwerpunkt Bildung und Entwicklung an der Goethe-Universität und zugleich Direktor der Abteilung »Bildung und Entwicklung« am Deutschen Institut für Internationale Pädagogische Forschung (DIPF) in Frankfurt a.M. 2012-2014 Sprecher der Autorengruppe Nationale Bildungsberichterstattung. Seit 2008 Sprecher des Frankfurter IDeA-Zentrums. Seit 2012 Geschäftsführender Direktor des Deutschen Instituts für Internationale Pädagogische Forschung (DIPF) sowie Sprecher des Leibniz-Forschungsverbundes »Bildungspotenziale«.

BRIGITTE HETZ: 1985-1990 Studium zur Diplom-Sportlehrerin und von 1990-1995 Studium der Chemie und Physik für das Lehramt an Gymnasien an der Johannes Gutenberg-Universität in Mainz. 1989-1993 Wissenschaftliche Mitarbeiterin an der Johannes Gutenberg-Universität in Mainz, im Bereich Sportpädagogik. 1995-1997 Referendariat am Staatlichen Studienseminar für das Lehramt an Gymnasien in Koblenz, Rheinland-Pfalz. 1997-2002 Gymnasiallehrerin in Boppard, Rheinland-Pfalz, und Langen, Hessen, in den Fächern Sport, Chemie, Physik und Mathematik. 2001-2002 Ausbilderin für Studienreferendare im Fach Sport am Staatlichen Studienseminar für das Lehramt an Gymnasien in Darmstadt. 2002-2007 stellvertretende Schulleiterin an der Elly Heuss-Schule und der Diltheyschule in Wiesbaden. 2007-2013 HKM-Expertin in den Bereichen Personalentwicklung, Persönliches Referat der Ministerin und Innovation und Qualitätsentwicklung im Hessischen Kultusministerium in Wiesbaden. Seit 2014 Referentin im Hessischen Kultusministerium für den Aufgabenbereich öffentlich-private Kooperationen, Stiftungsangelegenheiten und Wettbewerbe.

KAI MAAZ: Diplom im Fach Sozialpädagogik an der Katholischen Fachhochschule Berlin 1997. 2002 Diplom im Fach Sozialwissenschaften an der Humboldt-Universität zu Berlin. 2002-2009 Wissenschaftlicher Mitarbeiter am Max-Planck-Institut für Bildungsforschung im Forschungsbereich Erziehungswissenschaft und Bildungssysteme. 2006 Promotion, 2008 Habilitation im Fach Erziehungswissenschaften. 2009-2010 Forschungsgruppenleiter am Max-Planck-Institut für Bildungsforschung im Forschungsbereich Erziehungswissenschaft und Bildungssysteme. Bis September 2013 Professor für Quantitative Methoden in den Bildungswissenschaften an der Universität Potsdam. Seit Oktober 2013 Professor für Soziologie mit dem Schwerpunkt Bildungssysteme und Gesellschaft an der Goethe-Universität und zugleich Direktor der Abteilung »Struktur und Steuerung des Bildungswesens« am Deutschen Institut für Internationale Pädagogische Forschung (DIPF) in Frankfurt a.M. Seit 2011 Mitglied im Wissenschaftlichen Beirat des Instituts für Schulentwicklung der Länder Berlin und Brandenburg (ISQ). 2014 Berufung in den Beraterkreis Bildung des Niedersächsischen Ministerpräsidenten sowie Wahl in den Vorstand der Deutschen Gesellschaft für Bildungsverwaltung. 2014 Berufung in den Rat für Wirtschafts- und Sozialdaten. Seit Oktober 2014 Sprecher der Autorengruppe Nationale Bildungsberichterstattung.

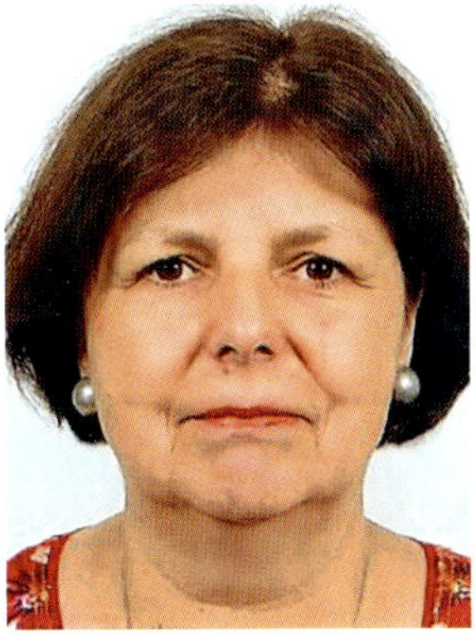

REGINA PIONTEK: Nach dem Abitur Studium der Politikwissenschaften und Romanistik in Hamburg. Auslandsaufenthalt in Frankreich, Unterricht an einer französischen Schule und an einer Lehrerbildungseinrichtung. Referendariat in Bremen. Als Lehrerin für Französisch, Politik und Deutsch als Fremdsprache/Deutsch als Zweitsprache im Gymnasium und in der Berufsbildung tätig. Gleichzeitig nebenberufliche Tätigkeit in der Weiterbildung. Ab Mitte der 1980er Jahre Fort- und Ausbildung für Lehrerinnen und Lehrer am Landesinstitut für Schule Bremen, diverse internationale Kooperationsprojekte zur Interkulturellen Bildung, Lehraufträge Universität Bremen. Seit 2014 Leitung des Kompetenzzentrums für Interkulturalität in der Schule am Landesinstitut für Schule in Bremen.

NORBERT ROSENBOOM: Bis 1994 Lehrer am Gymnasium Heidberg in Hamburg für die Fächer Deutsch, Geschichte, Politik und Darstellendes Spiel. Darüber hinaus war er als Koordinator für die Schullaufbahnberatung und die Oberstufe tätig. 1994-1998 Leitung des Gymnasiums am Alstertal. 1998-2006 Leiter des Personalreferats in der Behörde für Bildung und Leiter der Schulaufsicht, ab 2006 des Amtes für Bildung. Seit 2013 Landesschulrat der Behörde für Schule und Berufsbildung der Freien Hansestadt Hamburg. Norbert Rosenboom ist Mitglied der Bund-Länder-Koordinierungsgruppe »Deutscher Qualifikationsrahmen« und hat an der Verfassung der Richtlinien zur interkulturellen Öffnung von Schule der Kultusministerkonferenz im Jahr 2013 mitgearbeitet.

CLAUDIA SCHANZ: Diplompädagogin Interkulturelle Bildung, viele Jahre tätig als Lehrerin, in der Schulleitung und in der interkulturellen Beratung von Schulen. Seit 2006 im Niedersächsischen Kultusministerium tätig als Fachreferentin für Interkulturelle Bildung, Migration und Teilhabe, Roma und Sinti, Mehrsprachigkeit. Seit 2014 Referatsleiterin für Politische Bildung, Gedenkstätten, Bildung für nachhaltige Entwicklung. Trainerin für das Diversityprogramm »Eine Welt der Vielfalt«. Vielfältige praktische und wissenschaftliche Erfahrungen in der Lehreraus- und -fortbildung an den Universitäten Hamburg und Hildesheim und am Niedersächsischen Landesinstitut für schulische Qualitätsentwicklung. Mitglied im Sprecherteam von INKA sowie im Beirat des Zentrums für Bildungsintegration an der Universität Hildesheim.

CORNELIUS SCHAUB: 1998-2001 Studium der Volkswirtschaftslehre an der Humboldt-Universität zu Berlin und 2001-2002 an der London School of Economics. 2012-2013 als systemischer Organisationsberater ausgebildet (Prof. Fritz Simon, Berlin; Prof. Otto Scharmer). 2002-2003 sammelte er Beratungserfahrungen bei der Boston Consulting Group und der OECD in Paris. 2006 Gründung des Decision Institute in Berlin, seither Geschäftsführer des Decision Institute sowie seit 2011 Leiter des Beratungsbereichs der Phineo gAG in Berlin. Beratung von Organisationen im gemeinnützigen, öffentlichen und privaten Sektor in den Bereichen Strategieentwicklung, *Stakeholder Engagement*, strategische und wirkungsorientierte Steuerung und Innovationsprozesse. Inhaltliche Expertise in den Themen Bildung und Soziales, Gesundheit, Innovation und Nachhaltigkeit. Er begleitet Organisationen sowohl bei der strategischen Konzeption und Positionierung neuer Initiativen und Programme, bei wirkungsorientierten Lern- und Innovationsprozessen und Prozessen der Organisationsentwicklung als auch in der konkreten Gestaltung und Umsetzung von Programmen und Projekten. Er unterrichtet Executive-Kurse u. a. an der Hertie School of Governance und im LEAD (Mercator Capacity Building Center for Leadership & Advocacy) und arbeitet als Coach für Executives und Social Entrepreneurs.

STEFAN SCHREINER: Studium der evangelischen Theologie, Arabistik und Islamkunde und Judaistik (Habilitation 1987). Seit 1992/93 Professor für Religionswissenschaft und Judaistik und Direktor des Seminars für Religionswissenschaft und Judaistik/Institutum Judaicum an der Eberhard-Karls-Universität Tübingen. Seit Oktober 2013 Seniorprofessor und Berater des Rektors für den weiteren Auf- und Ausbau des Zentrums für Islamische Theologie und die Weiterentwicklung der islamischen Theologie; Mitglied der Jury des »Trialog der Kulturen«-Schulenwettbewerbs; Mitglied des Abrahamischen Forums in Deutschland; Koordinator des *European Abrahamic Forum* (*EAF*) mit Sitz in Zürich; Stiftungsrat der Stiftung Zürcher Lehrhaus: Judentum Christentum Islam; Chefredakteur der Quartalsschrift JUDAICA – Beiträge zum Verstehen des Judentums (Zürich).

BERNADETTE SCHWARZ-BOENNEKE: 1994-2001 Studium der Philosophie und der katholischen Theologie in München und Paris. 2001-2006 Wissenschaftliche Mitarbeiterin an der Ludwig-Maximilians-Universität München, im Fach Dogmatik und ökumenische Theologie. Während des Studiums freie Mitarbeiterin des Heinrich-Pesch-Hauses, Ludwigshafen, als Jugendbildungsreferentin für europapolitische Fragen und interkulturelles Lernen. Nach der Promotion in katholischer Theologie 2006 Studienleiterin an der Katholischen Akademie des Bistums Mainz, Erbacher Hof. Seit August 2011 Leiterin des Themenfeldes »Trialog der Kulturen« der Herbert Quandt-Stiftung. Thematische Schwerpunkte ihrer Arbeit sind: Religion und Gesellschaft, Religion und Schule, Interkultur und Integration, Unterricht und Schulentwicklung in einer heterogenen Gesellschaft.

EKKEHARD THÜMLER: 1999 Magisterabschluss in Philosophie und Jura der Universität Göttingen. 2002-2008 als Projektleiter für die Bertelsmann Stiftung, Landesstiftung Baden-Württemberg sowie die Vodafone Stiftung tätig. Seit Mai 2008 leitet er im *Centre for Social Investment (CSI)* der Universität Heidelberg das Forschungsprogramm zur sozialen Wirkung von Stiftungshandeln. Ein weiterer Schwerpunkt seiner Tätigkeit ist der Zusammenhang von Zivilgesellschaft und den globalen Finanzmärkten. Ekkehard Thümler promoviert an der Universität Heidelberg zu Strategien Europäischer Stiftungen für soziale Wirkung und Innovation.

BETTINA WINDAU: Nach dem Studium des Bibliothekswesens in Hamburg arbeitete sie von 1981 bis 1990 in wissenschaftlichen und öffentlichen Bibliotheken. Seit mehr als 20 Jahren ist sie in gemeinnützigen Organisationen aktiv. In deutschen und internationalen Verbänden und Gremien arbeitet sie zu Fragen der Zivilgesellschaft und nach einem berufsbegleitenden Studium der Evaluation an der Universität Bern seit 2006 zur Wirkungsorientierung bei gemeinnützigem Handeln. Seit 1991 ist sie in der Bertelsmann Stiftung tätig, wo sie als Mitglied des Führungskreises das Programm »Zukunft der Zivilgesellschaft« leitet. Freiwillig engagiert ist sie u. a. im Vorstand der Bürgerstiftung Rheda-Wiedenbrück.

Die Herbert Quandt-Stiftung und der Trialog der Kulturen

Herbert Quandt-Stiftung

Den Bürger stärken – die Gesellschaft fördern

Gestiftet als Dank für die Lebensleistung des Unternehmers Dr. Herbert Quandt setzt sich die Herbert Quandt-Stiftung für die Stärkung und Fortentwicklung unseres freiheitlichen Gemeinwesens ein. Ausgangspunkt ihres Handelns in den Satzungsbereichen Wissenschaft, Bildung und Kultur ist entsprechend diesem Vorbild die Initiativkraft des Einzelnen und die Einsatzbereitschaft für andere. Die Stiftung will mit ihrem Wirken dazu beitragen, das Ideal des eigenständigen Bürgers zu fördern: Sie möchte Menschen anregen, ihre individuellen Begabungen zu entfalten und Verantwortung für sich sowie für das Gemeinwesen zu übernehmen.

Die Stiftung ist grundsätzlich operativ tätig in Form von längerfristigen Programmen. Sie greift gesellschaftspolitische Themen auf, erschließt sie in Kooperation mit der Wissenschaft, entwickelt praktikable Lösungsansätze und bringt sie in das Bewusstsein der Öffentlichkeit und der Politik. Sie möchte damit auch die politische Kultur unseres Landes fördern. Je nach Erfordernis setzt die Herbert Quandt-Stiftung auf Bündnisse mit anderen Institutionen und Organisationen, um den gesamtgesellschaftlichen Dialog zu befördern sowie andere zu ermutigen, die Anliegen der Stiftung aufzunehmen und weiterzutragen.

Trialog der Kulturen

Durch den Globalisierungsprozess auf der einen und die weltweite Migration auf der anderen Seite wird die räumliche Trennung zwischen unterschiedlichen Kulturen in einem bisher nicht gekannten Maße überwunden. Im Kontext dieses nach dem Ende des Ost-West-Antagonismus gestiegenen kulturellen Austauschs sehen sich die unterschiedlichen Kulturen stärker auf sich selbst und die Notwendigkeit eigener Identitätsbegründung zurückgeworfen. Die scharfe Scheidung des Eigenen vom Fremden scheint für viele Menschen einen Ausweg aus der kulturellen Verunsicherung zu bieten. Oft genug werden aus Unterschieden dann Gegensätze.

Die Herbert Quandt-Stiftung rief den »Trialog der Kulturen« im Jahre 1996 ins Leben. Sie wollte dem damals erschienenen Buch *Clash of Civilizations* und der darin von Samuel Huntington beschriebenen Konfliktgefahr das Verständigungspotenzial der drei abrahamischen Weltreligionen und Kulturen – Judentum, Christentum und Islam – entgegensetzen. Ganz bewusst wird der Trialog der Kulturen daher als interkulturelles und nicht primär als interreligiöses Anliegen aufgefasst. Der Begriff des »Trialogs« macht deutlich, dass sich der von der Stiftung unterstützte interkulturelle Austausch auf das Judentum, das Christentum und den Islam und nicht auf beliebig viele Teilnehmer bezieht. Neben der jährlich stattfindenden Trialog-Konferenz initiiert und begleitet die Stiftung Projekte in den Bereichen Bildung und Medien.

Bildnachweis

Titel, S. 76: © picture alliance/dpa
S. 8, 13, 47, 105, 134: © Cosima Hanebeck
S. 17: © picture alliance/Presse-Bild-Poss
S. 37: © picture alliance/Frank May
S. 65, 117, 144, 172-174, 177 unten, 178 unten-180, 182: © Uli Planz
S. 67: © Michael Merz
S. 83: © picture alliance/Süddeutsche Zeitung Photo
S. 121: © Herbert Quandt-Stiftung
S. 157, 161, 171: © Presseagentur Becker & Bredel
S. 175, 176, 177 oben, 178 oben: © privat

Impressum

HERAUSGEBER
Herbert Quandt-Stiftung
Am Pilgerrain 15
61352 Bad Homburg v. d. Höhe
www.herbert-quandt-stiftung.de

VERLAG
Verlag Herder GmbH
Ganghoferstr. 29a
80399 München

TEXTREDAKTION
Dr. Bernadette Schwarz-Boenneke
Stephanie Hohn

LEKTORAT
Stephanie Hohn
Sarah Mayer-Voigt

GESTALTUNGSKONZEPT
Stählingdesign, Darmstadt

SATZ UND BILDBEARBEITUNG
Arnold & Domnick, Leipzig

HERSTELLUNG
Graspo CZ, Zlín

September 2015

ISBN 978-3-451-34234-9

FSC www.fsc.org
MIX
Paper from responsible sources
FSC® C010798